高等职业教育教材

"十三五"江苏省高等学校重点教材

(编号：2018-1-098)

药品经营质量管理规范（GSP）实用教程

第四版

万春艳　朱雪梅　主　编
饶玉良　周煌辉　副主编

化学工业出版社

·北京·

内容简介

《药品经营质量管理规范（GSP）实用教程》（第四版）以新版《药品管理法》和《药品经营质量管理规范》（GSP）为主要依据，以药品经营过程中的各主要环节为脉络，详细讲解了药品流通过程中，药品经营企业在计划采购、收货验收、储存养护、销售及售后管理、出库运输等环节的具体要求和操作方法。同时对组织机构、人员设置、设施设备、冷链药品管理、管理制度与操作规程、计算机信息系统、风险管理等方面也做了详细论述，体现GSP标准的实施与药品经营实践的一体化。

本书对知识难点和重点进行多样化的微课制作，读者通过扫描教材上相应处的二维码可获得相关的教学资源。配套了技能训练项目，方便开展实践教学。

本书适合高等职业院校、成人教育学院药学和药品类专业学生使用，也可供药品经营、生产、使用、管理等部门的药学工作者学习参考。

图书在版编目（CIP）数据

药品经营质量管理规范（GSP）实用教程/万春艳，朱雪梅主编．— 4版．—北京：化学工业出版社，2021.11（2025.2重印）

ISBN 978-7-122-40295-0

Ⅰ.①药⋯ Ⅱ.①万⋯ ②朱⋯ Ⅲ.①药品-商业经营-质量管理-规范-中国-教材 Ⅳ.①F721.8-65

中国版本图书馆CIP数据核字（2021）第235644号

责任编辑：窦　臻　李　瑾　　　　　　装帧设计：王晓宇
责任校对：杜杏然

出版发行：化学工业出版社（北京市东城区青年湖南街13号　邮政编码100011）
印　　装：河北延风印务有限公司
787mm×1092mm　1/16　印张17¾　字数432千字　2025年2月北京第4版第6次印刷

购书咨询：010-64518888　　　　　　售后服务：010-64 18899
网　　址：http://www.cip.com.cn
凡购买本书，如有缺损质量问题，本社销售中心负责调换。

定　　价：49.80元　　　　　　　　　　　　　　　　版权所有　违者必究

前言

为深入贯彻落实中国共产党第十九次全国代表大会精神及全国教育大会精神，适应《国家职业教育改革实施方案》和《职业院校教材管理办法》的新要求，根据教育部高职院校教育的培养目标、医药行业要求、社会用人需求，编者在科学调研的基础上，对本教材进行了第四版修订。本次修订对上一版教材中的不足之处进行了修改和完善，将"坚持立德树人""适应人才需求""注重传承与创新""体现专业特色"等作为基本修订工作原则，增强学生的创新精神和实践能力作为教材修订工作重点。

本次修订延续上一版教材的创新呈现形式，运用现代信息技术，在项目中设置配套网络增值服务资源，学习者可以通过扫描内页中二维码打开教材配套的视频、动画、课件、习题等内容，使教材内容更加情景化、动态化和形象化。

本次修订进一步深化产教融合，及时更新实践发展新成果。结合新版《中华人民共和国药品管理法》《药品注册管理办法》和《中华人民共和国疫苗管理法》的新要求和调研反馈意见，增加了药品生产许可持有人制度的相关要求，使教材更加贴近企业实际，满足教学需求。采用导入案例与问题等编写形式，并将理论与实践内容充分融合，提高学习者应用知识分析问题、解决问题的能力。

根据教育部《高等学校课程思政建设指导纲要》精神，设计思政育人目标，在教材内容上深入挖掘课程中蕴含的思政元素，提炼专业知识体系中蕴含的思想价值和精神内涵，落实立德树人的根本任务，将党的政治立场、政治方向、政治标准有机融入教材内容。

本教材具体分工为：扬州市职业大学万春艳负责项目一至四、十一编写和实训项目设计，国药控股扬州有限公司朱雪梅负责项目八、十二、十三编写，湖南中医药高等专科学校周煌辉负责项目五编写，复旦大学基础医学院饶玉良负责项目六、七编写，常州卫生高等职业技术学校刘倩负责项目九编写，黑龙江农业经济职业学院高娟负责项目十编写。全书由万春艳策划、统稿和修改。

在编写过程中参考了相关书籍、网站的文献资料，在此向资料作者表示感谢！

本教材适合全国高等职业院校、成人教育学院药学及药品类专业学生学习和使用，也可供药品经营、生产、使用、管理等部门的药学工作者学习参考。

由于编写水平有限，书中疏漏之处在所难免，敬请专家和读者批评指正。

编　者
2021 年 6 月

第一版前言

面临药品经营企业快速发展的机遇，以及GSP认证制度的强制执行，先后出现很多指导药品经营企业进行GSP认证的书籍，但是适合在校学生学习用的相关教材很少。尤其是高职高专教材更是空白，为此，编者紧扣高等职业教育制药类专业对药品经营质量管理高素质人才的培养目标，结合多年的教学和药品经营质量管理实践经验，编写了这本有较强针对性、突出应用能力培养的教材，旨在使学生全面学习和掌握GSP，能够很好地运用理论来指导实践，为将来走上工作岗位奠定基础，满足行业对高素质人才的需求。

《药品经营质量管理规范》（英文全称为Good Supplying Practice，缩写为GSP）就是依据药品管理法制定的针对药品经营活动的特点，为在流通环节中确保药品质量而制定的一套系统的、科学的质量保证措施和管理规范。GSP的内容包括了对药品经营场所和设施的要求，对所经营药品的陈列、储存和养护的要求，对经营人员的资格、培训、职责的要求，对企业质量管理和质量验收制度的要求，对经营记录和各项文件管理的要求等。在我国药品经营企业中推行GSP，严格按照GSP的要求经营药品，是在药品经营环节保证药品质量并从整体上提高我国药品经营企业素质的重要措施，监督药品经营企业实施GSP是药品监督管理工作的重要内容。

本书所依据的法规主要是《中华人民共和国药品管理法》（2001年）和《药品经营质量管理规范》（2000年）。由于《药品经营质量管理规范》在《中华人民共和国药品管理法》颁布后一直没有正式修订，所以有部分内容以《中华人民共和国药品管理法》要求为准，与《药品经营质量管理规范》的要求有不一致之处，特此说明。

本书编者曾在药品生产企业和药品经营企业多年从事质量管理工作，具有丰富经验，并多次参与GSP和GMP（《药品生产质量管理规范》）的认证工作，对GSP具有很深的理解，所以能将实战经验很好地与理论相结合，体现本书编写特色。全书内容力求做到结构合理、层次清晰、文字精练、通俗易懂。本书以药品经营过程中的各主要环节为脉络，体现以能力培养为本位的职教特色，"立足实用，强化能力，注重实践"，尽力做到选材全面、内容具体、可操作性强。

本教材适合高等职业院校医药类各相关专业学生使用，也适合药品经营企业员工培训使用，对药品经营企业实施GSP有一定参考价值。

本书在编写过程中参考了有关著作，原著均已一一列入参考文献，在此向原著作者致谢。

本书由万春艳主编，单海艳、白玉华任副主编，尚敏主审，林玉庆、宋新丽、郭秀梅也参与了部分编写工作。由于药品经营管理及法规处在不断发展和完善的过程中，加上编者对职教教改的理解和水平有限，书中难免存在疏漏和不足，恳请专家和读者批评指正，不胜感谢。

编 者
2008年5月

第二版前言

2012年版《药品经营质量管理规范》已于2013年1月22日发布（卫生部令第90号），并自2013年6月1日起实施。新修订的《药品经营质量管理规范》以提高我国药品经营质量管理水平和药品监管效率为目的，引入了供应链管理理念，增加了计算机信息化管理、仓储温湿度自动监测、药品冷链管理等新的管理要求，同时引入质量风险管理、体系内审、验证等理念和管理方法，从药品经营企业人员、机构、设施设备、文件体系等质量管理要素的各个方面，对药品的采购、验收、储存、养护、销售、运输、售后管理等环节做出了许多新的规定。为此本教材在上一版基础上做了全面修订。

GSP课程是高职高专院校培养药学类专业应用型人才重要的专业课之一，是一门理论兼应用型的课程，十分注重实用性知识的传递和能力培养。为培养高素质、技能型药品流通环节专业的从业人员，围绕社会需求，体现行业发展要求，以职业能力分析为依据，教材内容上对接职业标准和岗位要求，涵盖了药品经营企业各个岗位从业人员必备的知识、素质、能力，内容深度、广度适应目前药品经营企业经营质量管理需要，符合职业教育教学规律。教材整体结构按照药品经营企业业务流程进行设计，各部分根据药品经营企业各个岗位人员需要设计了若干内容，适应任务驱动和项目化教学方式，符合新颁布的高职教学标准。教材中增加了范例、专家提示、小贴士、知识链接等内容，并配备了大量技能训练项目，突出实践应用能力的培养。

本教材校企合作开发，由多所高职院校长期从事药品经营质量管理、GSP教学和科研工作的教授、讲师，药品经营企业中长期从事药品经营质量管理，GSP实践经验丰富的企业质量管理负责人等参加编写和修订工作。在编写过程中，得到北京医药行业协会和扬州邗江药监局陆镇彤的大力支持和指导，在此一并表示感谢！

本教材由扬州市职业大学万春艳任主编。具体分工为：万春艳负责第一章、第六章编写和全书目标检测及实训项目设计，李伟负责第二章、第十一章编写，饶玉良负责第三章编写，王加志负责第四章、第五章、第八章编写，陶淮舟负责第七章编写，刘嘉负责第九章、第十三章编写，向勇负责第十章编写，江大为、冯敬骞负责第十二章编写。全书框架结构策划以及修改定稿由万春艳完成。

本教材适合全国高等职业技术学院、成教学院、高等专科学院药学和制药技术类各专业学生学习和使用，也可供药品经营、生产、使用、管理等部门的药学工作者学习参考。

由于编者水平有限，书中难免存在疏漏和不足，恳请各位专家和读者批评指正。

编　者
二〇一三年十月

第三版前言

本书的修订以《国家中长期教育改革和发展规划纲要（2010～2020年）》中提出的"职业教育要着力培养学生的职业道德、职业技能和就业能力""满足经济社会对高素质劳动者和技能型人才的需要"为指导思想，以高等职业教育人才培养规格为立足点，以培养学生及相关从业人员的药品经营与质量管理能力为目标，以新修订的《药品经营质量管理规范（GSP）》为依据，参照药品经营企业实际业务流程，将药品经营企业的机构与人员、采购与验收、储存与养护、销售与运输、系统管理作为编写内容，以便更好满足高等职业教育的培养目标和教学要求。

本版教材具有以下特点。

1. 结构合理，内容精炼

坚持理论"必需、够用"，强调实用性、适用性和开放性。书中涵盖基础知识、工具方法，为检测学习效果、夯实基础，设置了"稳扎稳打"栏目（检测训练题）；为培养学生实践和创新能力，设置了"学以致用"栏目（技能训练题）。此外还设置了"同步案例""拓展方舟""小试牛刀""融会贯通"等特色栏目和综合实训项目。

2. 对接岗位，教考融合

内容对接药品经营企业各岗位，包括药品计划、采购、收货、验收、储存、养护、销售、运输和质量管理等岗位的具体要求和操作方法。结合职业资格证书和执业药师考试的需要，教材内容和实训项目的设置涵盖了相关考试内容，做到课证、教考融合。

3. 校企合作，注重实践

由多年从事药品经营质量管理类课程教学和科研的教师组成编写团队，同时吸纳药品经营企业中具有丰富实践经验的人员参加编写和修订工作。本书的内容和配套资源是他们在长期教学和专业实践中的积累。

4. 双线并行，培育人格

注重健全职业人格的培育，增加职业道德修养内容，通过"文化与素养"栏目，以格言、小故事的形式，给学生启迪、阳光和振奋；设置"职业核心能力与道德素质测评表"，通过问题的设计和分析，引导学生培养正确的善恶研判观，强化遵守法律法规和职业道德的意识。

5. 数纸融合，资源丰富

运用现代信息技术，嵌入大量多媒体资源，对难点和重点进行多样化的微课制作，通过扫描教材上相应处的二维码获得相关的教学资源，如专业视频、行业案例、漫画、实训资源等，可供学生参考学习。

6. 融入教法，宜于授课

各项目内容编排将"导入式""互动式""启发式""任务驱动式"等教学方法结

合应用，可以辅助教师进行课程教学方案的设计。

具体分工为：万春艳负责项目一、项目三、项目四编写和实训项目设计，朱雪梅负责项目八编写，向勇负责项目十三编写，江大为负责项目十二编写，吴杰负责项目十一编写，宋新丽负责项目十编写，周煌辉负责项目五编写，赵亚丽负责项目九编写，胡辰乾负责项目二编写，饶玉良负责项目六编写，陶淮舟负责项目七编写，刘嘉、李晶莹、耿文亮、万秀英、刘杼杭参加了部分内容的编写。全书由万春艳策划、统稿和修改。

本书在编写过程中得到北京医药行业协会和扬州邗江药监局陆镇彤的大力支持和指导。同时参考了相关书籍、网站的文献资料，在此向资料作者一并表示感谢！

本教材适合高等职业技术学院、成教学院、高等专科学院药学及相关专业学生学习和使用，也可供药品经营、生产、使用、管理等部门的药学工作者学习参考。

由于编者各自工作繁忙，加之水平的限制，书中疏漏之处在所难免，敬请各位专家和读者批评指正，我们一定在今后的修订中加以改进。

编　者
2018 年 5 月

目录 CONTENTS

模块一　GSP 概述　/ 001

项目一　走近 GSP　/ 001
　　知识导图　/ 002
　　单元一　认知 GSP　/ 003
　　单元二　实施 GSP　/ 007
　　单元三　GSP 监督管理　/ 008
　　稳扎稳打　/ 011
　　学以致用　/ 012
　　实训项目一　参观药品零售企业　/ 012
　　学习评价　/ 013

模块二　机构与人员　/ 015

项目二　组织机构建设与人员管理　/ 015
　　知识导图　/ 016
　　单元一　组织机构与质量管理职责　/ 017
　　单元二　人员与培训　/ 021
　　单元三　健康检查及卫生管理　/ 028
　　稳扎稳打　/ 031
　　学以致用　/ 033
　　学习评价　/ 034

模块三　采购与验收　/ 035

项目三　采购管理　/ 035
　　知识导图　/ 036
　　单元一　药品采购程序　/ 037
　　单元二　药品采购计划　/ 040
　　单元三　购销合同管理　/ 042
　　单元四　首营企业和首营品种　/ 046
　　单元五　发票、记录及质量评审　/ 049
　　稳扎稳打　/ 051
　　学以致用　/ 053
　　实训项目二　审核首营企业　/ 054
　　实训项目三　审核首营品种　/ 054
　　学习评价　/ 055

项目四　收货与验收　/ 057
　　知识导图　/ 058
　　单元一　收货与验收的要求与程序　/ 059
　　单元二　验收的主要内容　/ 061
　　单元三　验收方法　/ 067
　　单元四　不合格药品控制　/ 069
　　单元五　药品质量档案与信息管理　/ 070
　　稳扎稳打　/ 072
　　学以致用　/ 074
　　实训项目四　验收购进药品　/ 074
　　学习评价　/ 075

模块四　储存与养护　/ 077

项目五　设施与设备　/ 077
　　知识导图　/ 078
　　单元一　设施设备的分类和配置原则　/ 079
　　单元二　仓库和仓库的设施设备　/ 081
　　单元三　药品零售企业的设施设备　/ 086
　　稳扎稳打　/ 087
　　学以致用　/ 089
　　实训项目五　仓库设施设备的配置及
　　　　　　　　管理　/ 089
　　学习评价　/ 090

项目六　校准与验证　/ 092
　　知识导图　/ 093
　　单元一　验证概述　/ 094
　　单元二　验证实施　/ 101
　　稳扎稳打　/ 110
　　学以致用　/ 111
　　学习评价　/ 112

项目七　储存与养护　/ 113
　　知识导图　/ 114
　　单元一　药品储存　/ 115
　　单元二　药品养护　/ 120
　　稳扎稳打　/ 129
　　学以致用　/ 131
　　实训项目六　药品入库储存与温湿度
　　　　　　　　监控　/ 131
　　学习评价　/ 133

项目八　冷链药品管理　/ 135
　　知识导图　/ 136
　　单元一　冷链药品管理概述　/ 137
　　单元二　冷链设施设备　/ 138
　　单元三　冷链流程控制　/ 142
　　单元四　冷链过程管理　/ 146
　　稳扎稳打　/ 150
　　学以致用　/ 151
　　学习评价　/ 151

模块五　销售与运输　/ 153

项目九　销售和售后管理　/ 153
　　知识导图　/ 154
　　单元一　销售管理　/ 155
　　单元二　拆零及特殊管理药品的
　　　　　　销售　/ 162
　　单元三　售后管理　/ 165
　　单元四　其他相关要求　/ 166
　　稳扎稳打　/ 170
　　学以致用　/ 172
　　实训项目七　药品陈列　/ 172
　　学习评价　/ 173

项目十　出库与运输　/ 175
　　知识导图　/ 176
　　单元一　药品出库　/ 177
　　单元二　药品运输　/ 179
　　稳扎稳打　/ 185
　　学以致用　/ 187
　　学习评价　/ 187

模块六　系统管理　/ 189

项目十一　质量管理体系文件　/ 189
　　知识导图　/ 190
　　单元一　质量管理体系文件概述　/ 191
　　单元二　质量管理体系文件的管理　/ 195
　　单元三　质量管理体系文件示例　/ 201
　　稳扎稳打　/ 209
　　学以致用　/ 211
　　学习评价　/ 211

项目十二　计算机管理信息系统　/ 213
　　知识导图　/ 214
　　单元一　计算机系统的基本要求　/ 215
　　单元二　计算机系统的应用　/ 219
　　稳扎稳打　/ 222
　　学以致用　/ 224
　　学习评价　/ 225

项目十三　质量风险管理　/ 226
　　知识导图　/ 227
　　单元一　药品质量风险管理　/ 228
　　单元二　药品经营企业风险管理　/ 233
　　稳扎稳打　/ 238
　　学以致用　/ 239
　　学习评价　/ 240

稳扎稳打参考答案　/ 241

附录一　药品经营质量管理规范（国家食品药品监督管理总局令第 28 号）/ 244

附录二　国家食品药品监督管理总局公告　/ 259

参考文献　/ 271

二维码资源目录

序号	名称	资源类型	页码
1	开宗明义 1	视频	3
2	新版 GSP 新规定	视频	5
3	案例 药企《经营许可证》被吊销	视频	7
4	药品飞行检查	视频	9
5	温故知新 1	习题	12
6	开宗明义 2	视频	17
7	组织机构设置与质量职责要求	视频	18
8	案例 质量负责人不在职在岗，药企被处罚	视频	22
9	案例 三名执业药师被撤销注册证	视频	23
10	传染病种类	图片	28
11	温故知新 2	习题	33
12	开宗明义 3	视频	37
13	法人授权委托书	视频	39
14	首营企业审核	视频	47
15	首营信息管理	视频	49
16	应税劳务清单	视频	50
17	温故知新 3	习题	53
18	开宗明义 4	视频	59
19	药品验收	视频	67
20	药品质量信息管理	视频	71
21	温故知新 4	习题	74
22	开宗明义 5	视频	79
23	药店平面布置图	图片	80
24	全自动立体仓库药品出入库	视频	82
25	设施设备管理	视频	85
26	温故知新 5	习题	89
27	开宗明义 6	视频	94
28	保温箱内温度记录仪放置方式示例	视频	99

续表

29	温故知新 6	习题	111
30	开宗明义 7	视频	115
31	案例 违反GSP，一药企被当场处罚	视频	116
32	药典贮藏项下规定	图片	117
33	常见剂型贮藏要求	图片	118
34	重点养护品种	图片	122
35	温故知新 7	习题	131
36	开宗明义 8	视频	137
37	冷库	视频	139
38	医药产品冷链管理的风险管控	视频	142
39	保温箱放冰操作	视频	144
40	温故知新 8	习题	151
41	开宗明义 9	视频	155
42	药品陈列	视频	160
43	案例 未凭处方销售处方药行为	视频	160
44	案例 买药品赠商品促销案	视频	161
45	案例 非法购销精神药品案	视频	164
46	如何处理顾客投诉	视频	165
47	药品不良反应/事件报告表	视频	167
48	温故知新 9	习题	172
49	开宗明义 10	视频	177
50	全自动立体冷藏库药品出入库	视频	178
51	温故知新 10	习题	187
52	开宗明义 11	视频	191
53	质量管理体系文件的建立与管控	视频	197
54	文件制定与管理要点	图片	200
55	温故知新 11	习题	211
56	开宗明义 12	视频	215
57	计算机系统管理	视频	217
58	医药批发管理软件——药品采购	视频	219
59	温故知新 12	习题	224
60	开宗明义 13	视频	228
61	温故知新 13	习题	239

模块一

GSP 概述

项目一

走近 GSP

知识点

GSP 含义　GSP 特点　主要内容　实施 GSP 的意义　GSP 监督检查方法　药品经营企业　药品批发企业　药品零售企业　飞行检查

技能点

认知 GSP 含义　认知 GSP 主要内容　认知药品经营企业　认知 GSP 适用范围　认知 GSP 监督检查方法

职业能力目标

专业能力	认知 GSP　药品经营企业识别　销售对象选择　GSP 实施
职业核心能力	自我学习　信息处理　与人交流　与人合作

思政育人目标

1. 药品是关乎百姓健康、国计民生的特殊商品,激发学生努力学习药学专业知识,培养把专业知识转化为服务人民健康的能力,积极投身国家健康战略。
2. 培养法律意识,树立守法观念,严格依法依规办事。

知识导图

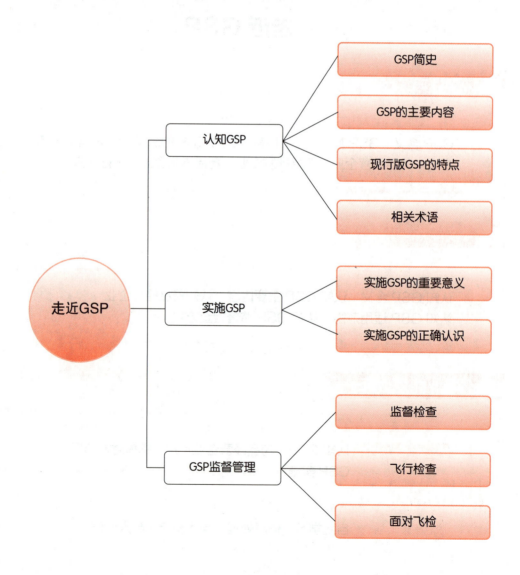

引例

2021年5月25日L省药监局对辖区某大药房医药连锁有限公司进行检查时发现：该公司在质量管理体系方面存在未对供货单位质量管理体系进行评价的问题；在人员培训方面存在对中药饮片验收员培训不到位的问题；在计算机系统方面存在经营数据和管理数据未备份的问题；在收货与验收方面存在未开箱检查的问题；在储存与养护方面存在药品垛间距不足、未对企业库房储存条件及卫生环境进行检查的问题；在运输与配送方面存在未制定应急预案的问题；在机构和质量管理方面存在未组织开展质量管理体系风险评估活动的问题。被责令限期整改。

药品是一种特殊的商品，在生产、经营全过程中，由于内外因素的作用，随时都有可能出现质量问题，因此，必须在所有环节上采取严格的管理控制措施，才能从根本上保证药品质量。根据许多发达国家的经验，我国制定了一系列法规来保证药品质量，即在实验室阶段实行的《药物非临床研究质量管理规范》（简称GLP）；在新药临床阶段实行的《药物临床试验质量管理规范》（简称GCP）；在药品生产过程中实施的《药品生产质量管理规范》（简称GMP）；在药品经营过程中实施的《药品经营质量管理规范》（简称GSP）。GSP是这一系列质量控制中非常重要的一环，我国在《中华人民共和国药品管理法》（以下简称《药品管理法》）中明确了GSP的法律地位和监督实施GSP的具体措施。GSP的实施是一项艰巨的任务，需要政府和企业的共同努力，不断提高我国药品经营领域的质量管理水平。

开宗明义1

单元一　认知GSP

《药品经营质量管理规范》简称GSP，是英文Good Supplying Practice的缩写，直译为"良好的供应规范"，是指在药品流通过程中，针对计划采购、收货验收、储存养护、出库运输、销售及售后服务等环节制定的防止质量事故发生、保证药品符合质量标准的一整套管理标准和规程，其核心是通过严格的管理制度来约束企业的行为，对药品经营全过程进行质量控制，防止质量事故发生，对售出药品实施有效追溯，保证向用户提供合格的药品。

重点与难点

GSP含义、GSP主要内容

药品经营管理和药品监督管理的实践证明，要保证药品经营质量，必须要求药品经营企业在经营过程中建立并施行质量保证体系。建立和施行质量保证体系的依据和操作原则就是GSP，其核心是通过严格的管理，来约束企业的经营行为，对药品经营全过程进行有效的质量控制，以确保企业药品经营全过程持续符合法定要求。因此，GSP是一个严格的、全面的、全员的、全过程的药品质量管理规范。

一、GSP简史

1982年，中国医药公司在考察、分析研究日本等国家药品经营质量管理工作经验的基础上，对我国当时的医药商业质量管理工作实践进行总结，将我国医药商业质量工作有益经验与日本先进的GSP观念融合后，制定了我国第一部GSP。1984年，我国第一部GSP由国家医药管理局发布，在全国医药商业系统内予以试行。我国第一部 GSP 的发布实施引起医药经营企业的广泛重视，许多企业将 GSP 逐步纳入企业发展的轨道，使之成为企业经营管理的重要组成部分。

技能点
认知 GSP

第一部 GSP 经过近 8 年试行后又进行了系统修改，于 1992 年 3 月由国家医药管理局发布，自 1992 年 10 月 11 日起施行，成为我国的第二部 GSP。1993 年 6 月，中国医药商业协会编辑了《医药商品质量管理规范指南》，将第二版 GSP 的各种管理、技术要求具体化，提高了可操作性，1994 年，中国医药商业协会完成了我国第一部系统阐述 GSP 原理的教学录像片摄制工作，为在全行业普及 GSP 知识、开展形象化教学提供了新的音像教材。

2000 年版 GSP 是 2000 年 4 月 30 日由国家药品监督管理局发布、自 2000 年 7 月 1 日起实施的。这是我国实施 GSP 以来延续制（修）订的第三部 GSP。2000 年版 GSP 经过十年的实践，对提高药品经营企业素质，规范药品经营行为，保障药品质量安全起到了十分重要的作用。

随着我国经济与社会的快速发展，2000 年版 GSP 也不能适应药品流通发展和药品监管工作的要求，表现在：与《药品管理法》等法律法规以及有关监管政策存在不一致的地方；一些规定已不能适应药品流通发展的状况，如购销模式的改变、企业管理技术和物流业的发展等；不能适应药品市场监管新的发展需要，如对购销渠道的规范管理、储存温湿度的控制、高风险品种的市场监管等；GSP 的标准总体上已不适应药品许可管理要求，落后于推进产业发展的目标，降低了市场准入的标准，不利于保证药品安全。

从 2005 年起，国家食品药品监督管理局着手开展调查研究，2009 年正式启动修订工作。GSP 修订草案，于 2012 年 11 月 6 日经卫生部部务会审议通过，2013 年版 GSP 于 2013 年 1 月 22 日正式公布，自 2013 年 6 月 1 日起施行。

2015 年国家食品药品监督管理总局依据国家工商行政管理总局 2014 年 3 月 1 日起停止营业执照年检工作的决定，将 2013 年版 GSP 首营企业资料中的"营业执照及其年检证明"修改为"营业执照复印件及其上一年度企业年度报告公示情况"，于 2015 年 5 月 18 日经国家食品药品监督管理总局局务会议审议通过，自 2015 年 7 月 1 日起施行。

2016 年国家食品药品监督管理总局将"电子监管码的扫码与数据上传"的有关规定修改为"建立药品追溯系统，实现药品可追溯"的有关规定，于 2016 年 6 月 30 日经国家食品药品监督管理总局局务会议审议通过，自 2016 年 7 月 20 日起施行。

二、GSP 的主要内容

技能点
认知 GSP 主要内容

现行版《药品经营质量管理规范》共四章，一百八十四条，包括总则、药品批发的质量管理、药品零售的质量管理及附则。其主要内容贯穿药品经营的采购、收货与验收、储存与养护、销售、出库、运输与配送、售后管理等各个环节，包括确保药品质量所必备的组织机构、管理文件、硬件设施、人员资格等方面，详见表 1-1。

表 1-1　GSP 主要内容

类别	进	存	销
硬件设施	收货、验收场所及设施	仓储设施，养护场所及设备	营业场所及设施、运输设施设备
人员资格职责	企业负责人、质量负责人、质量管理机构负责人、质量管理人员		
	采购人员、验收人员	保管人员、养护人员	销售人员、处方审核人员、营业员、中药饮片调剂人员、配送运输人员
质量管理程序和制度	质量方针及目标、质量管理制度、质量管理程序、职责、质量标准、档案（质量、养护、教育、健康）、质量体系内审、质量风险管理、药品冷链管理、计算机信息化管理、验证等		
	1. 供货单位合法资质审核 2. 按需进货，择优选购，质量第一 3. 合同明确质量条款 4. 首营企业、首营品种质量审核 5. 逐批验收	1. 仓库分区与色标管理 2. 分类储存与保管 3. 效期药品管理 4. 退货管理 5. 不合格品管理 6. 药品养护	1. 购货单位合法资质审核 2. 出库质量复核 3. 安全规范销售 4. 问题药品召回 5. 质量事故处理 6. 合理运输 7. 做好售后服务
过程控制记录	供货单位清单及附件、购进记录、质量验收相关记录	仓储、养护相关记录，不合格品相关记录、退货记录、信息传递凭证	复核记录、销售记录、售后服务记录

三、现行版 GSP 的特点

1. 提高标准，规范行为

现行版 GSP 提高了药品经营企业的标准，旨在推动药品流通行业整体上台阶，同时着重规范经营行为，净化市场环境。在软件和硬件方面显著提高了要求。

① 在软件方面，现行版 GSP 明确要求企业建立质量管理体系，设立质量管理部门或者配备质量管理人员，对质量管理制度、岗位职责、操作规程、记录、凭证等一系列质量管理体系文件提出详细要求，并强调了文件的执行和实效；提高了企业负责人、质量负责人、质量管理部门负责人以及质管、验收、养护等岗位人员的资质要求。

② 在硬件方面，现行版 GSP 全面推行计算机信息化管理，着重规定计算机管理的设施、网络环境、数据库及应用软件功能要求；明确规定企业应对药品仓库采用温湿度自动监测系统，对仓储环境实施持续、有效的实时监测；对储存、运输冷藏、冷冻药品要求配备特定的设施设备。

新版 GSP 新规定

2. 强化管理，堵塞漏洞

针对药品经营行为不规范、购销渠道不清、票据管理混乱等问题，现行版 GSP 明确要求药品购销过程必须开具发票，出库运输药品必须有随货同行单并在收货环节查验，物流活动要做到票、账、货相符，以达到规范药品经营行为，维护药品市场秩序的目的；针对委托第三方运输，GSP 要求委托方应考察承运方的运输能力和相关质量保证条件，签订明确质量责任的委托协议，并要求通过记录实现运输过程的质量追踪，强化了企业质量责任意识，提高了风险控制能力。针对冷链管理，现行版 GSP 提高了对冷链药品储存、运输设施设备的要求，特别规定了冷链药品运输、收货等环节的交接程序和温度监测、跟踪和查验要求，对高风险品种的质量保障能力提出了更高的要求。

3. 更新观念，与时俱进

> **技能点**
> 认知GSP适用范围

根据药品流通存在的问题和发展要求，现行版GSP在管理领域和发展方向上体现了创新与发展的思路，具有明显的时代特征和超前意识，提出了新的观念和新的举措，如按照供应链的理念提出全过程、全方位的管理要求；要求企业依法经营、诚实守信；开展第三方医药物流等。

根据供应链管理的原则，GSP调整范围不仅包括药品经营环节而且覆盖到药品生产、流通环节中涉及药品的销售、储存以及运输的各项活动中，不仅药品经营全过程，而且生产企业销售药品、流通环节涉及储存、运输的各项活动都要符合GSP的管理要求，体现出供应链全程管理的理念。

现行版GSP明确规定了药品零售企业的法定代表人或企业负责人应当具备执业药师资格；企业应当按国家有关规定配备执业药师，负责处方审核，指导合理用药。

4. 学习先进，接轨国际

现行版GSP借鉴国际上先进的药品流通质量管理思想和经验，学习和认识世界卫生组织和欧盟GDP（《药品供应和管理规范》）的一些管理理念和方法，如供应链理念、企业信息化管理、物流技术与应用、质量风险管理、冷链管理及验证、体系内审等，结合我国药品监管流通现状及发展要求进行了合理的借鉴与吸收，使GSP接近当前国际先进的流通管理规则。

5. 实事求是，注重实效

现行版GSP既为保障公众用药安全营造良好的外部环境，大力推进我国药品流通行业整体水平的提升，又立足实际国情和企业发展现状，注重实效、实事求是地确定发展目标，如文件体例的调整、阴凉储存温度的确定、首营品种的审核、对电子数据的认可、库存动态管理等规定方面，都体现出这样的追求。

四、相关术语

> **技能点**
> 认知药品经营企业

药品经营企业，是指经营药品的专营企业或者兼营企业。

药品批发企业，是指将购进的药品销售给药品生产企业、药品经营企业、医疗机构的药品经营企业。

药品零售企业，是指将购进的药品直接销售给消费者的药品经营企业。

药品经营方式，是指《药品经营许可证》依法核准的经营方式。目前，我国药品监督管理部门核准的药品经营方式有批发、零售连锁和零售三种。

药品经营范围，是指经药品监督管理部门核准经营药品的品种类别。

单元二 实施 GSP

一、实施 GSP 的重要意义

1. 消除质量隐患，确保药品安全有效

GSP 是国家为规范我国药品经营企业行为而制定的专业性质量管理规范，具有很强的专属性。根据药品流通过程表现出的诸多特点，在药品的流通环节应采用严格和具有针对性的措施，譬如建立企业质量保证体系、提高企业人员素质、改善经营条件、严格管理制度、规范药品经营行为等，以控制可能影响药品质量的各种因素，减少发生质量问题的隐患，保证药品的安全性、有效性和稳定性，这是 GSP 的基本作用和实施的根本目的。

> **重点与难点**
> 实施 GSP 的意义、正确认识

2. 提高企业综合素质，确保药品的社会需求

随着社会主义市场经济的发展，市场环境发生了深刻的变化，企业间的竞争已经由原来的价格竞争逐步向产品质量和服务质量等高层次的竞争转变，这就对企业自身素质提出更高的要求，要求企业在管理水平、制度建设、人员素质、设施设备等方面不断改进、发展和提高。颁布实施 GSP 的另一目的，是在监督、规范企业经营行为、确保药品安全有效的基础上，推动企业建立和完善正常的运行机制，促进企业综合素质的提高，及时、有效地满足全社会对药品的需求。

3. 保证企业经营全过程持续符合法定要求

新《药品管理法》体现的"四个最严"精神——最严谨的标准、最严格的监管、最严厉的处罚、最严肃的问责，覆盖了药品研制、生产、经营、使用全过程。

GSP 是开展药品经营管理和质量控制的基本准则，其借鉴了国际上先进的药品流通质量管理理论，并与国家最新的监管政策紧密衔接，同步满足药品流通发展及药品监管工作的最新要求。随着新法及其配套法规的陆续发布与实施，未来新的要求及业务模式将接踵而至，势必要求企业反复审视现有药品经营质量管理体系的适用性，以确认其能持续有效运行。因此，执行 GSP 须不断地用新的法律法规对其进行理论充实，以达到规范日常经营活动，使其持续符合法定要求的目的。

二、实施 GSP 的正确认识

1. 领导重视是前提

领导即企业最高管理者。GSP 工作客观上需要明确企业质量工作的方针、目标，需要合理调配企业人、财、物等各方面资源，需要充分调动药品进、存、销等各质量环节人员的积极性，同时还要处理可能出现的有关全局的问题。显然，企业最高管理者在包括实施 GSP 等系列管理工作中发挥着关键的带头、核心、协调作用。

案例
药企《经营许可证》被吊销

2. 全员参与是保证

GSP 工作涉及药品经营企业内部各部门、各管理层面，涉及企业经营管理的各个环节，是一项需要全员参与的重要工作。企业中任何一个部门、任何一个成员未按照 GSP 要求履行职责，都将影响到药品经营质量管理的全局。因此要调动

员工参与质量管理的积极性，树立对GSP的正确认识，明确各部门、各岗位的质量责任，明确规定各质量环节工作人员应遵循的符合GSP标准的工作程序；加强岗位培训和继续教育，定期对员工进行法律知识、专业技能、质量意识及职业道德方面的培训与教育。

3. 管理技术是手段

点滴
弓先调而后求劲
人先信而后求能

信息技术的迅猛发展及其在企业经营管理中的广泛运用，为GSP工作的开展创造了良好技术环境。使企业能够准确地掌握药品质量信息，为药品购进、储存、销售等工作提供科学的手段；及时准确地掌握药品购进、检查验收、养护、出库复核、销售等业务流程的全面资料，实现经营管理信息一体化，实现企业内部的信息共享，使企业经营质量管理工作井然有序，保证所经营药品符合质量标准。同时，可以节约企业管理成本，提高综合竞争力，为企业带来更大的经济与社会效益。

4. 建立质量管理体系是核心

建立药品质量管理体系是实施GSP的核心。企业的一切质量管理工作应以此为依据展开，做到有章可循，企业应当依据有关法律法规的要求建立质量管理体系，确定质量方针，制定质量管理体系文件，开展质量策划、质量控制、质量保证、质量改进和质量风险管理等活动。企业质量管理体系应当与其经营范围和规模相适应，包括组织机构、人员、设施设备、质量管理体系文件及相应的计算机系统等。企业要实施GSP，应具备质量管理体系的各项要素，并按照GSP要求有效运行。

> **文化与素养**
>
> #### 袋鼠与笼子故事的启示
>
> 一天，动物园管理员发现袋鼠从笼子里跑出来了，于是开会讨论，一致认为是笼子的高度过低。所以决定将笼子的高度由原来的10米加高到20米。结果第二天发现袋鼠还是跑到外面来了，所以决定再将高度加高到30米。没想到隔天居然又看到袋鼠全跑到外面，于是管理员大为紧张，决定一不做二不休，将笼子的高度加高到100米。一天长颈鹿和几只袋鼠们在闲聊，"你们看，这个人会不会再继续加高你们的笼子？"长颈鹿问。"很难说，"袋鼠说："如果他再继续忘记关门的话！"
>
> 这是一个典型的本末倒置的例子。他们不是去消除根源——"关门"，而是去加高"笼子。"在做质量问题调查的时候，如果不找到问题的根源，那么，永远无法消除这些质量问题。同时，还将造成企业成本的升高——"加高笼子"。所以，从事药品经营质量管理的人员，要经常问自己，"我们的袋鼠笼子关好了吗？"

单元三　GSP监督管理

一、监督检查

根据检查性质和目的，对药品经营企业的检查可以分为许可检查、常规检查、有因检查和其他检查。

1. 许可检查

药品监督管理部门对药品经营企业所申请的许可事项是否符合许可条件进行检查。

首次申请《药品经营许可证》的,药品检查机构依据检查细则和药品经营质量管理规范相关规定,对企业人员、经营场所、仓储配送、验收养护、计算机系统、质量管理制度等内容开展检查。

申请《药品经营许可证》重新发放的,药品检查机构结合企业遵守药品管理法律法规,执行药品经营质量管理规范和质量管理体系实际运行情况,根据风险管理原则进行审查,必要时开展药品经营质量管理规范符合性检查。

申请《药品经营许可证》注册地址或仓库地址调整(含新增仓库地址、原地址增加仓储面积、储存作业区功能调整等)、改变经营方式、新增经营范围等变更事项的,结合变更内容开展药品经营质量管理规范符合性检查。

2. 常规检查

根据药品监督管理部门制订的年度检查计划,对药品经营企业遵守有关法律、法规,执行药品经营质量管理规范以及有关标准情况开展日常监督检查,包括质量管理规范符合性检查。

常规检查包含以下内容:

① 遵守药品管理法律法规的合法性;
② 执行药品经营质量管理规范的规范性;
③ 药品经营资料和数据的真实性、完整性;
④ 药品监督管理部门认为需要检查的其他内容。

3. 有因检查

对药品经营企业可能存在的具体问题或投诉举报等开展针对性检查,包括飞行检查。

4. 其他检查

除许可检查、常规检查、有因检查外的检查,包括专项检查、联合检查、委托检查、延伸检查等。

二、飞行检查

"飞检"是国家药品监督管理部门针对食品、药品生产经营等环节开展的、不预先告知的突击检查或者暗访调查,具有突击性、独立性、高效性等特点。

检查对象:食品、药品、医疗器械、化妆品。

检查环节:研制、生产、经营、使用。

飞检重点对象:

(1)有投诉举报或者其他来源的线索,表明可能存在一些质量安全风险。

(2)药品检验当中发现了一些存在质量安全风险的内容。

药品飞行检查

（3）药品不良反应监测当中可能存在质量安全风险的。
（4）申报资料有疑问（例如数据失真）。
（5）涉嫌严重违反质量管理规范要求的。
（6）企业有严重不守信记录的。

三、面对飞检

议一议
国家实行药品飞检有什么意义？

面对日益严格的药品监管，药品经营企业的每个部门、每个岗位、每个人，要严格把关每个环节，对药品质量负责，对企业负责，对生命负责。

1. 企业管理关键

（1）加强药品经营法律法规、质量管理制度、日常操作要求的培训和学习。

（2）健全完善质量管理制度和关键业务的操作规程，作为企业日常操作的总纲要求。

（3）工作责任落实到岗位，明确各个岗位和各项工作的管理要求。

（4）健全质量管理考核机制，做好日常质量工作的检查和考核，发现问题制定整改和预防措施。

（5）任何工作都要有标准、有检查、有考核，将质量工作作为一项长期的持续工作。

2. 岗位操作要点

（1）票据管理：按要求及时记录，签名记录规范齐全，正确修改，妥善保管，不缺失。

（2）档案：统一档案管理要求，明确建档方式，工作落实到人，及时归档、及时更新。

（3）仓库：做好环境卫生、温湿度调控与监控、防虫鼠、货物的存放、六距、养护、进出账的管理。

（4）人员：按 GSP 要求设置岗位，人员资质符合岗位要求，人员花名册根据实际更新，人员培训到位（岗前和每年的继续教育），人员体检（岗前和每年体检），劳动合同管理，交金情况，在岗执业的执业药师应当挂牌明示，营业员统一着工作服、佩戴工作牌，执业药师和药学技术人员工作牌应当标明执业资格或者药学专业技术职称。

拓展方舟

开办药品经营企业的条件

《中华人民共和国药品管理法》第五十二条规定从事药品经营活动必须具备：
1. 有依法经过资格认定的药师或者其他药学技术人员；
2. 有与所经营药品相适应的营业场所、设备、仓储设施和卫生环境；
3. 有与所经营药品相适应的质量管理机构或者人员；
4. 有保证药品质量的规章制度，并符合药品经营质量管理规范要求。

稳扎稳打

一、名词解释

药品经营企业　　药品批发企业　　药品零售企业

药品经营方式　　药品经营范围　　飞检

二、单项选择

1. 《药品经营质量管理规范》适用范围不包括（　　）。
   A. 药品生产企业销售药品
   B. 药品流通过程中涉及储存、运输药品的企业
   C. 药品经营企业
   D. 药品生产企业生产药品

2. 现行版 GSP 实施日期是（　　）。
   A. 2015 年 7 月 1 日　　　　B. 2015 年 5 月 18 日
   C. 2016 年 6 月 30 日　　　 D. 2016 年 7 月 20 日

3. 现行版 GSP 共分（　　）。
   A. 四章一百八十四条　　　　B. 四章一百七十八条
   C. 三章一百八十四条　　　　D. 三章一百八十八条

4. 关于药品飞行检查说法错误的是（　　）。
   A. 药监部门可以对严重不守信企业开展飞行检查
   B. 药监部门可以对药品经营企业开展暗访调查
   C. 药监部门可以在任何时间进入被检查单位经营场所进行检查
   D. 检查组成员可以事先告知被检查单位检查内容

5. 药品零售企业的销售对象是（　　）。
   A. 医疗机构　　B. 药品批发企业　　C. 消费者个人　　D. 药品零售企业

三、多项选择

1. 我国制定的一系列保证药品质量的法规包括（　　）。
   A. GLP　　　　B. GCP　　　　C. GMP
   D. GSP　　　　E. GAP

2. 药品批发企业的销售对象包括（　　）。
   A. 消费者个人　　　　　　　B. 药品批发企业
   C. 医疗机构　　　　　　　　D. 药品零售企业
   E. 药品生产企业

3. GSP 的基本作用包括（　　）。
   A. 规范药品经营行为
   B. 控制可能影响药品质量的各种因素
   C. 减少发生质量问题的隐患
   D. 保证药品的安全性、有效性和稳定性
   E. 应对外资进入药品分销服务带来的挑战

> 点滴
>
> 梦想从学习开始
> 事业从实践起步

4. 药品经营企业质量管理要素包括（　　）。
　A. 企业人员　　B. 组织机构　　C. 设施设备
　D. 生产工艺　　E. 文件体系
5. GSP 分别对下列哪些环节做出了规定。（　　）
　A. 采购　　　　B. 验收　　　　C. 储存、养护
　D. 销售和售后管理　　　　　　E. 运输

四、简答题
1. 药品经营企业实施 GSP 有什么重要意义？
2. 现行 GSP 有什么特点？
3. 药品经营企业如何正确实施 GSP？

学以致用

第十三届全国人大常委会第十二次会议表决通过的新《药品管理法》删除了对药品经营企业是否符合《药品经营质量管理规范》的要求进行认证的规定，将 GSP 认证与药品经营行政许可合二为一。

过去一些药品经营企业只要 GSP 认证通过了，质量控制意识会不同程度放松。而取消认证后，伴随着飞检力度、频率的增加，对这些过去抱有侥幸心理的企业来说，质量意识将会大大加强。因为只要在飞检中一发现质量问题，企业就将面临关门的危险。

取消 GSP 认证后行业监管会更加规范，一套更严格的日常监管体系将替代以往的认证管理，专项检查、飞行检查的力度加大，随机性也会更强，给药品经营企业合规经营和管理提出了更高的要求。

药品经营企业要深刻理解 GSP 的精髓和本质，通过开展相关培训，提高员工的质量意识和政策法规水平，更好地促进企业合规经营，促进行业的发展。

讨论：取消 GSP 认证后，企业员工该怎么做？

温故知新 1

> **点滴**
> 纸上得来终觉浅
> 绝知此事要躬行

实训项目一　参观药品零售企业

一、实训目的
1. 了解药品零售企业的药品经营情况及驻店药师工作情况，提出问题，激发进一步学习兴趣。
2. 掌握开办药品零售企业的条件。

二、实训内容
参观社会上规模较大的药房。

三、实训步骤
1. 了解药房经营面积、经营布局、经营品种。
2. 验看《药品经营许可证》和《营业执照》及《执业药师注册证》内容及悬挂位置。
3. 验看药房经营方式、经营范围与《药品经营许可证》是否相符。

4. 参观药品陈列情况。

5. 了解药房设施设备配备情况。

6. 了解处方药和非处方药的销售。

7. 观看药师指导消费者用药。

8. 学习药房营业岗位工作规范。

9. 分组讨论，归纳收获和问题。

四、实训组织

学生分成几组，每组 3～5 人，到药房参观，与营业员和药师进行交流。教师给予指导和总结。

五、实训报告

社会药房参观报告。

学习评价

职业核心能力与道德素质测评表

（在□中打√，A 良好，B 一般，C 较差）

职业核心能力与道德素质	评估标准	评价结果
自我学习	1. 有学习计划 2. 会管理时间 3. 关注相关课程知识的关联 4. 有适合自己的学习方式和方法	□A □B □C □A □B □C □A □B □C □A □B □C
信息处理	1. 有多种获取信息的途径和方法 2. 会进行信息的梳理、筛选、分析 3. 能使用多媒体手段展示信息	□A □B □C □A □B □C □A □B □C
与人交流	1. 会选择交流的时机、方式 2. 能把握交流的主题 3. 能准确理解对方的意思，会表达自己的观点	□A □B □C □A □B □C □A □B □C
与人合作	1. 善于寻找和把握合作的契机 2. 明白各自在合作中的作用和优势 3. 会换位思考，能接受不同的意见和观点 4. 能控制自己的情绪	□A □B □C □A □B □C □A □B □C □A □B □C
职业道德素质	1. 熟悉药事法规、医药行业职业道德标准等 2. 能辨析是非，有良好行为习惯 3. 有法律意识，自我控制能力强	□A □B □C □A □B □C □A □B □C

专业能力测评表

（在□中打√，A 具备，B 基本具备，C 未具备）

专业能力	评价标准	评价结果
认知 GSP	1. 熟知 GSP 含义 2. 熟知 GSP 适用范围 3. 主动深入学习 GSP	□A □B □C □A □B □C □A □B □C
药品经营企业识别	1. 熟知药品经营企业的定义 2. 熟悉药品经营企业的经营方式 3. 判断药品经营企业经营范围合法性	□A □B □C □A □B □C □A □B □C

续表

专业能力	评价标准	评价结果
销售对象选择	1. 熟知药品批发企业定义 2. 熟知药品零售企业定义 3. 判断药品销售渠道合法性	□A □B □C □A □B □C □A □B □C
GSP 实施	1. 熟悉 GSP 主要内容 2. 熟知实施 GSP 重要性 3. 自觉按照 GSP 要求开展经营活动	□A □B □C □A □B □C □A □B □C

模块二

机构与人员

项目二

组织机构建设与人员管理

 知识点

质量管理机构职责　人员任职资格　培训内容　健康要求　卫生要求

 技能点

人员任职资格识别　培训计划制订　健康状况识别　认知质量管理机构职责
认知组织机构　记录填制

 职业能力目标

专业能力　组织机构图绘制　人员培训　健康管理　员工招聘

职业核心能力　自我学习　信息处理　与人交流　与人合作
解决问题

思政育人目标

1. 了解医药企业不同岗位的属性和职责，培养交流合作和协调管理能力，树立责任感、使命感和担当意识。
2. 树立锻炼身体、强健体魄的意识，做健康生活方式的宣传者和践行者，提升健康意识和健康理念。

知识导图

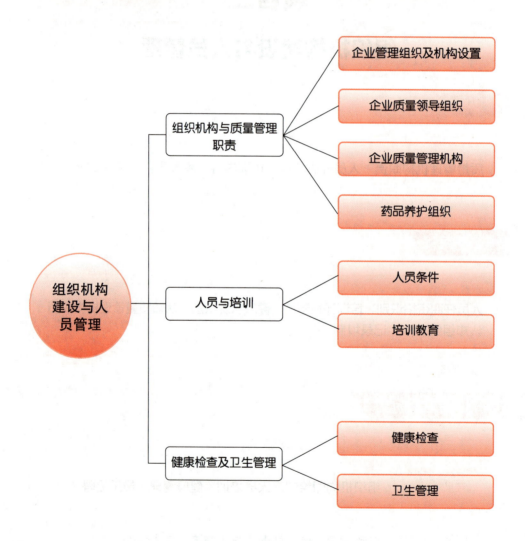

> 引例

某药店工作人员连续 15 天，将医生处方中的"黄芪"用"黄芩"替代抓给一位患者内服，导致患者延误治疗，病情加重，受害者及其家属将当事药店投诉到当地药品监督管理部门，强烈要求严惩该药店。同时请求法院判赔偿受害人住院医疗费、精神损失费、亲属陪护误工费、后续治疗费 3 万元。药品监督管理部门到当事药店调查处理此事，发现药店的工作人员在连续一个多月的时间内错把"黄芩"当"黄芪"抓给患者。抓错药的工作人员不能提供上岗证和健康证等从业证明。该药店唯一一个有资格审核药方和配药的中药师是兼职的，实际上审方和配药无人监管。

开宗明义 2

组织是人们为了实现一定的目标，互相协作结合而成的集体或团体，对于企业组织而言，各个机构是它最基本的组成部分。组织机构设置合理与否，直接关系到 GSP 实施的效率。人员是药品经营活动中最活跃、最关键的要素。人员素质是企业能否正确实施 GSP 的重要前提，高素质的人员能够自觉地、创造性地按照 GSP 的要求经营，更好地保证药品质量。因此，提高药品经营人员素质是 GSP 的首要目的之一，GSP 中最重要的一方面就是对人员的素质要求和人员在药品经营过程中的行为进行规范。

单元一 组织机构与质量管理职责

一、企业管理组织及机构设置

高效、适宜的组织体系是企业质量管理体系能够有效运行和质量管理目标顺利实现的重要保障，药品经营企业的行业特征、企业性质、经营模式、规模大小等因素决定了企业组织机构的设置。企业组织机构的设置应按照精简高效、事权明确、管理科学的原则，符合有关法规要求及企业实际；以需设岗，以岗定责；根据经营类型与规模确定部门的设置、层次结构与部门职责；根据经营类型与规模确定员工数量、岗位及其职责。

> 重点与难点
> 药品批发企业组织机构、质量管理机构职责

▶ 范例 2-1 某药品批发企业组织机构（图 2-1）

> 技能点
> 认知组织机构

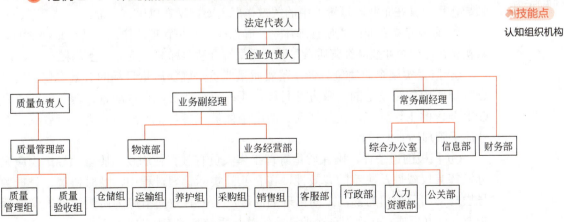

图 2-1 某药品批发企业组织机构

二、企业质量领导组织

1. 质量领导组织

组织机构设置与质量职责要求

根据企业的实际情况，药品批发企业可以建立以主要负责人为首的质量领导组织，质量领导组织负责人应由董事长或经董事长授权的总经理担任。质量领导组织成员应由进货、储运、销售、直属经营机构等业务部门负责人和质量管理机构负责人组成，企业与质量管理工作相关的其他部门，如行政办公、人力资源、财务物价、信息管理等部门的负责人也应作为组织成员。企业主要负责人、分管质量负责人、分管业务负责人及质量管理机构负责人是领导组织的核心，并应符合相应的条件，承担各自的质量责任。

▶ **范例2-2** 某药品批发企业质量领导组织结构（图2-2）

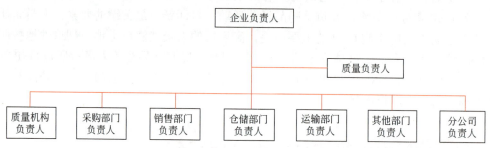

图2-2 某药品批发企业质量领导组织结构

企业主要负责人在具有法人资格的企业中指其法定代表人，在不具有法人资格的企业中指其最高管理者

2. 质量领导组织的性质

质量领导组织是企业非行政性常设组织，在企业主要负责人领导下，专门承担质量管理工作中重大事项的决策及质量管理体系的建立与维护。企业应定期或不定期召开质量领导组织会议，研究处理质量管理工作中的有关问题，责成各相关部门落实质量领导组织的决议，并授权质量管理机构监督、指导各职能部门质量管理工作的有效开展。

3. 质量领导组织的职责

质量领导组织的主要职责是建立企业的质量体系，实施企业的质量方针，并保证企业质量管理工作人员行使职权。质量领导组织在企业质量管理中具有核心领导作用，其在企业质量管理中的关键作用主要体现在以下三方面：

① 有效建立企业的质量管理体系，确保药品监督管理法律法规及行政规章的有效实施，保证企业药品经营质量与服务质量符合法定标准、满足社会需求。

② 监督实施企业质量方针，落实质量职责，确保质量目标的有效实现。质量领导组织应按照设定的质量方针目标，明确质量职责，合理配置资源，创造符合GSP要求的工作环境，充分调动、激励全体员工参与企业质量管理，有效保证企业质量管理体系的运行。

③ 积极创造条件，确保质量管理工作人员有效行使职权。质量领导组织应充分发挥其权威性及决策的有效性，在企业的实际管理过程中，及时协调、处理领导层与部门、部门与部门之间出现的问题，采取有效的措施为质量管理工作保驾护航，做好后盾，从而保证企业药品经营与质量管理工作的有序运行。

> **点滴**
> 工作是人生最尊贵、最重要、最有价值的行为。

▶ **范例 2-3　某公司质量领导组织质量职责**

质量领导组织的设立及任命文件

×××××公司文件

经公司董事会（办公会议）研究决定，从发文之日起成立公司质量领导小组，小组成员为×××、×××……同时，任命×××为质量领导小组组长，具体负责质量领导小组各项工作的开展。

质量领导小组的职责是：

① 组织并监督企业实施《药品管理法》《药品经营质量管理规范》等法律、法规和行政规章；

② 建立企业的质量管理体系，并维护质量管理体系的有效运行；

③ 组织并监督实施企业质量方针目标；

④ 设置企业质量管理机构，确保企业质量管理工作人员有效行使职权；

⑤ 监督并保证质量管理部门有效实施质量裁决权和否决权；

⑥ 审定企业质量管理体系文件；

⑦ 定期召开质量领导小组会议，研究并处理企业质量管理工作中的重大问题；

⑧ 确定企业质量奖惩措施并保证有效落实，在企业中充分树立"质量第一"的经营管理理念。

三、企业质量管理机构

根据《药品管理法》及 GSP 要求，药品经营企业应设置与其经营规模相适应的专门的质量管理机构，质量管理机构应下设质量管理组、质量验收组等，质量管理机构对药品质量具有最终的裁决权。企业还应设置与经营规模相适应的药品养护组或养护员。如图 2-3 所示。

▶ 议一议

药品经营企业树立"质量第一"的经营理念有什么意义？

图 2-3　质量管理机构

大型企业应设立药品养护组，小型企业应设立药品养护组或药品养护员；一般情况下养护组的设置根据仓库与经营地址的相对位置而定，行政上可隶属于仓储部门，也可以隶属于质量管理部门，业务上应接受质量管理部门指导

1. 质量管理机构的设置

企业在设置质量管理机构时一般应注意以下问题：

① 质量管理机构的设置应符合 GSP 的要求，可以下设质量管理组、质量验收组，质量验收组不得隶属于其他机构；

② 质量管理机构的设置应与企业的经营规模、经营模式相适应，如企业规模较大，可按照不同的工作内容，设置若干质量管理组、质量验收组；

③ 为保证质量管理工作的有效性，企业必须设置专门的质量管理机构，保证质量管理机构能独立行使职权、开展工作；

④ 质量管理机构在企业的组织结构中，应具有直属行政部门的地位，不得在行政级别上低于其他部门或隶属于其他部门。

2. 质量管理机构的职责

企业质量管理机构的设置应与企业规模、组织结构和经营方式相适应，按照企业规定的程序批准设置，明确管理职责。企业质量管理组织及机构的设置应具备有效的证明文件。

> **议一议**
> 药品经营企业在采购药品时，质量管理机构要对供货单位、购进药品及供货单位销售员进行资格审核，这样规定的目的是什么？

▶ **范例 2-4　某企业质量管理机构的质量职责**

质量管理部设立及任命文件
×××××公司文件

经公司董事会（办公会议）研究决定，从发文之日起成立公司质量管理部，质量管理部下设质量管理组和质量验收组。同时，任命×××为质量管理部经理，具体负责质量管理部各项工作的开展。

质量管理部的职责是：

① 坚持"质量第一"的原则，贯彻执行药品管理的法律法规；
② 组织制定质量管理体系文件，并指导、监督文件的执行；
③ 负责对供货单位和购货单位的合法性、购进药品的合法性以及供货单位销售人员、购货单位采购人员的合法资格进行审核，并根据审核内容的变化进行动态管理；
④ 负责质量信息的收集和管理，并建立药品质量档案；
⑤ 负责药品的验收，指导并监督药品采购、储存、养护、销售、退货、运输等环节的质量管理工作；
⑥ 负责不合格药品的确认，对不合格药品的处理过程实施监督；
⑦ 负责药品质量投诉和质量事故的调查、处理及报告；
⑧ 负责假劣药品的报告；
⑨ 负责药品质量查询；
⑩ 负责指导设定计算机系统质量控制功能；
⑪ 负责计算机系统操作权限的审核和质量管理基础数据的建立及更新；
⑫ 负责组织验证、校准相关设施设备；
⑬ 负责药品召回的管理；
⑭ 负责药品不良反应的报告；
⑮ 组织质量管理体系的内审和风险评估；
⑯ 组织对药品供货单位及购货单位质量管理体系和服务质量的考察和评价；
⑰ 组织对被委托运输的承运方运输条件和质量保障能力的审查；
⑱ 协助人力资源部门开展质量管理教育和培训；
⑲ 其他应当由质量管理部门履行的职责。

> **技能点**
> 认知质量管理机构职责

3. 质量验收组

企业应设置药品质量验收组，配备的验收人员数量应与经营规模相适应，质量验收组在行政上只能隶属于质量管理机构。验收人员应严格按照企业制定的检查验收制度和操作程序验收药品。

▶ **范例 2-5　某企业药品质量验收组的工作职责**

① 坚持"质量第一"的原则，严格履行质量否决权，对验收质量不合格药品予以拒收；
② 按照法定标准和合同规定的质量条款对购进药品、销后退回药品的质量进行逐批验收；
③ 检查验收时对药品的包装、标签、说明书以及药品合格证等有关证明文件进行逐一检查；
④ 验收时按照规定的要求抽样检查，抽取的样品应具有代表性；

⑤ 检查验收应真实完整地做好检查验收记录。验收记录应保存不少于 5 年；
⑥ 验收首营品种，应检查有无相同批号的药品出厂检验报告书；
⑦ 检查验收应在符合规定的场所进行，在规定时限内完成；
⑧ 对验收合格的药品，及时同仓储部门办理入库交接手续。

四、药品养护组织

企业可根据实际情况，即按经营规模及经营模式设立药品养护组织或养护人员。大中型企业应设立药品养护组，小型企业应设立药品养护组或药品养护员。大中型药品经营企业设置的药品养护组应有专职的养护人员，小型药品经营企业应尽可能配置专职的养护人员，以便更有效地从事药品质量养护工作。养护组或养护人员在行政上可隶属于质量管理部门，也可隶属于仓储部门，但业务上必须接受质量管理机构的监督指导。

▶ **范例 2-6　某药品批发企业药品养护组的职责**

① 按照企业的有关规定，对储存药品及储存环境实施有效的养护管理，确保药品储存质量；
② 指导保管人员对药品进行合理储存；
③ 检查在库药品的储存条件，配合保管人员进行仓间温湿度等储存条件的管理；
④ 对库存药品进行定期质量检查，并做好检查记录；
⑤ 对中药材和中药饮片按其特性，采取干燥、降氧、熏蒸等方法养护；
⑥ 对于因异常原因可能出现质量问题的药品和库存时间较长的药品，报请质量管理部门复查处理；
⑦ 对检查中发现的问题及时通知质量管理部门复查处理；
⑧ 定期汇总、分析和上报药品养护检查的质量信息；
⑨ 定期向质量管理部门上报近效期及长时间储存药品的报表；
⑩ 负责验收养护用仪器设备、仓储设施设备的管理工作；
⑪ 建立药品养护档案。

单元二　人员与培训

人员是实施 GSP 的保证。人员的素质水平是保证药品经营企业药品质量和服务水平的首要条件。药品经营企业必须配备一定的经过资格认定的药学专业技术人员，有一定的工作经验，并经过足够的培训，熟悉经营药品特性的人员。药品经营是专业性较强的一项技术业务工作，由于药品在整个流通环节的过程中，在各种内外因素的作用下，随时有可能发生质量变异问题。当这些药品质量发生变异的时候，要求负责质量工作的负责人，应对所发生的质量问题，运用药学专业知识，及时地做出客观、正确的判断，并做出相应的处理措施，以保证人民群众的用药安全。对所有从事药品经营、验收、保管、养护、运输的各个岗位人员，必须经过专业的培训，使他们懂得药品专业的特性，以便他们能动地做好药品的验收、保管、养护等工作。根据 GSP 要求，需要配备一定的专业技术职称的岗位有：企业主要领导、质量管理机构负责人、质量验收、养护人员等。

▶**重点与难点**
质量相关岗位人员任职资格，培训计划，记录填制

一、人员条件

根据 GSP 要求，药品批发企业从事与质量相关工作的人员应符合相应的资格要求，具体规定见表 2-1。

技能点
人员任职资格识别

表 2-1　药品批发企业质量相关岗位人员资格要求一览表

人员	专业及职称要求	能力及岗位要求
企业主要负责人	大学专科以上学历或者中级以上专业技术职称	经过基本的药学专业知识培训，熟悉有关药品管理的法律法规及 GSP
质量管理工作负责人	大学本科以上学历、执业药师资格和 3 年以上药品经营质量管理工作经历	在质量管理工作中具备正确判断和保障实施的能力，在职在岗，不得兼职
质量管理机构负责人	执业药师资格和 3 年以上药品经营质量管理工作经历	能坚持原则，有实践经验，可独立解决经营过程中的质量问题。在职在岗，不得兼职
质量管理工作人员	药学中专或者相关专业大学专科以上学历或者具有药学初级以上专业技术职称	经岗位培训，考试合格，持证上岗。在职在岗，不得兼职其他业务工作
质量管理工作人员	从事疫苗质量管理工作的专业技术人员应当具有预防医学、药学、微生物学或者医学等专业本科以上学历及中级以上专业技术职称，并有 3 年以上从事疫苗管理或者技术工作经历	经岗位培训，考试合格，持证上岗。在职在岗，不得兼职其他业务工作
验收人员	药学或者相关专业中专以上学历或者具有药学初级以上专业技术职称	经岗位培训，考试合格，持证上岗
验收人员	中药材、中药饮片验收人员，应当具有中药学专业中专以上学历或者具有中药学中级以上专业技术职称	经岗位培训，考试合格，持证上岗
验收人员	直接收购地产中药材的，验收人员应当具有中药学中级以上专业技术职称	经岗位培训，考试合格，持证上岗
验收人员	从事疫苗验收工作的专业技术人员应当具有预防医学、药学、微生物学或者医学等专业本科以上学历及中级以上专业技术职称，并有 3 年以上从事疫苗管理或者技术工作经历	经岗位培训，考试合格，持证上岗
养护人员	药学或者相关专业中专以上学历或者具有药学初级以上专业技术职称	经岗位培训，考试合格，持证上岗
养护人员	中药材、中药饮片养护人员，应具有中药学专业中专以上学历或者具有中药学初级以上专业技术职称	经岗位培训，考试合格，持证上岗
采购人员	药学或者相关专业中专以上学历	经岗位培训，考试合格，持证上岗
销售、储存人员	高中以上文化程度	经岗位培训，考试合格，持证上岗

案例
质量负责人不在职在岗，药企被处罚

根据 GSP 要求，药品零售企业从事与质量相关工作的人员应符合相应的资格要求，具体规定见表 2-2。

表 2-2　药品零售企业质量相关岗位人员资格要求一览表

人员	专业与职称要求	能力及岗位要求
企业法定代表人或者企业负责人	具备执业药师资格	

续表

人员	专业与职称要求	能力及岗位要求
处方审核人员	执业药师	在职在岗，不能挂名
质量管理、验收、采购人员	药学或者相关专业学历或者具有药学专业技术职称	在职在岗，不得兼职 经培训合格，持证上岗
	中药饮片质量管理、验收、采购人员应当具有中药学中专以上学历或者具有中药学专业初级以上专业技术职称	
营业员	高中以上文化程度或者符合省级药品监督管理部门规定的条件	
中药饮片调剂人员	中药学中专以上学历或者具备中药调剂员资格	

几点要求：

① 药品批发企业负责人不可以兼任质量负责人。

② 收货岗位与验收岗位不可以是同一个人。一是主管部门不同，收货员属于仓储部门管理，验收员属于质管部门管理；二是岗位职责不同，收货员主要从业务的角度承担对到货药品的订单、品种、数量的核对；验收员对到货药品的检查除上述项目的检查外，还包括对到货药品质量的检查，两者不可互兼。收货员可由保管员、养护员兼任。

③ 养护员不需要专职，可兼职保管员、收货员、发货员，但从工作角度一般不兼职出库复核员。

④ 具有疫苗储运范围的，应有两个符合条件的人员负责疫苗的验收和质量管理，质量管理部人员可兼疫苗质量管理；但质量管理人员不得兼疫苗验收人员，临时性兼职可以，但应有验收员资质。

⑤ 高中起点的中技学历可视同中专学历。

⑥ 执业药师是指经全国统一考试合格，取得《执业药师资格证书》并经注册登记，在药品生产、经营、使用单位中执业的药学技术人员。国家药品监督管理局规定，凡从事药品生产、经营、使用的单位均应配备相应的执业药师，并以此作为开办药品生产、经营、使用单位的必备条件之一。新开办的零售药店必须配备执业药师；所有零售药店法人代表或主要管理者必须具备执业药师资格，所有零售药店和医院药房营业时应有执业药师负责处方审核，指导合理用药。执业药师的执业单位必须与其《执业药师注册证》的执业范围相一致。

点滴

没有热忱，世间便无进步。

案例
三名执业药师
被撤销注册证

二、培训教育

GSP 是一种科学的管理规范，需要员工在准确理解和把握 GSP 基本要求的基础上，自觉执行质量管理文件，并不断改进工作、提高工作质量，保证对药品质量的有效控制。在实施 GSP 过程中，必须有组织、有计划地进行培训与教育工作。

1. 培训对象

GSP 是全员质量管理，GSP 培训也要进行全员培训，包括企业负责人，质量、经营、运输、仓储、销售等各部门负责人,以及各部门的管理人员和一般员工。企业应根据培训工作的总体安排和企业管理的实际需要,选派相关人员接受相应的培训教育。

2. 培训内容

(1) 法律法规,包括《药品管理法》《药品流通监督管理办法》及 GSP 等法律法规;

(2) 专业知识与技能,包括药理学、药剂学、药物分析、药物化学、微生物学等药学基本理论,药物性质、储存条件、不良反应等药品知识,药品储存、陈列与养护、药学服务与咨询等技能;

(3) 企业管理制度;

(4) 部门职能、岗位职责及岗位操作规程等;

(5) 从事特殊管理的药品和冷藏冷冻药品的储存、运输等工作的人员需要重点培训,培训内容包括相关法律法规和专业知识、操作要求、应急预案等,经考核合格后方可上岗。

根据法规政策的最新要求,培训内容需要及时更新。

> **点滴**
>
> 一个人,要是不逼自己一把,根本不知道自己有多优秀。

小试牛刀

公司拟对从事特殊管理的药品的仓库管理员、装卸员、运输员进行培训,下列哪些法规是必须进行培训的,你来选一选。

A.《药品管理法》
B.《药品经营质量管理规范》
C.《麻醉药品和精神药品运输管理办法》
D.《放射性药品管理办法》
E.《医疗用毒性药品管理办法》
F.《药品类易制毒化学品管理办法》
G.《易制毒化学品管理条例》
H.《危险化学品安全管理条例》

3. 培训类型

(1) **岗前培训** 企业对新录用人员和岗位调整人员,应结合其自身素质并根据其拟任岗位的工作要求及岗位职责,进行有针对性的岗前任职培训,确保其能充分、有效、适宜地履行岗位职责。

(2) **继续教育** 按照 GSP 要求,企业应建立对各岗位工作人员继续培训教育的制度,以达到不断提高全员的质量意识和业务素质、及时传达贯彻国家有关药品监督管理的最新政策的要求,有效实施企业质量管理工作决策及指令,在企业内部充分建立优胜劣汰、竞争上岗的激励机制,从而不断提高企业质量管理水平,最大限度地开发企业的人才资源,确保质量管理体系的持续改进(见表 2-3)。

表 2-3　各岗位工作人员岗前培训和继续教育要求一览表

岗位	各岗位人员	特殊管理的药品、国家有专门管理要求的药品和冷藏冷冻药品的储存、运输人员
GSP 要求	与其职责和工作内容相关的岗前培训和继续培训	企业提供培训条件，使其掌握相关法律法规和专业知识，考核合格后方可上岗
培训内容	相关法律法规、药品专业知识与技能、质量管理制度、职责及岗位操作规程等	相关法律法规和专业知识培训

（3）外部培训　为确保持续有效地改进企业质量管理体系，准确理解和执行国家药品监督管理的法律法规及行政规章，及时借鉴、引进先进的管理理念和管理模式，企业应积极选派质量、经营管理方面的高层管理人员或关键岗位人员，参加药品监督管理部门、行业协作组织、业务合作单位等组织的各类专业研讨及培训，从而达到掌握最新的行业发展动态及质量管理信息，及时调整、改进企业质量管理文件，不断提升企业质量管理水平的目的。

4. 培训计划与实施

（1）培训计划　培训计划是企业在一定时期内，为达到质量方针目标而制订的培训教育工作的总体安排。主管教育工作的职能部门由企业指定，在编制教育培训规划和计划时，应将 GSP 的培训教育纳入计划，并配备专职培训教师。培训教师要不断更新知识，不断提高培训质量。

根据企业文件规定，培训计划由主管教育工作的职能部门在征求质量管理部门意见的基础上，按年度定期制订，报企业主管负责人审批后实施。编制培训计划时，应结合企业的质量工作计划和员工自身素质的实际需求，着重解决实际问题，真正达到学以致用、提高素质和能力的目的。培训计划应根据不同培训对象的要求分别制订教育内容，教育要由浅入深，普及与提高并重，理论联系实际。

> **技能点**
> 培训计划制订

（2）培训方法　企业根据具体情况，可采用各种各样的培训方式，如集中培训、个别培训、企业外培训、企业内培训。根据不同的培训对象，灵活选用培训内容。GSP 培训应有企业内部培训师。企业内部培训师要有较高的业务基础和专业知识水平，自身经过较高一级的培训，有一定的教学经验，善于收集本企业先进的和落后的案例，充实本企业的培训教材。

企业一般人员的培训，主要在本企业内部通过全脱产、半脱产及现场培训的方式进行。可以定期地请专家、教授或其他企业的有经验的教员定期授课；或临时请专家做专题报告。对于技术人员和中层干部的培训工作，除部分由本企业进行培训外，可以派人参加企业外各类培训班、专题会议讲座等，采用送出去的办法进行培训。

（3）培训实施　按照培训计划的要求，质量管理部门协助主管教育工作的职能部门实施相关的培训教育工作，质量管理部门负责落实和确定质量培训的内容、教师、培训对象和考核方法等工作，对培训过程实施有效监控并做好记录。按照培训教育制度的规定，培训应采取有效的考核手段，将考核结果与员工的上岗、激励机制紧密结合。

5. 培训教育档案

企业员工接受继续教育或培训应建立培训档案，具体分为企业内部培训教育档案和员工个人培训教育档案，分别从不同角度记载企业开展质量方面教育与培训的情况。

（1）企业内部培训教育档案　企业内部培训教育档案内容包括：培训教育管理制度，年度培训教育计划，历次培训教育方案，培训教育工作记录及总结，培训教育考核结果及所采取的措施。相关表格文件见表2-4～表2-7。

表2-4　_____年度质量培训计划

编号：

序号	培训目的	培训内容	培训方式	地点	授课教师	预定时间	培训对象	考核方式	备注

表2-5　员工培训记录表

编号：　　　　　培训主题：　　　　　培训时间：

序号	姓名	部门	职务	培训中表现	考核结果	备注

技能点
记录填制

表2-6　员工培训考核表

编号：　　　　　填表日期：

序号	姓名	培训内容	考核方式	考核项目	考核时间	考核结果	评定人	采取措施	备注

表2-7　员工培训效果调查表

编号：　　　　　填表日期：

姓名		部门		职务	
调查内容			调查结果		
你每隔多长时间接受一次质量方面的培训			1年	半年	3个月
本年度你接受质量培训的总时间为					小时
本年度你接受质量培训的内容有					
培训后对你工作质量的提高效果是			□很有效　□较有效　□不明显　□无效果		
你认为培训授课的内容			□很好　□较好　□一般　□差		
你认为培训授课的形式			□很好　□较好　□一般　□差		
你感到哪种培训对你部门是需要的					
你是否在外参加业务培训、什么内容					
你的主管人员是否经常征询你对培训的意见			□经常　□时而　□从未		
你对培训工作的建议：					

（2）员工个人培训教育档案　员工个人培训教育档案内容包括：培训教育登记表，学历、职称证明及历次培训教育证明（复印件），其他相关资料。相关表格文件见表2-8和表2-9。

表2-8　员工个人培训教育档案（一）

档案编号：

姓名		性别		出生年月		任职时间		
部门		职位		工号		职称		
培训编号	培训主题	培训时间	课时	授课方式	考核方式	考核成绩	备注	

表2-9　员工个人培训教育档案（二）

档案编号：　　　　　　　　员工姓名：

员工岗位任职情况记录							
序号	任职时间	工作部门	任职岗位	岗位调整原因	是否接受岗位培训	备注	

点滴

性格决定命运
心态决定成败
成功源于速度

文化与素养

"与狼共舞"的心态选择

如果把身处复杂的竞争环境称为"与狼共舞"的话，那么竞争中所持有的心态直接决定着企业的生死存亡。对待竞争有三种普遍存在的社会文化心态。

第一种叫作"竞争性应激症"。心理学有个实验，在羊圈旁边用铁链子拴着一匹狼，再对一只在羊圈内受到安全保护的羊喂养上等草料。但是，这只处于高度紧张状态下的羊很少吃草，一个月内便患上应激症死了。这是对强大对手过度恐惧而引起自身衰亡的症状。

第二种心态叫作"反向激励效应"。西方生物学家做过"存狼壮鹿"问题的研究，证明适度保存狼的威胁反而有利于鹿群的发展：美洲大草原上的鹿，一边吃草，一边要警惕狼的袭击，由于不断奔跑而长得膘肥体壮。后来狼少了，鹿因失去威胁便减少奔跑，机体不如以前健壮，生存能力也大大降低。这说明，在一定程度上与强大对手展开竞争，反而会成为激励自身生存和发展的动力。

第三种叫作"毫不畏惧"心态。不怕"狼"，认为自身并不是受优越条件保护的"宠物"，而是在竞争环境中成长的"野生动物"，激烈竞争反而激励它们走向更加广阔的市场。

> 三种不同的文化心态揭示了问题的实质：面对强大的竞争对手，弱小的企业要获得生存与发展，必须像鹿或其他野生动物一样，学会在驰骋中创造生存空间。否则，固守在狭小空间里接受保护，就会像羊惧怕狼的威胁一样患上竞争性应激症而消亡。

单元三　健康检查及卫生管理

一、健康检查

重点与难点
污染药品疾病判定，记录填制

在药品流通过程中，受环境条件及人为因素的影响，容易引起药品质量的变化，尤其是与药品直接接触的有关人员，其身体健康状况对药品的质量有着直接或间接的影响。

1. 健康检查时间

药品经营企业应每年定期组织直接接触药品岗位工作的人员进行健康检查，并建立健康检查档案。发现患有精神病、传染病或其他可能污染药品疾病的人员，应立即调离直接接触药品的岗位。

2. 健康检查范围

直接接触药品的人员，包括药品质量管理人员及药品收货员、验收员、养护员、保管员、复核员、营业员以及搬运工等。

3. 健康检查内容及要求

（1）检查项目

① 一般检查

内科：心跳、血压、肺、肝脾等。

皮肤科：化脓性或出血性皮肤病。

眼科：视力及辨色力。

精神科。

② 化验项目

肝功能：黄疸指数、硫酸锌浊度、谷丙转氨酶、乙肝等。

肠道致病菌：痢疾杆菌、伤寒杆菌、其他肠道致病菌。

③ X 片。

（2）健康要求　患有以下疾病者不能从事直接接触药品岗位的工作：

① 患有传染病，如肺结核、病毒性肝炎等，肺结核带菌者痰液中和呼出的空气中均含有大量结核细菌，所以更具有危害性。

② 患有皮肤病，特别是化脓性、渗出性皮肤病患者，如疥疮、癣、脓疱疮等都有可能通过接触感染。

③ 患有精神病、色盲等，这类疾病虽不具有传染性，却很难保证保管、养护的药品质量和发药的准确性。

传染病种类

④ 其他,如患有细菌性痢疾、伤寒、甲型肝炎、沙眼及急性出血性结膜炎等传染性强、传播迅速且有碍公共卫生的疾病。

4. 检查机构

企业应在卫生行政管理部门认可的健康体检机构接受体检,并按照有关规定对员工进行相应项目的检查,确保体检结果的准确性和有效性。

5. 健康档案管理

对员工的健康检查情况及资料应及时记入或存入健康档案,健康档案应分为企业档案和员工个人档案,每一位员工从进入企业起,即应接受上岗体检,并建立健康档案。记录的形式见表2-10、表2-11。

企业健康检查档案包括:每年体检的工作安排、每年体检的总人员名单、体检汇总表,采取措施。

个人健康检查档案包括:上岗体检表及资料,每年体检表及资料,患病离岗、治疗、体检、再上岗资料。

> **技能点**
> 健康状况识别

表 2-10 _____年度企业员工健康检查汇总表

编号:

序号	档案编号	姓名	性别	年龄	检查时间 现岗位	检查机构 检查结果	检查项目 采取措施	备注

表 2-11 员工个人健康档案

编号:　　　　　　　　　　　　建档时间:

姓名		性别		出生年月		任职时间	
部门		岗位		员工号			
检查日期	检查机构		检查项目		检查结果		采取措施

> **技能点**
> 记录填制

注:应将历次体检结果证明文件存入档案。

二、卫生管理

药品经营企业应当制定员工个人卫生管理制度,储存、运输等岗位工作人员的着装应当符合劳动保护和产品防护的要求。既要防止污染药品,也要保护员工不受伤害。库房内的所有人员应该统一着装,工作服需干净整洁。若女性长发需要盘发,指甲不可以留得太长。搬运货物时戴口罩、手套。危险品运输过程中,应有防静电功能的防护服、防护手套、防护镜、防毒面具以及必要的应急药品和器材等。若需进冷库,需防冻,穿保温防寒服。

▶ 范例 2-7 某药品经营企业卫生和人员健康管理制度

1. 目的

保证药品经营行为的规范、有序，确保药品质量和服务质量。

2. 依据

《药品管理法》及《药品经营质量管理规范》等法律法规。

3. 责任人

公司所有员工。

4. 适用范围

公司办公场所、药品仓库、人员卫生及人员健康管理。

5. 卫生管理制度

5.1　办公场所卫生管理规定

5.1.1　办公场所面积应与公司经营规模、机构设置及人员数量相适应，并配备有适宜的通风降温等空气调控设施，做到宽敞、明亮、舒适；

5.1.2　办公场所不得存在经常超过 60 分贝的噪声、废气及放射性污染源；

5.1.3　办公场所屋顶、墙壁应牢固、平整，不得有剥落物、碎屑；

5.1.4　办公场所地面应平整、光洁，不得留存垃圾、尘土与污水；

5.1.5　办公室的桌面应清洁、桌面文件用具等应摆放整齐，不得堆积如山、杂乱无章；

5.1.6　离开办公室外出或下班时，办公桌面不得随意摆放有关公司商业信息的文件资料；

5.1.7　办公场所地板与桌面应每天进行清洁，保持窗明几净，墙壁无积尘，地面无垃圾；

5.1.8　办公场所门窗应装配有安全可靠的锁、栓等设施；

5.1.9　办公场所消防设施配备应符合消防管理要求；

5.1.10　办公场所至少每季度应进行一次彻底的大扫除，以保持清洁、卫生、舒适的办公环境。

5.2　药品仓库卫生管理规定

5.2.1　药品仓库的周围环境应整洁，远离垃圾堆放场，地势高、干燥、排水良好，无粉尘、无有害气体及污水严重污染源；

5.2.2　库区内不得种植易长虫的花草树木，地面应平坦、整洁、无积水、无垃圾，排水沟道畅通；

5.2.3　库房内墙壁和顶棚表面应光洁，库内地面平坦、无缝隙；

5.2.4　库房门窗结构应严密，并装配有安全可靠的锁、栓设施；

5.2.5　库房应配备有防尘避光设施、防虫防鼠设施、通风排水设施、符合安全要求的照明设施及消防安全设施；

5.2.6　库房要定期打扫，不得有蜘蛛网、鼠洞鼠迹；

5.2.7　仓库内的地面与用具应保持清洁，不得有积尘污垢，药品包装不得积尘污损；

5.2.8　验收养护室应整洁明亮，配备有温、湿度监测调控设备；

5.2.9　仓库内不得烹煮和存放食物，以免招惹虫类，影响药品质量。

6. 人员卫生与健康管理制度

6.1　个人卫生管理规定

6.1.1　注意个人卫生，在岗员工应勤洗澡、勤理发，头发、指甲注意修剪整齐；

6.1.2　上班时着装要整洁、大方、庄重，佩戴胸卡上岗；

6.1.3　上班外出进行业务活动时，应注意个人仪表、维护公司形象；

6.1.4　在办公场所或业务工作中不得脱鞋晾脚；

6.1.5　办公及生活废弃物应装入垃圾桶（袋），不得随意抛撒于桌面或地面；

6.1.6　在办公室或外出嚼食口香糖后应用纸包裹后放于垃圾桶（袋），不得随地乱吐；

想一想

你的卫生习惯符合医药企业的要求吗？

6.1.7 在禁止吸烟的场所不得吸烟,在允许吸烟的地方吸烟后应将烟熄灭,不得随地乱丢。

6.2 人员健康状况管理规定

6.2.1 药品经营人员应身体健康,患有精神病、传染性疾病和可能污染药品的疾病的人员不得从事直接接触药品的工作;

6.2.2 在质量管理、质量验收、药品养护、仓储保管、发货及出库复核等直接接触药品岗位的工作人员,每年应进行健康检查;体检的项目内容应符合任职岗位条件要求,不得有漏检行为或替检行为;

6.2.3 以上人员健康检查应在正规医疗单位进行,体检结果应归档保存备查;

6.2.4 以上岗位人员如发现患有精神病、传染性疾病和其他可能污染药品的疾病的,应及时调离直接接触药品的工作。

一、单项选择

1. 下列何种疾病患者可以从事直接接触药品的工作。(　　)
A. 肺结核、病毒性肝炎　　B. 精神病
C. 低度近视　　D. 疥疮、脓疱疮、癣

2. 以下不属于质量管理部门职责的是(　　)。
A. 负责药品的验收　　B. 负责不合格药品的确认
C. 负责药品质量投诉　　D. 负责药品的采购

3. 不是药品批发企业负责人必须具备的条件是(　　)。
A. 具有药学或相关专业学历
B. 经过基本的药学专业知识培训
C. 熟悉有关药品管理的法律法规
D. 具有大学专科以上学历或者中级以上专业技术职称

4. 不是药品批发企业质量管理部门负责人必须具备的条件是(　　)。
A. 具有执业药师资格
B. 具有3年以上药品经营质量管理工作经历
C. 能独立解决经营过程中的质量问题
D. 药学专业大学本科学历

5. 不符合在药品批发企业从事验收工作人员资格的是(　　)。
A. 具有药学专业中专以上学历
B. 具有医学、生物、化学等药学相关专业中专以上学历
C. 具有高中学历和5年以上药品验收工作经验
D. 具有药学初级以上专业技术职称

6. 以下关于药品批发企业从业人员资格说法不正确的是(　　)。
A. 具有中药学专业中专以上学历或者具有中药学中级以上专业技术职称的可以从事中药材、中药饮片验收工作
B. 具有中药学专业中专以上学历或者具有中药学初级以上专业技术职称的可以从事中药材、中药饮片养护工作

点滴

三更灯火五更鸡
正是男儿读书时
黑发不知勤学早
白首方悔读书迟

C. 直接收购地产中药材的，验收人员应当具有中药学中级以上专业技术职称
D. 从事中药材、中药饮片验收和养护工作的人员必须具备中药执业药师资格

7. 以下说法不正确的是（　　）。
A. 药品批发企业从事采购工作的人员应当具有药学或者医学、生物、化学等相关专业中专以上学历
B. 药品批发企业从事销售工作的人员应当具有高中以上文化程度
C. 药品批发企业从事储存工作的人员应当具有高中以上文化程度
D. 药品批发企业从事质量管理、验收工作的人员可以兼职其他业务工作

8. 在药品储存、陈列区域允许进行的活动是（　　）。
A. 做工间操　　　　　　　　B. 存放私人用品
C. 进餐　　　　　　　　　　D. 检查药品外观质量

二、多项选择

1. 关于企业质量负责人的说法正确的是（　　）。
A. 由高层管理人员担任　　　B. 全面负责药品质量管理工作
C. 独立履行职责　　　　　　D. 是药品质量的主要责任人
E. 在企业内部对药品质量管理具有裁决权

2. 质量管理部门应当履行的职责包括（　　）。
A. 督促相关部门和岗位人员执行药品管理的法律法规
B. 组织制定质量管理体系文件，并指导、监督文件的执行
C. 负责审核供货单位、购进药品的合法性及供货单位销售人员的合法资格
D. 负责审核购货单位的合法性及购货单位采购人员的合法资格
E. 负责收集和管理质量信息，并建立药品质量档案

3. 以下属于质量管理部门职责范围的是（　　）。
A. 假劣药品的报告　　　　　B. 药品质量查询
C. 药品召回的管理　　　　　D. 药品不良反应的报告
E. 药品的储存

4. 以下哪些岗位的人员必须进行岗前及年度健康检查。（　　）
A. 质量管理　　B. 验收　　　C. 养护
D. 采购　　　　E. 储存

5. 可以在药品批发企业从事质量管理工作的人员资格是（　　）。
A. 具有药学中专以上学历
B. 具有医学、生物、化学等药学相关专业大学专科以上学历
C. 具有药学初级以上专业技术职称
D. 具有执业药师资格
E. 具有高中学历和 5 年以上质量管理工作经验

6. 以下关于员工培训说法正确的是（　　）。
A. 企业应当制定员工培训管理制度
B. 企业应当按照培训管理制度制订年度培训计划
C. 企业应当按照培训计划开展培训
D. 培训工作应当做好记录并建立档案

E. 从事特殊管理的药品和冷藏冷冻药品的储存、运输等工作的人员，应当接受相关法律法规和专业知识培训

7. 从事疫苗配送的企业必须具备的条件包括（　　）。
A. 配备 2 名以上专业技术人员专门负责疫苗质量管理和验收工作
B. 专业技术人员应具备执业药师资格
C. 专业技术人员应具有中级以上专业技术职称
D. 专业技术人员应有 3 年以上从事疫苗管理或者技术工作经历
E. 专业技术人员应当具有预防医学、药学、微生物学或者医学等专业本科以上学历

8. 药品经营企业应当每年对员工进行培训，其内容包括（　　）。
A. 相关法律法规　　　　　　B. 药品专业知识及技能
C. 企业质量管理制度　　　　D. 岗位职责
E. 岗位操作规程

三、简答题

1. 药品经营企业如何设立质量管理机构，其职责是什么？
2. 药品经营企业哪些人员必须接受健康检查？
3. 药品经营企业内部培训教育档案应包括哪些内容？

学以致用

1. 为某药品零售企业制订一份年度员工培训计划。
2. 为某药品批发企业绘制一份组织机构图。
3. 某医药公司扩大业务，拟招聘：养护员一名、验收员两名、采购员一名、质量管理部经理一名。请从以下应聘人员中挑选并通知前来面试。

序号	姓名	性别	学历	专业	职称	工作年限/年	联系方式	备注
1	韩华佗	男	研究生	高分子化学	高级工程师	13	×××	
2	唐思邈	女	大学本科	药理学	主管药师	8	×××	
3	明时珍	女	大学专科	药学	药师	7	×××	
4	宋沈括	男	大学专科	生物制药技术	助理工程师	3	×××	
5	汉仲景	女	大学专科	护理	—	3	×××	
6	华呦呦	男	大学专科	药品经营与管理	—	2	×××	
7	明景岳	女	大学专科	食品工程与管理	工程师	6	×××	
8	清天士	女	高中	—	—	3	×××	

温故知新 2

学习评价

职业核心能力与道德素质测评表

（在□中打√，A 良好，B 一般，C 较差）

职业核心能力与道德素质	评估标准	评价结果
自我学习	1. 有学习计划 2. 会管理时间 3. 关注相关课程知识的关联 4. 有适合自己的学习方式和方法	□A □B □C □A □B □C □A □B □C □A □B □C
信息处理	1. 有多种获取信息的途径和方法 2. 会进行信息的梳理、筛选、分析 3. 能使用多媒体手段展示信息	□A □B □C □A □B □C □A □B □C
与人交流	1. 会选择交流的时机、方式 2. 能把握交流的主题 3. 能准确理解对方的意思，会表达自己的观点	□A □B □C □A □B □C □A □B □C
与人合作	1. 善于寻找和把握合作的契机 2. 明白各自在合作中的作用和优势 3. 会换位思考，能接受不同的意见和观点 4. 能控制自己的情绪	□A □B □C □A □B □C □A □B □C □A □B □C
解决问题	1. 能纵观全局，抓住问题的关键 2. 能做出解决问题的方案，并组织实施 3. 分析问题解决的效果，及时改进不足之处	□A □B □C □A □B □C □A □B □C
职业道德素质	1. 熟悉药事法规、医药行业职业道德标准等 2. 有健康理念和健康生活方式 3. 有责任感、使命感和担当意识	□A □B □C □A □B □C □A □B □C

专业能力测评表

（在□中打√，A 具备，B 基本具备，C 未具备）

专业能力	评价标准	评价结果
组织机构图绘制	1. 熟悉组织机构设立原则 2. 对组织机构设立是否合理给出初步判断意见 3. 根据组织机构设立情况绘制组织机构图	□A □B □C □A □B □C □A □B □C
人员培训	1. 熟知员工培训内容 2. 熟悉员工培训方式方法 3. 制订员工培训计划	□A □B □C □A □B □C □A □B □C
健康管理	1. 熟知员工健康要求 2. 熟悉健康体检要求 3. 建立员工健康档案	□A □B □C □A □B □C □A □B □C
员工招聘	1. 熟悉各岗位人员任职资格 2. 判断人员资格是否符合岗位要求 3. 对应聘人员任职岗位给出初步意见	□A □B □C □A □B □C □A □B □C

模块三

采购与验收

项目三

采购管理

知识点

药品采购程序　首营企业定义　首营品种定义　首营审核内容　法人授权委托书内容　合同内容　采购计划编制原则　采购记录内容　质量评审内容

技能点

首营品种识别　企业合法性识别　首营企业资料审核　首营品种资料审核　委托书规范性识别　质量保证协议合理性识别　采购计划表填制　进货情况质量评审

职业能力目标

专业能力	首营企业审核　首营品种审核　采购计划编制　质量评审
职业核心能力	自我学习　信息处理　与人交流　与人合作　解决问题　革新创新

思政育人目标

1. 树立质量意识，培养责任心和使命担当，坚守为人民健康保驾护航的基本职责。
2. 严格遵守国家法律法规，拒绝和抵制商业贿赂等不正当的商业行为。树立诚信为本的价值理念，坚决摒弃失信行为。

知识导图

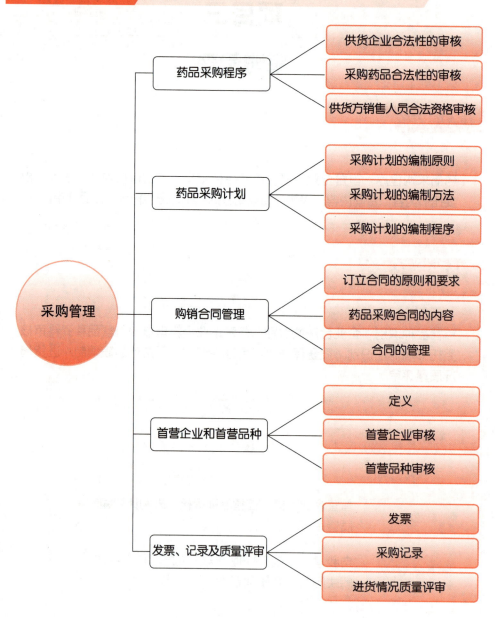

> 引例

2017年8月7日，执法人员对某药房有限公司进行监督检查时，发现"佐匹克隆片"药品共计70盒。该公司无法提供上述药品的合法有效的购进票据、验收记录和供货企业资质。经调查，该公司《药品经营许可证》的经营范围不包括二类精神药品，且上述药品从非法渠道购进，货值金额2660元。依据相关规定，没收上述违法购进的药品，并处药品货值金额四倍罚款10640元。

在药品经营企业中，药品的采购是药品经营企业质量管理过程控制的第一关，也是确保企业经营行为合法性、规范性，保证药品经营质量的关键环节。药品采购工作质量的好坏直接关系到企业经营药品质量的高低、企业的社会效益和经济效益，关系到人民群众的身体健康。采购部门在采购药品的过程中，承担着药品采购质量控制的直接责任，质量管理部门必须对药品采购的全过程实施有效的监督控制，按照药品采购质量程序的要求，严格审核供货企业的合法性和采购药品的合法性，切实把好药品采购质量关。

开宗明义3

单元一　药品采购程序

企业采购药品时必须严把质量关，以市场需要为依据，贯彻"以质量为前提，按需进货，择优选购"的原则，审核供货单位的合法性和购入药品的合法性，确保按照药品采购的质量管理规定组织采购活动。同时对与本企业进行业务联系的供货单位销售人员进行合法资格的验证。企业在开展药品采购活动中，应制定采购质量管理程序，程序包括以下主要环节：

> 重点与难点
> 供货企业、采购药品合法性审核

① 确定供货企业的合法资格及质量保证能力；
② 审核所购入药品的合法性和质量可靠性；
③ 对与本企业进行业务联系的供货单位销售人员进行合法资格的验证；
④ 对首营品种，填写"首营品种审批表"，并经企业质量管理机构和企业质量负责人审核批准；
⑤ 签订有明确质量条款的购货合同；
⑥ 购货合同中质量条款的执行。

企业建立采购质量管理程序的目的是：保证供货企业合法，采购的药品合法，供货企业的销售人员合法。

一、供货企业合法性的审核

1. 对供货企业审核的主要内容

（1）供货商的合法资质　企业应具有《药品生产许可证》或《药品经营许可证》、营业执照。

> 技能点
> 企业合法性识别

（2）良好的质量信誉　良好的质量历史、制造能力、实物质量和质量体系。
（3）履行合同的能力　充足的药品品种和数量、合适的价格、及时交货的能力及优良的服务等。

2. 对供货企业进行调查的内容

（1）法定资格及质量信誉调查　证照是否齐全、有效，生产（经营）范围是否与证照一致。

（2）生产（经营）过程调查　是否有优良的生产工艺、设施设备、卫生环境、经营及仓储管理等。

（3）管理能力调查　管理人员是否有质量意识，是否有完整的质量管理体系和负责贯彻执行质量第一原则的质量管理机构，是否对员工开展继续教育和培训等。

（4）技术能力调查　检验技术和设备的现代化程度、人员资质及专业技术人员比例。

（5）新产品效果的调查　供货方开发的新产品是否安全、有效、稳定、优越及被消费者接受。

> **点滴**
> 最有效的资本是我们的信誉，它24小时不停为我们工作。

调查完成后，业务部门需收集供货单位所有的资料并加以评价，具体评价方法如下。①文件评审和证书验证：索取相关证照、材料的复印件并加盖供货单位公章原印章。②对比历史使用情况：过往的产品和服务质量、交货情况、市场发展前景及社会信誉。

质量管理机构对有关资料的真实性、有效性进行审核，对首营企业的质量保证能力进行考察，必要时可实地考察。审核合格后，方可从首营企业进货。

采购部门应建立包括所有供货方资料的"合格供货方档案"（合格供货方档案表见表3-1），可对合格供货方实行企业代码识别控制管理，对在本企业已经建立"合格供货方档案"或享有企业代码的供货企业，业务部门可与之正常开展业务往来；对未建立"合格供货方档案"且无企业代码的供货企业，在进货时应对供货单位按首营企业进行审核。

表 3-1　合格供货方档案表

编号				建档时间：	
企业名称			地址		
法定代表人		联系电话		邮政编码	
许可证编号			统一社会信用代码		
生产（经营）范围			经营方式		
企业概况			质量管理体系概况		
主要产品					
质量管理机构	负责人姓名		人数	联系方式	
综合评价		质管部负责人：		年　月　日	

质量管理机构负责对合格供货单位及购进品种质量管理基础数据录入计算机系统数据库，建立合格供货方数据库，并按期审核、更新有关内容。计算机系统应能对供货单位许可证的有效期进行监控，在近效期时自动报警，超过有效期限的自动锁定，该单位不能进行购销操作。

二、采购药品合法性的审核

企业购进的药品应符合以下基本条件：

① 合法企业所生产或经营的药品。

② 具有法定的质量标准，即国家药品标准；经国务院药品监督管理部门核准的药品质量标准。

③ 除国家未实施审批管理的中药材和中药饮片外，应有药品注册证书。进口麻醉药品、精神药品以及蛋白同化制剂、肽类激素应有《进口准许证》；进口药品的供货单位应提供符合规定的、加盖了本企业质量管理机构原印章的《药品注册证》和《进口药品检验报告书》或注明"已抽样"字样的《进口药品通关单》的复印件。

④ 药品包装、标签及说明书应符合国家有关规定。

⑤ 中药材每件包装应注明品名、产地、日期、供货单位，并附有质量合格的标志。

法人授权委托书

拓展方舟

药品批准文号

药品批准文号是药品生产合法性的标志，系指国家批准的该药品的生产文号，不因上市后的注册事项的变更而改变。

境内生产药品批准文号格式为：国药准字H（Z、S）+四位年号+四位顺序号。

中国香港、澳门和台湾地区生产药品批准文号格式为：国药准字H（Z、S）C+四位年号+四位顺序号。

境外生产药品批准文号格式为：国药准字H（Z、S）J+四位年号+四位顺序号。

其中，H代表化学药，Z代表中药，S代表生物制品。

三、供货方销售人员合法资格审核

企业应对到本企业进行业务联系的供货单位销售人员进行合法资格的核实。采购部门索取供货单位销售人员有关资料后，填写"供货单位销售人员审批表"，报质量管理机构审核。

审核资料的主要内容：

（1）供货单位证照复印件 加盖供货单位公章原印章的《药品生产许可证》或《药品经营许可证》和营业执照复印件，核查其经营方式与经营范围与销售人员经营行为是否相符。

（2）药品销售人员身份证复印件 应加盖供货单位公章原印章。

（3）供货单位法人授权委托书原件 授权委托书由法定代表人签发，法定代表人应加盖印章或签名，加盖供货单位公章原印章。授权委托书应载明被授权人

注意

1. 法人授权委托书有效期一般不得超过一年。
生产企业委托：授权品种可表述为"我公司合法生产的品种"并附品种目录；
经营企业委托：授权品种可表述为"我公司经营的品种"，无需附品种目录。
2. 同一销售人员不得同时在两家或多家药品企业兼职。

技能点
委托书规范性识别

姓名、身份证号码，并明确授权销售的品种、地域，标明有效期限。

质量管理机构审核合格后，方可与其开展业务活动；对符合要求的，应录入计算机系统数据库，并按期核实、更新有关内容。计算机系统对超过委托期限的能自动锁定。对其经营行为及身份的合法性实行动态的监督审核，对不再具备合法资格的销售人员应及时采取有效措施，停止业务往来。

单元二 药品采购计划

重点与难点
采购计划编制

药品采购计划是业务经营活动的重要工作内容，企业应在认真研究市场需求的各种信息的基础上，结合企业管理实际，遵循市场经济规律，科学合理地制订采购计划。采购计划按照企业经营管理的需要，一般按年度、季度、月份编制，分为年度采购计划、季度采购计划、月份采购计划和临时采购计划。

一、采购计划的编制原则

1. 按需进货

注意
药品零售连锁门店不得自行采购药品。

药品经营企业应根据内部和外部的环境，应用相应的科学合理的调查预测方法，分析研究医药市场各种需求信息，以市场需求为导向，合理安排药品购销计划、库存结构和利润水平，保证药品采购的时效性与合理性，力求品种全、费用省、质量优、供应及时、结构合理。

2. 以质量为依据

贯彻质量否决权制度。质量管理机构人员要参与采购计划的制订，并会同业务部门进行审核。

二、采购计划的编制方法

为了使编制的采购计划对药品经营活动起指导作用，在编制采购计划时要对影响医药市场变化的因素进行调查预测。

1. 人口

人口是影响药品消费最基本的因素之一。总人口数必然影响药品的消费总量，区域经济状况和医疗条件直接影响药品的消费水平。不

同年龄的人群，对药品的需求不同，儿童和老人的发病率比中青年高，对药品的需求大。

2. 消费水平

就业人员与非就业人员的药品消费水平差距较大，不同职业的人群发病情况与健康状况，因工作条件的差异而有所不同，因此要对就业情况和不同职业与工种的分布进行分析研究。

3. 历史资料的分析

通过对以前药品销售情况的资料进行分析，可以认识市场发展变化趋势及其

规律性。前期计划预计完成情况,反映着药品经营企业各项经济活动已经达到的水平,是分析的重要参考资料。

三、采购计划的编制程序

(1)采购部门根据市场需求,合理设计药品库存结构,提出一定时期内的采购计划草案,报质量管理机构审核。

(2)质量管理机构查阅药品质量档案,以药品质量为依据,同时根据上一经营周期的购进药品质量评审结果,有效行使质量否决权,作出审核结论。对不能保证药品质量、不能维护良好质量信誉的供货企业,要取消其供货资格。

(3)经质量管理机构审核的采购计划报质量负责人审批,由采购部门实施。

药品采购计划还有供货企业名单、购进品种目录等形式。凡列入质量管理部门审核合格的供货企业名单、购进品种目录的供货企业和购进品种,采购部门可按照经营管理的实际需要,自主开展业务经营活动,不需要经过质量管理机构审核。未列入供货企业名单、采购品种目录的,应根据具体情况,报质量管理机构审核。药品采购计划表见表 3-2。

表 3-2 药品采购计划表
(_____年第_____季度)

编号:　　　　　　　　　　　　　　　　　　制表日期:

序号	通用名称	商品名称	剂型	规格	单位	拟购数量	供货价	金额	上市许可持有人	生产企业	供货企业	备注

制表人:　　　采购部门负责人:　　　质管部:　　　总经理/副总经理:

技能点
采购计划表填制

拓展方舟

药品上市许可持有人

药品上市许可持有人是指取得药品注册证书的企业或者药品研制机构等。药品上市许可持有人应当建立药品质量保证体系,履行药品上市放行责任,对其取得药品注册证书的药品质量负责。

药品上市许可持有人可以自行生产药品,也可以委托药品生产企业生产。药品上市许可持有人自行生产药品的,应当依法取得药品生产许可证。委托他人生产制剂的,应当具备《药品生产监督管理办法》规定的条件,与符合条件的药品生产企业签订委托协议和质量协议,并依法取得药品生产许可证。

单元三 购销合同管理

> **重点与难点**
> 合同质量条款

药品购销合同是药品经营过程中明确供销双方责权的重要形式之一，是保证企业药品经营计划落实的手段。合同能保证药品流通顺利进行。企业签订购销合同应明确质量条款，使供销双方在经营活动中牢固树立质量意识，明确双方的质量责任，促使企业自觉主动地加强质量控制，依法规范经营，确保药品经营质量。购销合同的形式包括：①标准书面合同；②质量保证协议；③文书、传真、电话记录、电报等。

一、订立合同的原则和要求

为保证合同的顺利履行，预防合同纠纷，药品采购合同的签订应遵循以下原则：

1. 合同签订人的法定资格

签订合同的当事人应该具有签订合同的资格，必须是法定代表人，或者具有法定代表人的授权委托书，授权委托书应明确规定授权范围，否则签订的合同在法律上是无效的。

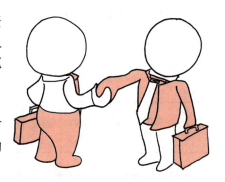

2. 合法原则

合同的签订必须遵照国家的法律法规、方针政策，其内容和程序应符合有关合同管理的法律、法规的要求。

3. 调查研究原则

签订合同的双方都应该认真地进行调查研究和市场预测，认真考虑对方是否具备履行合同的条件和能力。

> **点滴**
> 诚心诚意，"诚"字的另一半就是成功。

4. 平等互利原则

签订经济合同当事人的经济法律地位平等，在经济活动中都有利益可得，彼此权利、义务相平衡。

5. 协商一致原则

签订合同是双方的法律行为，双方当事人的意愿表达必须一致。

6. 等价有偿原则

购销双方要按照价值规律的要求进行等价交换，实现各自的经济利益。

二、药品采购合同的内容

供需双方按照订立合同的原则和要求，经过洽谈之后，就可以签订药品采购合同。采购合同一般包括以下几方面的内容。

1. 签订合同双方的名称

合同必须写出供货单位和购货单位的全称，签订合同的双方必须具备签订该项合同的资格。

2. 药品的品名

药品的品名、规格、单位、剂型等必须齐全。药品的品名必须是药品的全称，包括通用名和商品名。规格包括包装规格和制剂规格。复方制剂要写明主药含量；剂型分片剂、胶囊剂、针剂（包括水针、粉针等）、酊、水、油膏等。

3. 药品数量

数量包括药品的总数和分批交接的数量。分批交接的数量应有具体的日程，如按月或按季计算的，每月或每季的数量不一定相同，应根据供应和需求的变化因素来定。数量表达要明确其计量单位。单位有瓶、盒、袋、桶等。质量要明确包括药品的内在质量、外观质量和包装质量等。

4. 药品价格

药品价格应按各级物价主管部门规定的价格（包括政府定价、指导价等）签订。政策上允许议价的，价格由当事人协商议定。

5. 质量条款

签订药品采购合同应明确质量条款，具体要求如下。

（1）工商间购销合同应明确的质量条款　①药品质量符合药品标准等有关质量要求；②产品出厂时整件包装中应附产品合格证或药品检验报告；③药品应有批准文号、产品批号及有效期；④上市许可持有人或者药品生产企业应提供相应的产品质量标准；⑤药品包装要符合承运部门及有关规定的要求；⑥应由药品上市许可持有人或者生产企业提供药品监督管理部门批准的产品批准文号复印件；⑦产品出厂，一般不超过生产期 × 个月。

（2）商商间购销合同应明确的质量条款　①药品质量符合药品标准等有关质量要求；②整件药品需附产品合格证；③药品包装要符合承运部门及有关规定的要求；④进口药品要有符合规定的、加盖了供货单位质量管理机构原印章的《进口药品注册证》和《进口药品检验报告书》或《进口药品通关单》复印件。

> **议一议**
> 签订药品采购合同时明确质量条款有何意义？

6. 合同效期、履约期、交货日期、方式与地点

合同效期、履约期限应明确，如"自签约之日起至某年某月某日有效"，避免使用"某月以前"或"某月以后"之类无法控制的时间概念。合同要标明交货日期，同时还要标明药品到站、运送方式，交货方式主要有送货制和提货制，相应的交货地点应具体。

7. 结算方式

合同要注明结算方式，一是要注意付款时间的问题，如是货到验收后付款还是款到发货；二是要注意付款方式，是凭运单由银行托收，还是汇款或其他方式等。合同中应该注明开户银行、银行账号等。

8. 违约责任

在洽谈违约责任时，要阐明供货方不按时交货将承担的违约责任，作为购货方，如不按时支付款项，应承担利息赔偿的责任等。

> **注意**
> 供货方提供的质量保证协议书条款不全时不可采用手工添加质量条款的形式，可签订补充协议。双方均要盖公章，若条款有标明签字生效，则必须法人或授权委托人签字，且授权委托上必须有授权签订质量保证协议的内容；若条款标明盖章生效，则无须签字。

三、合同的管理

药品购销合同须经购销双方法定代表人或法定代表人授权委托的人员签字并盖公章（或合同专用章）后方可生效。函件、电传要货，待另一方承诺后，视为

> **技能点**
> 质量保证协议合理性识别

合同生效，电话要货后追补正式合同。药品经营企业要建立合同档案，凡合同及有关履行、变更和解除合同的往来文书、电话记录、电传等均需归入档案保存。

对于建立长期购销关系的企业，如合同形式不是标准书面合同，购销双方应提前签订明确质量责任的质量保证协议，质量保证协议是供需双方为保证药品及服务质量签订的双方均需遵守的一种合同约定，一般应按年度重新签订。质量保证协议至少包括以下内容：①明确双方质量责任；②供货单位应当提供符合规定的资料且对其真实性、有效性负责；③供货单位应当按照国家规定开具发票；④药品质量符合药品标准等有关要求；⑤药品包装、标签、说明书符合有关规定；⑥药品运输的质量保证及责任；⑦质量保证协议的有效期限。

▶ **范例 3-1　药品经营质量保证协议书**

药品经营质量保证协议书

供货方（以下简称"甲方"）：　　　　购货方（以下简称"乙方"）：
统一社会信用代码：　　　　　　　　统一社会信用代码：
地址：　　　　　　　　　　　　　　地址：
授权代表人：　　　　　　　　　　　授权代表人：

为保证药品质量、维护企业形象，根据《中华人民共和国药品管理法》《中华人民共和国产品质量法》《药品经营质量管理规范》等法律法规和有关要求，甲乙双方本着合理、公平、公正的购销原则，经协商一致，签订以下药品质量保证协议。

一、甲方质量责任

1. 甲方负责向乙方提供其合法的《药品生产许可证》、营业执照及上一年度企业年度报告公示情况、所供产品的生产批件、质量标准的复印件并加盖公章原印章。

2. 甲方负责提供相关印章、随货同行单（票）样式、银行开户户名、开户银行及账号向乙方备案。

3. 甲方若首次向乙方供货或甲方的销售业务人员变换时，甲方须向乙方提供有其公司法人代表印章或者签名的药品销售业务人员"授权书"原件及加盖甲方公章原印章的销售人员身份证复印件。授权书应当载明被授权人姓名、身份证号码，以及授权销售的品种、地域、期限。

4. 甲方向乙方提供符合国家标准及相关质量要求的合格药品，药品的包装、标签、说明书等应符合《药品说明书和标签管理规定》及其他有关规定，其包装应牢固，能确保商品质量和货物运输要求。并在运输过程中严格按照包装标识进行，确保药品质量。

5. 甲方所供整件药品内必须附产品合格证。

6. 甲方供应的每批药品应附加盖质量管理专用章原印章的质量检验报告书（可以采用电子数据形式，但应当保证合法性和有效性）。

7. 甲方提供的药品因本身质量问题（包括包装质量）而造成乙方的一切损失，由甲方负责，如双方对药品质量产生争议，以法定检验部门的检验报告为准。

8. 甲方应当按照国家规定给乙方开具发票。

9. 药品运输的质量保证及责任，甲方通过铁路、公路运输或委托运输公司送货，要保证药品质量；药品在运输途中所造成的一切损失或损坏，由甲方负责。

二、乙方质量责任

1. 乙方在向甲方购进药品时，应向甲方提供合法、有效的企业资格证书：《药品经营许可证》、营业执照及上一年度企业年度报告公示情况复印件并加盖乙方公章原印章。

2. 甲方提供的相关印章、随货同行单（票）样式、银行开户户名、开户银行及账号与实际不一致时，乙方有权拒收商品或拒绝付款。

3. 乙方在经营甲方提供的药品时，若发生质量问题，应及时通知甲方并提供详细、确定的质量信息。配合甲方做好调查取证和善后处理工作。

4. 因途中运输不当造成药品包装破损，乙方有权拒收。乙方应在 5 个工作日内向甲方反馈并办理退回事项。

5. 乙方在销售过程中，因市场原因造成药品批号陈旧或滞销，乙方应及时向甲方反馈，有效期在六个月以上（包括六个月的）甲方承诺给予退换货。乙方若未及时与甲方反馈，造成药品有效期小于 6 个月或过效期的，甲方将不予以退换货，由此造成的损失由乙方负责。

6. 乙方应按 GSP 有关规定储存甲方所供药品，由于乙方储存不当或配送不当造成的药品质量问题由乙方自行负责。

三、协议说明

1. 本协议所涉及的条款，如不违反法律法规的强制性规定，以双方合议为准。
2. 上述条款经双方确认无异，本协议未尽事宜，由双方协商解决。
3. 本协议一式两份，甲、乙双方各执一份，自签订之日起生效，有效期壹年。

甲方（盖章）： 　　　　　　　乙方（盖章）：
授权代表： 　　　　　　　　　授权代表：
签订日期： 　　年　月　日　　签订日期： 　　年　月　日

> **议一议**
>
> 若将范例 3-1 中"甲方提供的药品因本身质量问题（包括包装质量）而造成乙方的一切损失，由甲方负责"改成"甲方提供的药品因质量问题而造成乙方的一切损失，均由甲方负责"是否妥当？为什么？

文化与素养

中庸之道与商业文化

中庸之道是中国传统文化精粹之一，它特别强调以"和谐"求发展，可以作为一种商业文化思想，用来指导和处理一些复杂的市场竞争问题。

1. 以斗争求合作，后发制人。它要求克服自身的过激行为，从合作愿望出发处理竞争问题，既不主动侵犯对手，也不能听凭对手摆布，要善于将对抗变成对话和磋商，避免在一系列报复与反报复的长期对抗中两败俱伤。

2. 中庸之道尤其适用于多个竞争对手并存的复杂环境。它强调不以欺诈的手段战胜对手，在报复时也必须适可而止，表现出克制和尽量维持合作的倾向。如果追求近期利益，采取欺骗性的策略可能在短时间内占上风。如果着眼于长远利益，这种策略虽然在同任何一个对手交锋时似乎都不占绝对优势，但它的合作行为却能帮助自己从总体上获得最高积分。

3. 中庸之道还具有"争取第三者"的特殊效应。它所体现的善良和宽恕态度，不但能激发对手采取对双方都有好处的合作行为，而且能唤起第三方的同情和支持。善良、容忍和宽恕则可以争取人心，产生"得道多助"的效应。

在处理竞争与合作关系上，西方文化的商业性主要体现在"竞争"意义上，其文化性则主要体现在"合作"意义上，由此形成贸易武器。而中庸之道的实质则是"持中持衡"，"以和谐求发展"。

单元四 首营企业和首营品种

一、定义

首营企业是指采购药品时与本企业首次发生供需关系的药品生产或经营企业。首营品种是指本企业首次采购的药品，包括新规格、新剂型和新包装。

> **重点与难点**
> 首营企业定义、
> 首营品种定义、
> 首营审核内容

二、首营企业审核

首营企业的选定需要进行合法资格和质量保证能力的审核。

1. 审核内容

（1）评估供货企业的法定资格：是否具有药品生产或经营许可证及工商营业执照，是否符合规定的生产或经营范围。

（2）评估供货企业的生产或经营环境：对生产企业考察其生产条件，对经营企业考察其经营、仓储条件。

（3）评估供货企业的质量信誉、管理水平和质量保证体系，包括质量保证体系是否健全、是否建立预防与纠正措施并能有效实施。

2. 审核方式

> **技能点**
> 首营品种识别

主要是资料审查和验证，《药品生产（经营）许可证》在国家药品监督管理部门网站核实，营业执照在市场监督管理部门网站核实。必要时组织实地考察，对供货企业质量管理体系进行评价。

"必要时"包括以下情况：发生过药品质量问题的生产企业；药品监督管理部门质量公告上有被公告的不合格药品的企业；不良信誉记录或其他不良行为的企业；发生大量业务往来的企业；材料无法核实的企业；注册资金少，人员不整齐的企业；冷链供货企业等。

3. 查验的资料

> **技能点**
> 首营企业资料审核

（1）《药品生产许可证》或《药品经营许可证》复印件。

（2）营业执照复印件，及上一年度企业年度报告公示情况。

（3）开户户名、开户银行及账号。

（4）相关印章印模、随货同行单（票）样式复印件。

（5）质量保证协议。

以上资料均加盖供货单位公章原印章；"相关印章"包括：企业公章、法定代表人章、合同专用章、财务专用章、发票专用章、质量专用章和出库专用章。

拓展方舟

企业年度报告公示

《注册资本登记制度改革方案》提出，企业年检制度改为企业年度报告公示制度。企业应当按年度在规定的期限内，通过市场主体信用信息公示系统向市场监督管理部门报送年度报告，并向社会公示，任何单位和个人均可查询。

企业"年报"的主要内容包括公司股东（发起人）缴纳出资情况、资产状况等，企业对年度报告的真实性、合法性负责，市场监督管理部门可以对企业年度报告公示内容进行抽查。经检查发现企业年度报告隐瞒真实情况、弄虚作假的，市场监督管理部门依法予以处罚，并将企业法定代表人、负责人等信息通报公安、财政、海关、税务等有关部门，形成"一处违法，处处受限"。

对未按规定期限公示年度报告的企业，市场监督管理部门会将其载入经营异常名录。企业在3年内履行年度报告公示义务的，可以申请恢复正常记载状态；超过3年未履行的，工商机关将其永久列入严重违法企业"黑名单"。

4. 审核程序

（1）采购部门填写首营企业审批表（表3-3），并收集供货单位及销售人员资质证明材料，填写采购原因，在计算机中录入基础信息，交质量管理部门审核。

首营企业审核

表3-3　首营企业审批表

编号：		填表日期：	年　月　日
企业名称		类型：药品上市许可持有人□　药品生产企业□　药品经营企业□	
企业地址		统一社会信用代码	
法定代表人		生产（经营）许可证号	
联系电话		是否有因质量不合格被公告	
生产（经营）许可范围			
拟供品种			
企业相关资料审核	1.《药品生产许可证》或《药品经营许可证》复印件　　（　） 2. 营业执照复印件　　（　） 3. 上一年度企业年度报告公示情况　　（　） 4. 开户户名、开户银行及账户　　（　） 5. 相关印章印模、随货同行单（票）样式复印件　　（　） 6. 法人授权委托书　　（　） 7. 销售人员身份证复印件　　（　） 8. 供货单位签订的药品质量保证协议　　（　） 以上资料均在有效期内并加盖企业公章原印章　　（　）		
业务部门意见		负责人：	年　月　日
质量管理部门审核意见	审核合格，可以作为合格供货方　□ 审核不合格，不可以作为合格供货方　□	负责人：	年　月　日
质量负责人审批意见	同意作为合格供货方　□ 不同意作为合格供货方　□	负责人：	年　月　日

（2）质量管理部门通过相关政府网站检索、电话咨询及资料比对等方式对资料辨别、核实后，在首营企业审批表上填写意见，在计算机确认后，将表上报给质量负责人。

（3）质量负责人审核批准的在审批表上签字，同时在计算机程序中确认后，转给采购部门。

（4）采购部门收到有质量负责人签字的审批表后可以进行业务活动。

（5）首营材料由质量管理部门归入合格供货方档案。

以上工作既有纸质材料的传递，还有计算机程序的操作。

三、首营品种审核

1. 审核内容

核实药品的批准文号及质量标准，审核药品包装、标签、说明书是否符合规定，明确药品适应症或功能主治、储存条件、检验方法及质量状况。核实药品是否符合供货单位《药品生产（经营）许可证》规定的生产（经营）范围，是否超出本企业经营范围，严禁采购超生产（经营）范围的药品。原有经营品种发生规格、剂型或包装变更时，需要重新审核。

2. 审核资料

首营品种审核资料目录见表 3-4。

> **技能点**
> 首营品种资料审核

表 3-4　首营品种审核资料目录

序号	国产药品	进口药品
1	药品生产批件复印件，包括《药品注册批件》或《药品再注册批件》《药品补充申请批件》	《进口药品注册证》或《医药产品注册证》或《进口药品批件》复印件
2	药品注册批件的附件（药品质量标准、包装、标签、说明书复印件）	质量标准、药品标签、说明书、包装的实物或复印件
3		《进口药品检验报告书》或加盖"已抽样"的《进口药品通关单》复印件
4		进口麻醉药品、精神药品以及蛋白同化制剂、肽类激素的《进口准许证》复印件，进口中药材的《进口药材批件》复印件，进口分装药品的《药品补充注册批件》复印件
5	生物、血液制品的《生物制品批签发证明》《进口生物制品检验报告书》复印件	

3. 审核程序

（1）采购部门按规定将审核资料收集齐全后，填写"首营品种审批表"，报质量管理部门进行质量审核。

（2）质量管理部门对资料审核合格后将"首营品种审批表"（见表 3-5）报质量负责人审核批准，采购部门方可采购首营品种。

表 3-5　首营品种审批表

编号：

药品编号	通用名称	商品名称	剂型	规格	包装单位
上市许可持有人			生产企业		

续表

药品性能、成分、质量、用途、疗效、副作用等情况					
批准文号			质量标准		
装箱规格		有效期	储存条件		
出厂价		采购价	批发价	零售价	
采购员申请原因	☐ 首次市场需求 ☐ 供应商变更 ☐ 换新包装 ☐ 补充：			签字：	日期：
业务部门主管意见				负责人签字：	日期：
质量管理部门意见	☐ 资料真实，符合规定，可以采购 ☐ 资料、药品不符合规定，不得采购 ☐ 补充：			负责人签字：	日期：
质量负责人审批意见	☐ 同意采购 ☐ 不同意采购			负责人签字：	日期：

注：附药品生产批准文件、质量标准、包装、标签、说明书实物或复印件。

（3）质量管理部门负责建立首营品种质量档案（详见项目四）。

质量管理部门负责对合格供货单位及首营品种录入计算机系统数据库，并按期审核、更新有关内容。

单元五 发票、记录及质量评审

首营信息管理

药品经营企业采购药品应有合法票据，并按规定建立采购记录，做到票、账、货相符。

重点与难点
采购记录内容、质量评审

一、发票

1. 发票内容

为规范药品流通渠道，实现药品购进可追溯，发生质量事故可索赔，药品经营企业采购药品时，应向供货单位索取发票。发票应当列明药品的通用名称、规格、单位、数量、单价、金额等；不能全部列明的，应当附《销售货物或者提供应税劳务清单》，并加盖供货单位发票专用章原印章、注明税票号码。

2. 发票要求

（1）采购发票或应税劳务清单所载内容应与采购记录、供货单位提供的随货同行单内容保持一致。

（2）可通过税务局网站核实发票的合法性。

（3）发票与实际物流一致，药品到货验收时，药品、发票（清单）、随货同行单应一一对应，做到票（发票和随货同行单）、账、货相符。

（4）发票保存5年。

二、采购记录

采购记录是对药品经营企业采购行为合法性及规范性的有效监控和追溯，由采购人员在确定了具体的采购活动后所作的记录。

1. 采购记录内容

采购记录的内容包含药品的通用名称、剂型、规格、上市许可持有人、生产企业、供货单位、购进数量、价格、购货日期等。采购中药材、中药饮片的应标明产地。企业也可根据管理的实际需要增加商品名、批号、有效期、责任人等相关内容。其中药品名称和生产企业名称应该使用完整的法定名称。

2. 采购记录要求

采购记录由采购部门负责建立，根据权限在计算机系统中生成。确认采购订单后，计算机系统自动生成采购记录，真实反映企业药品采购情况。未经批准不得随意修改，如确需修改，企业应规定审批权限，修改原因和过程应在计算机系统中记录。采购记录至少保存5年。药品零售连锁企业门店不得独立采购药品。药品采购记录见表3-6。

表3-6　药品采购记录

编号：

序号	购货日期	通用名称	商品名	剂型	规格	批号	有效期	购进数量	上市许可持有人	生产企业	供货单位	批准文号	进价	进价合计	采购人员	备注

> 点滴
> 把事做好，远比解释为什么没做好更容易。

三、进货情况质量评审

为确保药品经营质量，实施质量风险管理，实现对质量不可靠和信誉不良的供货单位建立退出机制，药品经营企业每年应对采购的整体情况进行综合质量评审。

1. 评审组织

质量领导组织、质量管理部门和采购部门共同参加。

2. 评审内容

（1）供货单位法定资格及质量信誉；
（2）供货单位销售人员资料；
（3）所采购药品合法性和质量可靠性；
（4）首营企业及首营品种；
（5）质量保证协议书；
（6）药品资料、记录完整性；
（7）收货验收质量情况；
（8）药品在库储存养护质量情况；
（9）用户对我公司药品质量反馈情况。

> **技能点**
> 进货情况质量评审

3. 评审方法

依据企业的评审制度和程序，制订评审计划，采取询问、查验资料与记录、现场考察等方法对采购质量进行科学、公平、公正的评审。

4. 结果处理

质量部门根据评审情况撰写药品采购质量评审报告，公布评审结果，对存在的问题采取有效措施，并进行验证。评审的过程和结果要存档，并进行动态跟踪管理。

小试牛刀

扮演药品经营企业质管员，设计一份药品采购情况质量评审计划，内容包括：
1. 评审目的
2. 评审范围
3. 评审依据
4. 评审内容
5. 评审方式
6. 评审时间
7. 评审人员
8. 评审结果

稳扎稳打

一、单项选择

1. 填写采购中涉及的首营企业审批表的部门是（　　）。
   A. 采购部门　　　　　　　　B. 质量管理部门
   C. 财务部门　　　　　　　　D. 销售部门
2. 首营品种审批表的填写、审核、批准的部门或人员依次是（　　）。
   A. 销售部门、采购部门、质量管理部门

> **点滴**
> 万事须已运
> 他得非我贤
> 青春须早为
> 岂能长少年

B. 采购部门、质量管理部门、企业质量负责人
C. 采购部门、财务部门、质量管理部门
D. 采购部门、销售部门、企业质量负责人

3. 以下说法正确的是（　　）。
   A. 同一药品销售人员可以同时在两家或多家药品企业兼职
   B. 药品企业的销售人员是生产企业或经营企业的工作人员，除受企业委托销售本企业品种外，可以代理其他企业相同的品种
   C. 一名销售人员代理多家产品属于合法经营行为
   D. 以上说法都不对

4. 属于企业与供货单位签订的质量保证协议所包含内容的是（　　）。
   A. 质量保证协议的有效期限　　　　B. 供需双方的质量责任
   C. 药品运输的质量保证及责任　　　D. 以上都是

5. 下列说法不正确的是（　　）。
   A. 采购药品时与本企业首次发生供需关系的药品经营企业是首营企业
   B. 采购药品时与本企业首次发生供需关系的药品生产企业是首营企业
   C. 首营企业是指采购药品时与本企业首次发生供需关系的药品生产企业或者药品经营企业
   D. 采购药品时与本企业首次发生供需关系的医疗机构是首营企业

6. 以下哪项不属于购进首营品种必须提供的资料。（　　）
   A. 加盖供货单位公章原印章的药品生产企业合法证照复印件
   B. 加盖供货单位公章原印章的药品生产批准证明文件复印件
   C. 药品检验报告书
   D. 销售人员授权委托书原件

7. 关于药品采购计划编制的原则不正确的是（　　）。
   A. 按需进货　　　　　　　　　　　B. 价格为前提
   C. 质量为前提　　　　　　　　　　D. 择优选购

8. 有关质量保证协议书说法正确的是（　　）。
   A. 供货方提供的质量保证协议书条款不全时可手工添加质量条款
   B. 质量保证协议书条款不全时，可以采用签订补充协议的方式
   C. 质量保证协议书可以盖"合同专用章"或质量管理专用章
   D. 质量保证协议签订的期限不得超过五年

二、多项选择

1. 企业的采购活动应当符合哪些要求。（　　）
   A. 确定供货单位的合法资格　　　　B. 确定购货单位的合法资格
   C. 确定所购入药品的合法性　　　　D. 核实供货单位销售人员的合法资格
   E. 与供货单位签订质量保证协议

2. 以下关于供货单位提供的发票说法正确的是（　　）。
   A. 发票应当列明药品的通用名称、规格、单位、数量、单价、金额
   B. 不能全部列明要求内容的，应附《销售货物或者提供应税劳务清单》
   C. 发票应加盖供货单位公章原印章

D. 发票应注明税票号码

E. 发票上的购、销单位名称及金额、品名应当与付款流向及金额、品名一致

3. 首营企业是药品生产企业时，应审核下列哪些资料的真实性和有效性。（　　）

A. 《药品生产许可证》复印件

B. 上一年度企业年度报告公示

C. 营业执照复印件

D. 相关印章、随货同行单（票）样式

E. 开户户名、开户银行及账号

4. 对首营企业审核时应当查验的相关印章包括（　　）。

A. 企业公章　　　　　　　　B. 发票专用章

C. 质量管理专用章　　　　　D. 药品出库专用章

E. 企业法定代表人名章

5. 核实供货单位销售人员的合法资格时应留存以下哪些资料。（　　）

A. 加盖供货单位公章原印章的销售人员身份证复印件

B. 加盖供货单位公章原印章和法定代表人印章或者签名的授权书

C. 供货单位相关资料

D. 供货品种相关资料

E. 加盖供货单位公章原印章的药品销售人员从业资格证书复印件

6. 供货单位销售人员授权书应当载明的内容包括（　　）。

A. 被授权人姓名　　　B. 身份证号码　　　C. 授权销售的品种

D. 地域　　　　　　　E. 期限

7. 属于企业与供货单位签订的质量保证协议内容的是（　　）。

A. 双方质量责任

B. 供货单位提供符合规定的资料且对其真实性、有效性负责

C. 供货单位按照国家规定开具发票

D. 药品质量符合药品标准

E. 药品包装、标签、说明书符合规定

8. 采购药品应当建立采购记录，其内容包括（　　）。

A. 药品的通用名称、剂型、规格　　　B. 上市许可持有人、生产企业、供货单位

C. 数量、价格　　　　　　　　　　　D. 购货日期

E. 中药材、中药饮片的产地

三、简答题

1. 如何对首营企业和首营品种进行审核？

2. 如何审核供货单位销售人员的合法性？

3. 如何对药品采购情况进行质量评审？

学以致用

1. 为某企业起草一份质量保证协议书。

2. 为某企业起草一份法人授权委托书。

温故知新 3

实训项目二　审核首营企业

点滴
道虽学不行不至
事虽小不为不成

一、实训目的
1. 熟悉业务经营与质量管理的岗位职责。
2. 掌握首营企业应提供的资料，判断首营企业的合法性和质量保证能力，为药品采购把关。
3. 培养严谨、认真负责的工作态度和互相协调、配合的良好职业素养。

二、实训内容
1. 绘制首营企业审批表。
2. 审核首营企业资料。

三、实训步骤
1. 查验首营企业提供的《药品生产许可证》《药品经营许可证》、营业执照及上一年度企业年度报告公示情况、质量保证协议书复印件。核对相关内容的一致性和有效期限。
2. 查验相关印章、随货同行单（票）样式。
3. 查验开户户名、开户银行及账号。
4. 查验供货企业销售员授权委托书原件及身份证复印件。
5. 以上材料的复印件必须加盖供货企业公章的原印章。
6. 填写首营企业审批表，并履行审批手续。

四、实训组织
1. 由教师扮演供货企业销售员，提供首营企业资料。
2. 班级学生分成几个小组，每组4～5人，每个学生分别扮演业务员、业务部门负责人、质量部门负责人、质量负责人。
3. 每位同学首先扮演业务员，对首营企业材料进行审核，填写"首营企业审批表"。分别交由其他同学扮演的各级各部门负责人审批。然后自己分别扮演其他各个角色，对其他同学填写的"首营企业审批表"进行审核、批准。
4. 组长归纳本组学生本次实训的体会和存在的问题，在班级进行发言讨论。
5. 教师答疑、总结。

五、实训报告
绘制、填写首营企业审批表。

实训项目三　审核首营品种

点滴
知之愈明
则行之愈笃
行之愈笃
则知之益明

一、实训目的
1. 熟悉业务经营与质量管理的岗位职责。
2. 掌握首营品种应提供的资料，判断首营品种的合法性，为药品采购把关。
3. 培养严谨、认真负责的工作态度和互相协调、配合的良好职业素养。

二、实训内容
1. 绘制首营品种审批表。
2. 审核首营品种资料。

三、实训步骤

1. 在首营企业审核合格的前提下查验首营品种的生产批准文件,该生产批准文件是否为国家药监局批件,是否在有效期限内。
2. 查验首营品种所适用的质量标准,药品是否符合国家药品标准。
3. 查验该品种生产厂家检验报告书。
4. 查验进口品种的《进口药品注册证》或《医药产品注册证》或《进口药品批件》《进口药品检验报告书》或注明"已抽样"的《进口药品通关单》。
5. 查验该品种的包装、标签、说明书,判断药品包装、标签、说明书是否符合国家的有关规定。
6. 查验该品种的商品名等相关资料。

以上资料的复印件须加盖供货方的企业公章或质量管理机构专用章的原印章。

7. 填写"首营品种审批表",履行审批手续。

四、实训组织

1. 由教师扮演供货单位销售员,提供首营品种资料。
2. 班级学生分成几个小组,每组4~5人,每个学生分别扮演业务员、业务部门负责人、质管部门负责人、质量负责人。
3. 每位同学首先扮演业务员,对供货企业销售员提供的首营品种资料进行审核,填写"首营品种审批表"。分别交由其他同学扮演的各级各部门负责人审核、批准。然后自己分别扮演其他各个角色,对其他同学填写的"首营品种审批表"进行审核、批准。
4. 组长归纳本组学生本次实训的收获和存在问题,在班级进行发言讨论。
5. 教师答疑、总结。

五、实训报告

绘制、填写首营品种审批表。

学习评价

职业核心能力与道德素质测评表

(在□中打√,A 良好,B 一般,C 较差)

职业核心能力与道德素质	评估标准	评价结果
自我学习	1. 有学习计划 2. 会管理时间 3. 关注相关课程知识的关联 4. 有适合自己的学习方式和方法	□A □B □C □A □B □C □A □B □C □A □B □C
信息处理	1. 有多种获取信息的途径和方法 2. 会进行信息的梳理、筛选、分析 3. 能使用多媒体手段展示信息	□A □B □C □A □B □C □A □B □C
与人交流	1. 会选择交流的时机、方式 2. 能把握交流的主题 3. 能准确理解对方的意思,会表达自己的观点	□A □B □C □A □B □C □A □B □C

续表

职业核心能力与道德素质	评估标准	评价结果
与人合作	1. 善于寻找和把握合作的契机 2. 明白各自在合作中的作用和优势 3. 会换位思考，能接受不同的意见和观点 4. 能控制自己的情绪	□A □B □C □A □B □C □A □B □C □A □B □C
解决问题	1. 能纵观全局，抓住问题的关键 2. 能做出解决问题的方案，并组织实施 3. 分析问题解决的效果，及时改进不足之处	□A □B □C □A □B □C □A □B □C
革新创新	1. 关注新技术、新方法以及新药研发上市情况 2. 能提出创新的想法和见解 3. 改进方案实施效果好	□A □B □C □A □B □C □A □B □C
职业道德素质	1. 熟悉商品购销相关法规、职业道德标准等 2. 能辨析是非，诚实守信 3. 遵纪守法，自我控制能力强	□A □B □C □A □B □C □A □B □C

专业能力测评表

（在□中打√，A 具备，B 基本具备，C 未具备）

专业能力	评价标准	评价结果
首营企业审核	1. 熟知首营企业应提供的资料 2. 识别资料的完整性和有效性 3. 判断首营企业是否可以作为合格供货方	□A □B □C □A □B □C □A □B □C
首营品种审核	1. 熟知首营品种应提供的资料 2. 识别资料的完整性和有效性 3. 初步判断首营品种是否可以采购	□A □B □C □A □B □C □A □B □C
采购计划编制	1. 熟悉药品采购计划编制的原则 2. 熟悉药品采购计划编制的方法 3. 初步编制药品采购计划	□A □B □C □A □B □C □A □B □C
采购记录填制	1. 熟悉采购记录的内容 2. 熟知填制的保存采购记录的责任部门 3. 准确填制采购记录	□A □B □C □A □B □C □A □B □C
质量评审	1. 熟悉药品采购情况质量评审的内容 2. 熟悉药品采购情况质量评审的方法 3. 撰写药品采购情况质量评审报告	□A □B □C □A □B □C □A □B □C

项目四

收货与验收

知识点

收货查验内容　验收抽样原则　抽样方法　验收检查内容
进口药品验收内容　验收记录内容　不合格药品处理程序

技能点

到货查验　验收抽样　包装标签说明书检查　合格证明文件检查
外观性状判定　验收记录填制　不合格药品确认和销毁

职业能力目标

专业能力　药品收货　药品验收　验收记录填制　不合格药品控制

职业核心能力　自我学习　信息处理　与人交流　与人合作
解决问题　革新创新

思政育人目标

1. 培养职业认同感、荣誉感和责任感，在任何平凡岗位都可以实现自身价值和人生意义。
2. 培养实事求是、坚持原则、严谨细致、认真负责的工作作风，守护药品质量。

知识导图

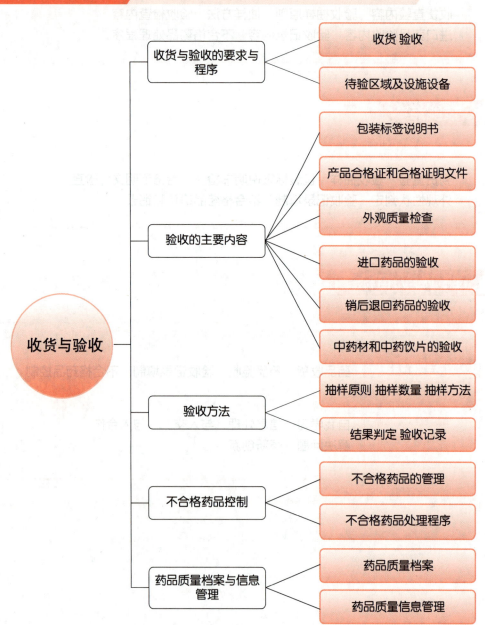

> **引例**

某日，A 医药公司采购部从 B 公司购进"××制药"生产的"格列齐特片"一批，验收员在查验该品种检验报告单时发现有明显涂改痕迹，检查药品包装发现包装盒比较粗糙，里面的药片泛黄，于是报告质量管理员进行处理。与厂家取得联系后，厂家证实说没有生产该批号产品，说明药品是假货。该市药品监督管理部门随即封存了该药品。在验收环节检查来货凭证非常重要，验收员通过资料的审查可以查到进货渠道是否规范，从而避免购进假药。

药品收货与验收是药品进入经营环节的第一道程序。验收的目的是要保证入库药品数量准确、质量完好，防止不合格的药品和不符合包装规定要求的药品入库。因此，验收时不仅要检查药品的数量，而且要验收检查外观质量。由于药品的品种繁多、剂型不一、性质复杂，影响药品质量的因素比较多，有些药品经过长途运输，质量保证就成为一项艰巨而又复杂的工程。因此，加强药品的收货与验收工作是保证药品质量、做好药品质量管理工作的一个重要环节。

开宗明义 4

单元一 收货与验收的要求与程序

收货管理可以核实供货渠道的合法性和到货药品的正确性。有效杜绝非法渠道供货，杜绝假药。收货时通过核对供货单位的合法票据、随货同行单，对照采购信息核实供货渠道的合法性，对照实物核对到货药品的正确性。验收是检查到货药品的质量，有效防止劣药。

> **重点与难点**
> 收货查验的内容

一、收货

收货是药品经营企业对到货药品，通过票据的查验，对货源和实物进行检查核对后，将符合要求的药品按照其特性放入相应待验区域的过程。包括票据之间核对、票据与实物核对、运输方式和运输条件的检查及放入待验区等。

> **技能点**
> 到货查验

1. 运输工具检查

检查运输工具是否密闭，如发现运输工具内有雨淋、腐蚀、污染等可能影响药品质量的现象，及时通知采购部门并报质量管理部门处理。

2. 运输时限检查

根据运输单据所载明的启运日期，检查是否符合协议约定的在途时限，对不符合约定时限的，报质量管理部门处理。

3. 运输状况检查

（1）供方委托运输　企业采购部门要提前将供货单位委托运输的承运单位、承运方式、启运时间等信息通知收货人员；收货人员在药品到货后，要逐一核对上述内容，内容不一致的，通知采购部门并报质量管理部门处理。

（2）冷链药品运输　冷藏、冷冻药品到货时，查验冷藏车、车载冷藏箱或保温箱的温度状况，核查并留存运输过程和到货时的温度记录；记录由送货人、司机及接货单位人员共同签字，一式两份；对未采用规定的冷藏设备运输或温度不符合要求的，应当拒收，同时对药品进行控制管理，做好记录并报质量管理部门处理。

4. 运输票据检查

查验随货同行单（票）以及药品采购记录。对以下情况拒收：

（1）无随货同行单（票）或无采购记录的应当拒收；

（2）随货同行单（票）记载的供货单位、生产厂商、药品的通用名称、剂型、规格、批号、数量、收货单位、收货地址、发货日期等内容，与采购记录以及本企业实际情况不符的，应当拒收，并通知采购部门处理。

5. 票据、药品核对

随货同行单（票）与药品实物核对：随货同行单（票）中记载的药品信息（通用名称、剂型、规格、批号、数量、生产厂商等内容）与药品实物不符的，应当拒收，并通知采购部门进行处理。

6. 退货药品的收货

（1）依据销售部门确认的退货凭证或通知对销后退回药品进行核对，确认为本企业销售的药品后，方可收货并放置于符合药品储存条件的专用待验场所。

（2）对销后退回的冷藏、冷冻药品，根据退货方提供的温度控制说明文件和售出期间温度控制的相关数据，确认符合规定条件的，方可收货；对于不能提供文件、数据，或温度控制不符合规定的，给予拒收，做好记录并报质量管理部门处理。

7. 通知验收

收货人员将核对无误的药品放置于符合待验药品储存温度要求的待验区域内（冷藏、冷冻药品应当在冷库内待验），或者设置状态标志，并在随货同行单（票）上签字后，移交验收人员。

二、验收

> **点滴**
> 莫找借口失败，
> 只找理由成功。

验收人员根据随货同行单（票）（验收通知单），按照法定标准和合同规定的质量条款对购进、销后退回药品进行逐批抽样验收。验收完成后，在入库通知单上注明验收结论并签章；通知仓库保管人员办理入库交接手续。仓库保管人员对药品进行核实后，同验收员办理入库手续；根据验收结论，确定药品储存位置，放置状态标志，建立库存记录。验收人员根据药品验收实际情况，做好质量验收记录。

三、待验区域及设施设备

验收应在药品待验区域完成，药品待验区域应当符合以下要求：

① 有明显标识，并与其他区域有效隔离；

② 符合待验药品的储存温度要求；

③ 设置特殊管理的药品专用待验区域，并符合安全控制要求；

④ 保持验收设施设备清洁，不得污染药品。

单元二 验收的主要内容

对购进药品及销后退回药品进行质量验收时，应检查包装、标签、说明书及有关证明文件外，对质量有怀疑或性质不稳定的药品应进行外观质量抽查，以《中国药典》通则规定的制剂性状为基本依据，同时注意制剂变质的有关性状。对内在质量有怀疑时，应送药品检验机构检验确定。

对药品的外观质量进行检查验收时，应根据验收养护室所配备的设施设备条件及企业实际管理的需要，确定质量检查项目，一般应对可见异物、装量差异、片重差异等项目进行检查。

从固定的药品批发企业进货的零售企业和连锁门店在验收（接收）药品时可简化验收程序。验收人员按送货凭证对照实物，进行品名、规格、批号、有效期、生产厂商（或产地）以及数量的核对，并在凭证上签字。送货凭证保存不少于5年。

> **重点与难点**
> 验收内容

一、包装标签说明书

（一）包装质量检查

1. 外包装

一般项目：包装箱是否牢固、干燥；封签、封条有无破损；包装箱有无渗液、污损及破损。

必需项目：外包装上应清晰注明药品通用名称、规格、上市许可持有人、生产企业、产品批号、生产日期、有效期、贮藏、包装规格、批准文号及企业名称。

特定项目：运输注意事项或其他标记，如特殊管理药品、外用药品、非处方药标识等，特定储运图示标志的包装印刷应清晰，危险药品必须符合危险药品包装标志要求。常用药品标识见图4-1。

> **点滴**
> 祸患常积于忽微
> 智勇多困于所溺

图4-1　常用药品标识

2. 内包装

内包装是指直接接触药品的包装材料和容器。容器应用合理、清洁、干燥、无破损；封口严密；包装印字清晰，瓶签粘贴牢固。

> **小试牛刀**
>
> 盛装药品的各种容器应洁净、无毒，与药物不发生物理化学变化，并不得影响药物的质量。因此，国家对直接接触药品的包装材料实行关联审评审批。请判断以下药物的内包装是否适宜：
> （1）碘片用纸袋包装。（　　）
> （2）油类药物用塑料制品包装。（　　）
> （3）对光敏感的药品，采用以黑纸包裹的无色容器包装。（　　）

（二）标签和说明书检查

技能点
包装标签说明书检查

1. 标签

药品的标签是指药品包装上印有或者贴有的内容，分为内标签和外标签。药品内标签指直接接触药品的包装的标签，外标签指内标签以外的其他包装的标签。

（1）内标签　包含药品通用名称、适应症或者功能主治、规格、用法用量、生产日期、产品批号、有效期、生产企业等内容。包装尺寸过小无法全部标明上述内容的，至少标注药品通用名称、规格、产品批号、有效期等内容。

（2）外标签　注明药品通用名称、成分、性状、适应症或者功能主治、规格、用法用量、不良反应、禁忌、注意事项、贮藏、生产日期、产品批号、有效期、批准文号、上市许可持有人、生产企业等内容。适应症或者功能主治、用法用量、不良反应、禁忌、注意事项不能全部注明的，应当标出主要内容并注明"详见说明书"字样。

（3）用于运输、贮藏的包装标签　至少注明药品通用名称、规格、贮藏、生产日期、产品批号、有效期、批准文号、生产企业，也可以根据需要注明包装数量、运输注意事项或者其他标记等必要内容。

（4）原料药的标签　注明药品名称、贮藏、生产日期、产品批号、有效期、执行标准、批准文号、生产企业，同时注明包装数量以及运输注意事项等。

（5）对贮藏有特殊要求的药品标签　醒目位置注明贮藏的特殊要求。

2. 说明书

（1）化学药品与生物制品说明书　内容包括药品名称（通用名称、商品名称、英文名称、汉语拼音）、成分［活性成分的化学名称、分子式、分子量、化学结构式（复方制剂可列出其组分名称）］、性状、适应症、规格、用法用量、不良反应、禁忌、注意事项、孕妇及哺乳期妇女用药、儿童用药、老年用药、药物相互作用、药物过量、临床试验、药理毒理、药代动力学、贮藏、包装、有效期、执行标准、批准文号、上市许可持有人及生产企业（企业名称、地址、邮政编码、电话、传真和网址）。

（2）中药说明书　内容包括药品名称（通用名称、汉语拼音）、成分、性状、

注意
非处方药说明书内容包括"说明书修订日期""如有问题可与生产企业联系"。
处方药说明书内容包括"说明书核准日期和修改日期"。

功能主治、规格、用法用量、不良反应、禁忌、注意事项、药物相互作用、贮藏、包装、有效期、执行标准、批准文号、上市许可持有人及生产企业（企业名称、地址、邮政编码、电话、传真和网址）。

> **注意**
> 生产企业必须注明生产地址。

（三）检查操作要点

（1）标签与说明书内容是否一致、项目是否齐全；
（2）药品各级包装标签是否一致；
（3）标签所示品名、规格与实物是否一致；
（4）标签印字是否清晰，粘贴是否牢固、端正、整洁。

二、产品合格证和合格证明文件

（一）产品合格证

药品的每个整件包装中，应有产品合格证；合格证是产品装箱请验后，检验合格的证明。一般包括品名、规格（含量及包装）、批号、生产日期、化验单号、包装日期、质检员和操作人工号或签名，并加盖质量管理部门的红色印章。

> **技能点**
> 合格证明文件检查

（二）合格证明文件

每批购进药品应附有合格证明文件，验收时按照药品批号逐批查验药品合格证明文件。
（1）供货单位为生产企业的，合格证明文件为生产企业药品检验报告书原件；
（2）供货单位为批发企业的，合格证明文件为生产企业药品检验报告书复印件加盖供货单位质量管理专用章原印章；
（3）实施批签发管理的生物制品，合格证明文件为加盖供货单位原印章的《生物制品批签发证明》复印件或电子文件。

检验报告书的传递和保存可以采用电子数据形式，但应当保证其合法性和有效性。

> **注意**
> 检验报告书加盖质量管理专用章原印章，电子扫描后归档，下游客商需要时，发送出去彩打。如果是电子数据的形式，复印件的必须要有原印章；如果是从对方公司网上下载的，在网上有对方红印章的，需加盖本公司的质量管理章确认。

三、外观质量检查

药品的性状，包括形态、颜色、气味、味感、溶解度等是药品外观质量检查的重要内容，它们有的能直接反映出药品的内在质量，对鉴别药品有着极为重要的意义。外观检查最基本的技术依据是比较法。不同剂型的药物检查的内容见表 4-1。

> **技能点**
> 外观性状判定

四、进口药品的验收

进口药品的包装、标签应当以中文注明药品通用名称、主要成分以及注册证号，并有中文说明书。验收进口药品应当有加盖供货单位质量管理专用章原印章的相关证明文件：
（1）《进口药品注册证》；
（2）进口麻醉药品、精神药品以及蛋白同化制剂、肽类激素应当有《进口准许证》；

表 4-1　药品外观质量检查项目内容汇总表

剂型	类型	外观质量检查项目
片剂	压制片（素片）（含脏器、蛋白质制剂）	性状（色泽）、明显暗斑（中草药除外）、麻面、黑点、色点、碎片、松片、霉变、飞边、结晶析出、吸潮溶化、虫蛀、异臭、其他
	包衣片（糖衣片、薄膜衣片、肠溶衣片）	性状（色泽）、花片、黑点、斑点、粘连、裂片、爆裂、掉皮、脱壳、霉变、瘪片（异形片、凹凸不平）、片芯变色变软、其他
胶囊剂	硬胶囊剂	性状（色泽）、褪色、变色、破裂、漏粉、霉变、异臭、查内容物无结块、其他
	软胶囊剂	性状、胶丸大小均匀、光亮、粘连、粘瓶（振摇即散不算）、破裂、漏油、异臭、畸形丸、霉变、其他
滴丸剂		性状（色泽）、胶丸大小均匀、光亮、粘连、粘瓶（振摇即散不算）、破裂、漏油、异臭、畸形丸、霉变、其他
注射剂	注射用粉针	性状（色泽）、澄清度、粘瓶、吸潮、结块、溶化、色点、色块、黑点、白块、纤维、玻璃屑、封口漏气、铝盖松动、其他
	冻干型粉针	性状（色泽）、粘瓶、溶化、萎缩、铝盖松动、其他
	水针剂	性状（色泽）、长霉、白点、白块、玻璃屑、纤维、色点、结晶析出、瓶盖松动、裂纹、其他
滴眼剂	溶液型滴眼剂	性状（色泽）、浑浊、沉淀、结晶析出、长霉、裂瓶、漏药、白点、白块、纤维色点、色块、其他
	混悬型滴眼剂	性状（色泽）、长霉、色点、色块、结块、漏药、胶塞、瓶盖松动、颗粒细度、滴管长度、其他
散剂	散剂	性状（色泽、混合均匀）、溶解、结块、溶化、异物、破漏、霉变、虫蛀、其他
	含结晶水药物的散剂	性状（色泽、混合均匀）、风化、潮解、异物、异臭、破漏、霉变、其他
颗粒剂（冲剂）		性状（色泽）、结块、潮解、颗粒均匀、异物、异臭、霉变、软化、破漏、虫蛀、其他
酊剂		性状（色泽）、澄清度、结晶析出、异物、浑浊、沉淀、渗漏、其他
酊水剂	口服溶液剂	性状（色泽）、澄清度、结晶析出、沉淀、异物、异臭、酸败、渗漏、霉变、其他
	口服混悬剂	性状（色泽）、酸败、结块、异臭、异物、颗粒细微均匀下沉缓慢、渗漏、霉变、其他
	口服乳剂	性状（色泽）、异物、异臭、分层、霉变、渗漏、其他
糖浆剂		性状、澄清度、浑浊、沉淀、结晶析出、异物、异臭、酸败、产氧、霉变、渗漏、其他
流浸膏剂		参照酊剂
软膏剂	油脂性基质	性状、异物、异臭、酸败、霉变、漏药、其他
	乳剂型基质	性状、异臭、异物、酸败、分层、霉变、漏药、其他
眼膏剂		除与软膏剂检查一致外，涂于皮肤上无刺激性、无金属异物
气雾剂		性状、异物、漏气、破裂、喷嘴（揿压费力、喷不出或连续喷）
栓剂		性状、霉变、酸败、干裂、软化、变形、走油出汗、其他
膜剂		完整光洁、色泽均匀、厚度一致、受潮、霉变、气泡、压痕均匀易撕开、其他
丸剂	蜜丸、水蜜丸、浓缩丸	性状、圆整均匀、大小蜜丸应细腻滋润、软硬适中、异物、皱皮、其他
	水丸、糊丸	性状、大小均匀、光圆平整、粗糙纹、异物、其他
橡胶膏剂		性状、药物涂布均匀、透油（透背）、老化、失黏、其他

（3）进口药材应当有《进口药材批件》；

（4）《进口药品检验报告书》或注明"已抽样"字样的《进口药品通关单》；

（5）进口国家规定的实行批签发管理的生物制品，必须有批签发证明文件和《进口药品检验报告书》。

验收操作要点：照实物收取上述证明文件，检查品名、规格、批号、生产厂商等内容的一致性，文件应在有效期内。

五、销后退回药品的验收

对销后退回的药品，应逐批验收、开箱检查；整件包装完好的应当加倍抽样检查，无完好外包装的每件应当抽样检查至最小包装，必要时送药品检验机构检验。为有效地发现非正常原因引起的意外质量问题，对销后退回药品的质量验收，应在具体操作中有针对性地进行检查验收。

六、中药材和中药饮片的验收

（1）应有包装，并附质量合格的标志。包装或容器应与药品性质相适应及符合药品质量要求。

（2）中药材每件包装上应标明品名、规格、产地、发货日期、供货单位、收购日期等。

（3）中药饮片整件包装上应标明品名、产地、生产企业、生产日期等。其标签应注明品名、规格、产地、生产企业、产品批号、生产日期。

（4）实施批准文号管理的中药材和中药饮片，包装上应注明批准文号。

> **查一查**
>
> 实施批准文号管理的中药饮片有哪些？

拓展方舟

道地药材

传统中药材中具有特定的品种、特定的产区或特定的生产技术和加工方法所生产的中药材称为道地药材。道地药材应被中医临床证明其质量优于种内其他产地的药材。作为特定环境的产物，道地药材与特定环境密不可分，其生长环境在其形成中具有重要意义。

 范例4-1：某企业中药材、中药饮片质量检查验收操作规程

中药材、中药饮片质量检查验收操作规程

一、目的：保证中药材、中药饮片入库数量准确，质量完好；防止假冒、伪劣药品入库。

二、依据：《药品管理法》《药品经营质量管理规范》《中国药典》《全国中药炮制规范》以及采购合同上的各项规定。

三、正文

（一）中药材的验收

1.验收员按每件包装检查到货中药材是否标明产地、品名和供货单位，实施文号管理的中药材是否标明批准文号；是否附有质量合格的标志。若没有标明产地者，按不合格药品处理，具体操作程序按《入库验收不合格药品处理操作规程》进行。

2. 验收员检查到货药品是否与原始凭证的供货单位、品名、数量及重量相符，不符合的查明原因。

3. 验收员依照《七十六种中药材规格标准》检查到货药品等级规格是否与所签订合同的规定一致。

4. 观察药材的形状、大小、色泽、表面特征、质地、断面特征及气味是否符合规定。发现性状异样，验收员应及时抽样送质量管理部，进行显微和理化鉴别，对药品复查、确认。

5. 检查药品纯度，若中药材所含水分不符合规定，不得入库。

6. 验收员检查包装、标签的完整性、清洁度及有无水迹、霉变及其他污染情况。若有异样包装应单独存放，查明原因。

7. 对于毒、麻、贵细中药材须双人逐包逐件进行验收。

8. 验收员根据验收过程和结果如实填写"中药材、中药饮片质量检查验收记录"，详细记录药品品名、产地、供货单位、质量状况，实施文号管理的中药材还应记录其批准文号。记录保存5年。

（二）中药饮片的验收

> **议一议**
> 中药材、中药饮片验收员应具备什么资质？

1. 验收员按每件包装检查到货中药饮片是否标明品名、生产企业、生产日期、产品批号等，实施文号管理的中药饮片是否标明批准文号，是否附有质量合格的标志。

2. 验收员检查到货药品是否与原始凭证的供货单位、品名、数量相符，不符合的查明原因。

3. 验收员检查包装、标签的完整性、清洁度及有无水迹、霉变及其他污染情况。若有异样包装应单独存放，查明原因。

4. 检查饮片是否符合炮制规范的要求，不同类型的药材饮片有不同的质量要求。

（1）切制饮片

要求片型均匀，无整体片、连刀片、斧头片。水分含量≤10%～12%。

片厚：极薄片（镑片）<1毫米，薄片1～2毫米，厚片2～4毫米。

段长：3～15毫米；切块：8～12毫米立方块；皮类药材丝宽：2～3毫米；叶类药材丝宽：5～10毫米。

（2）炮制饮片

炒制品：清炒和辅料炒要求色泽均匀，生片、糊片不得超过2%。

烫制品：色泽均匀，质地酥脆，无僵片、糊片。

煅制品：煅透、酥脆、易碎，研粉应颗粒均匀。

蒸制品：煮透、无生心。有毒中药材应口尝无麻舌感。

辅料制品：色泽均匀，且有辅料之气味（醋制有醋味，盐制有咸味，酒制有酒味，蜜制色泽光亮、不粘手等）。

爆花：至少有80%的种子炒开花。

5. 对于毒、麻、贵细中药饮片须双人逐包逐件进行验收。

6. 验收员根据验收过程和结果如实填写"中药材、中药饮片质量检查验收记录"，详细记录药品品名、产地、供货单位、生产企业、生产日期、产品批号、质量状况；实施文号管理的中药饮片还应记录其批准文号。记录保存5年。

> **小试牛刀**
>
> 阅读"中药材、中药饮片质量检查验收操作规程"，思考：
>
> 1. 为什么毒、麻、贵细中药材须双人逐包逐件进行验收？
>
> 2. 中药饮片比中药材的质量检查验收记录增加了"生产企业、生产日期、产品批号"，为什么？

单元三 验收方法

一、抽样原则

验收抽取的样品应具有代表性，能准确反映被验收药品的总体质量状况。企业应制定科学、可行的抽样方法。

重点与难点
抽样计算、记录填制

二、抽样数量

1. 抽取件数

① 整件数量在 2 件及以下的应当全部抽样检查；
② 整件数量在 2 件以上至 50 件的至少抽样检查 3 件；
③ 整件数量在 50 件以上的每增加 50 件，至少增加抽样检查 1 件，不足 50 件的按 50 件计。

技能点
验收抽样

2. 抽取最小包装数

① 每件整包装中抽取至少 3 个最小包装样品验收；
② 发现封口不牢、标签污损、有明显重量差异或外观异常等情况时，应至少再加一倍抽样。

3. 零散药品的抽样

到货的非整件药品要逐箱检查，对同一批号的药品，至少随机抽取一个最小包装进行检查。

三、抽样方法

① 整件样品的抽取，按药品垛堆情况，以前上、侧中、后下的堆码层次相应位置随机抽取。
② 最小包装样品从每件上、中、下的不同位置随机抽取。
③ 对整件药品存在破损、污染、渗液、封条损坏等包装异常的，要开箱检查至最小包装。
④ 如果生产企业有特殊质量控制要求或打开最小包装可能影响药品质量的，可不打开最小包装。
⑤ 外包装及封签完整的原料药、实施批签发管理的生物制品，可不开箱检查。
⑥ 开启最小包装验收时，应在验收专用场所（验收养护室）内进行。开启后，包装不能复原的，不能再作正常药品销售。
⑦ 抽样验收完毕后，应将被抽样验收的药品包装箱复原、封箱并标记。
⑧ 特殊管理的药品应在专库或者专区内双人验收并验收到最小包装。

药品验收

四、结果判定

验收人员按规定验收合格的药品，可直接判定合格结论并签章。凡判定为不合格或判定有疑问时，应报质量管理机构确定。

以下情况直接判定为不合格：
① 未经药品监督管理部门批准生产的药品；

② 整件包装中无出厂合格证的药品；
③ 标签、说明书的内容不符合药品监督管理部门批准范围，不符合规定、没有规定标志的药品；
④ 购自非法药品市场或生产企业不合法的药品；
⑤ 性状外观与合格品有明显差异的药品；
⑥ 内外包装有明显破损、封口不严的药品；
⑦ 被污染的药品；
⑧ 未标明或者更改有效期的药品；
⑨ 未注明或者更改产品批号的药品；
⑩ 超过有效期的药品。

五、验收记录

验收记录应根据质量验收实际情况，将验收药品的质量状况记录下来，并作出明确的验收结论，做到真实、完整、准确、有效和可追溯。

（1）验收记录包括药品的通用名称、剂型、规格、批准文号、批号、生产日期、有效期、上市许可持有人、生产企业、供货单位、到货数量、到货日期、验收合格数量、验收结果、验收人员姓名和验收日期等内容。

（2）中药材验收记录包括品名、产地、供货单位、到货数量、验收合格数量等内容，中药饮片验收记录包括品名、规格、批号、产地、生产日期、生产企业、供货单位、到货数量、验收合格数量等内容，实施批准文号管理的中药饮片还要记录批准文号。

（3）验收人员验收确认，录入验收数据后，计算机系统将自动生成药品验收记录，如表 4-2 所示。

表 4-2　药品验收记录

编号：

序号	验收日期	通用名称	商品名称	剂型	规格	到货数量	到货日期	供货单位	批准文号	产品批号	生产日期	有效期至	上市许可持有人	生产企业	验收合格数量	验收结果	处置措施	验收人	备注

> **技能点**
> 验收记录填制
>
> **注意**
> 药品名称和供货单位要写全称，药品批号不能随意增删字母或数字。

（4）销后退回药品的验收记录包括退货单位、退货日期、通用名称、规格、批准文号、批号、上市许可持有人、生产企业（或产地）、有效期、数量、验收日期、退货原因、验收结果和验收人员等内容。

（5）冷藏冷冻药品运输过程中的温度记录应作为验收记录保存。

（6）验收不合格的药品，须注明不合格事项及处置措施。

（7）企业对验收记录的保存应不少于五年。

采用电脑管理时，验收员应对照实物核对药品品种的基本质量信息，并将验收药品的批号、生产日期、有效期、验收结果、处理措施等内容准确记录，同时签字确认。

> **文化与素养**
>
> ### 降落伞的真实故事
>
> 这是一个发生在第二次世界大战中期，美国空军和降落伞制造商之间的真实故事。在当时，降落伞的安全度不够完美，经过厂商努力地改善，使降落伞的良品率达到 99.9%，应该说这个良品率即使现在许多企业也很难达到。但是美国空军却对此公司说"不"，他们要求所交降落伞的合格率必须达到 100%。于是降落伞制造商的总经理便专程去飞行大队商讨此事，看是否能够降低这个标准？因为厂商认为，能够达到 99.9% 这个程度已经接近完美了，没有必要再改。当然美国空军一口回绝，因为品质没有折扣。后来，军方要求改变检查品质的方法。那就是从厂商前一周交货的降落伞中，随机挑出一个，让厂商负责人装备上身后亲自从飞行中的机身跳下。这个方法实施后，不良率立刻变成零。

单元四　不合格药品控制

企业应对质量不合格药品进行控制性管理。在各项质量活动及环节中，发现质量问题及不合格药品，各环节及岗位应按照规定的程序要求对有疑问药品采取有效的控制措施，并及时上报企业质量管理部门，其他任何部门、岗位都不得对质量有疑问药品及不合格药品进行擅自处理。质量管理部门要对上报问题进行调查、分析、裁决，并提出妥善的处理意见。

▶**重点与难点**
不合格药品处理程序

一、不合格药品的管理

不合格药品应集中存放在不合格药品库（或区），由仓储部门设置专人管理并挂明显标志，建立不合格药品管理台账，对不合格药品进行严格控制，防止出现质量事故。质量管理部门应查明质量不合格的原因，分清质量责任，及时处理并制定预防措施，有效地防止企业其他环节出现类似问题，消除质量隐患。

质量管理部门负责对不合格药品的处理情况进行定期汇总和分析，统计并分析不合格药品的原因，找出质量管理工作中存在的缺陷，改进和完善质量管理控制过程，有效地杜绝类似问题的再次发生。同时应全面分析、评审购进药品的质量状况，调整、优化药品购进渠道及品种结构，为药品采购提供可靠的决策依据。

二、不合格药品处理程序

不合格药品的确认、报告、报损、销毁应有完善的手续或记录。

▶**技能点**
不合格药品确认和销毁

（1）质量管理部门负责填写"不合格药品报损审批表"，报企业质量负责人及企业负责人审批后，通知业务、仓储、财务办理销账、下账手续。

（2）由质量管理部门组织仓储、运输等部门对报损药品实施销毁，质量管理部门负责对一般药品的销毁进行监督。销毁特殊管理药品需经药品监督管理部门批准，并在其监督下销毁。

（3）销毁记录应包括销毁药品清单、时间、地点、方法等内容，销毁人、监督人等相关责任人员应签字。销毁一般采用焚毁、深埋、物理性状破坏等方法。

> **注意**
> 除涉及内在质量问题的假劣药品，其余如外包装挤压、破损等未涉及内在质量问题的不合格药品可以退货，过期药品不论是否破损都不能退货。

单元五 药品质量档案与信息管理

一、药品质量档案

> **重点与难点**
> 质量信息收集与处理

药品质量档案，是指企业按所经营药品建立的以该药品质量信息为主要内容的档案资料，其内容主要包括药品的基本信息、质量标准、合法性证明文件、质量状况记录等。建立药品质量档案是在对药品质量信息、资料进行收集、汇总、分析的基础上，为药品质量管理工作提供可靠的裁决、处理依据的有效形式。质量管理部门负责药品质量档案的建立及管理工作，建档范围应包括所有经营品种。药品质量档案表见表4-3。

表4-3 药品质量档案表

编号：				建档日期：	
药品通用名称		商品名称		品种类别	
汉语拼音或外文名		剂型		规格	
有效期		质量标准			
批准文号		储存条件			
上市许可持有人		生产企业			
药品生产许可证号		许可期限至		统一社会信用代码	
首营企业审批表编号		审批日期		实地考察人员	
首营品种审批表编号		审批日期		首批进货日期	
上市许可持有人电话		传真		E-mail	
生产企业电话		传真		E-mail	
建档原因及目的：					
药品包装、标签和说明书规范情况：					

续表

进货质量评审情况						
进货日期	产品批号	进货数量	质量状况	原因分析	处理措施	备注

二、药品质量信息管理

质量信息是指企业内外环境对企业质量管理体系产生影响，并作用于质量控制过程及结果的所有相关因素。企业应建立以质量管理部门为中心，各相关部门为网络单元的信息反馈、传递、分析及处理完善的质量信息网络体系。质量管理部门负责质量信息网络的正常运行和维护，对质量信息进行及时的收集、汇总、分析、传递、处理，并负责对质量管理信息的处理进行归类存档。

1. 质量信息的内容

（1）国家有关药品质量管理的法律、法规及行政规章等。
（2）药品监督管理部门监督公告及药品监督抽查公告。
（3）市场情况的相关动态及发展导向。
（4）业务协作单位经营行为的合法性及质量保证能力。
（5）企业内部各环节围绕药品质量、环境质量、服务质量、工作质量各个方面形成的数据、资料、记录、报表、文件等。
（6）客户及消费者的质量查询、质量反馈和质量投诉等。

药品质量信息管理

2. 质量信息的分级管理

按照质量信息的影响、作用、紧急程度，对质量信息实行分级管理。

A 类信息：指对企业有重大影响，需要企业最高领导作出判断和决策，并由企业各部门协同配合处理的信息。

B 类信息：指涉及企业两个以上部门，需由企业领导或质量管理部门协调处理的信息。

C 类信息：只涉及一个部门，可由部门领导协调处理的信息。

3. 质量信息的收集

（1）企业内部信息
① 通过统计报表定期反映各类质量相关信息。
② 通过质量分析会、工作汇报会等会议收集质量相关信息。
③ 通过各部门填报质量信息反馈单及相关记录实现质量信息传递。
④ 通过多种方式收集职工意见、建议，了解质量信息。

（2）企业外部信息
① 通过问卷、座谈会、电话访问等调查方式收集信息。
② 通过现场观察及咨询了解相关信息。

议一议

信息管理是质量部门职责之一，如果你是质量管理人员，将如何开展此项工作呢？

③ 通过电子信息媒介收集质量信息。
④ 通过公共关系网络收集质量信息。
⑤ 通过现有信息的分析处理获得所需质量信息。

4. 质量信息的处理

A 类信息：由企业领导判断决策，质量管理部门负责组织传递并督促执行。
B 类信息：由主管协调部门决策，质量管理部门传递、反馈并督促执行。
C 类信息：由部门决策并协调执行，并将处理结果报质量管理部门。

质量管理部门按季填写"药品质量信息报表"并上报主管领导，对异常、突发的重大质量信息要以书面形式，在 24 小时内及时向主管负责人及有关部门反馈，确保质量信息的及时畅通传递和准确有效利用。各部门应相互协调、配合，定期将质量信息报质量管理部门，经质量管理部门分析汇总后，以信息反馈单方式传递至执行部门。

> **点滴**
> 百川东到海
> 何时复西归
> 少壮不努力
> 老大徒伤悲

一、单项选择

1. 出具随货同行单（票）的是（　　）。
   A. 收货单位　　　　　　　　B. 供货单位
   C. 药品监督管理部门　　　　D. 生产单位质量管理部门

2. 对特殊管理的药品验收，应实行（　　）。
   A. 一人验收　　　　　　　　B. 一人复核
   C. 双人验收　　　　　　　　D. 双人验收、双人复核

3. 验收人员对抽样药品进行检查、核对的内容不包括（　　）。
   A. 药品外观　　　　　　　　B. 包装、标签、说明书
   C. 合格证明文件　　　　　　D. 供货单位合法性证明文件

4. 冷藏、冷冻药品到货时，收货员的工作内容不包括（　　）。
   A. 检查运输方式及运输过程的温度记录　　B. 做检查记录
   C. 检查运输时限　　　　　　　　　　　　D. 检查药品外观质量

5. 关于标识的说明，以下哪项是错误的。（　　）
   A. 非处方药包装上有椭圆形的 OTC 标识
   B. 甲类 OTC 药品是红底白字，乙类是绿底白字
   C. 外用药品的包装上有红底白字"外"字的四方形标识，无警示语
   D. 外用药品的包装上有红底白字"外"字的椭圆形标识，并有警示语

6. 药品经营企业购进药品时，以下做法错误的是（　　）。
   A. 执行检查验收制度
   B. 先验明药品合格证明和其他标识
   C. 不符合规定要求的药品可先购进，通过验收即可
   D. 对购进药品进行逐批验收

7. 以下关于包装标签和说明书检查的表述，不正确的是（　　）。

A. 药品说明书和标签中的文字应当清晰易辨，标识应当清楚醒目
B. 药品的标签应以说明书为依据，但其内容可增加说明书上未详尽的内容
C. 药品外标签应当注明药品通用名称、成分、性状、适应症或者功能主治等
D. 药品的内标签应当包含药品通用名称、适应症或者功能主治等

8. 以下说法不正确的是（　　）。
A. 每个药品整件包装应有产品合格证
B. 对销后退回的药品无需验收，应按不合格品处理
C. 验收从生产企业购进的药品时应检查生产企业同批号药品检验报告书原件
D. 进口药品应有中文品名、主要成分以及注册证号，并有中文说明书

二、多项选择

1. 关于到货药品抽样验收，下列叙述正确的是（　　）。
A. 逐批抽样
B. 实施批签发管理的生物制品，可不开箱检查
C. 生产企业有特殊质量控制要求的应当至少检查一个最小包装
D. 零货、拼箱的可不打开最小包装
E. 外包装及封签完整的原料药可不开箱检查

2. 仓库保管员有权拒收的情况包括（　　）。
A. 货与单相符　　B. 质量异常　　C. 包装不牢
D. 标志模糊　　　E. 包装破损

3. 对药品质量进行验收必须符合以下哪些基本要求。（　　）
A. 质量验收人员抽样应具有代表性　　B. 配备专职质量验收人员
C. 质量验收人员应逐批验收　　　　　D. 药品直调应有直调药品验收记录
E. 应有验收场所及设备

4. 进口药品应当有加盖供货单位质量管理专用章原印章的相关证明文件，其内容包括（　　）。
A.《进口药品注册证》
B. 进口麻醉药品和精神药品应当有《进口药品注册证》
C. 进口药材应当有《进口药材批件》
D.《进口药品检验报告书》或注明"已抽样"字样的《进口药品通关单》
E. 批签发管理的生物制品应有批签发证明文件和《进口药品检验报告书》

5. 验收药品应当做好验收记录，其内容包括（　　）。
A. 药品的通用名、商品名、剂型、规格
B. 批准文号、批号、生产日期、有效期
C. 上市许可持有人、生产企业、供货单位
D. 到货数量、到货日期、验收日期
E. 验收合格数量、验收结果、收货人员签名

6. 进行药品直调时，关于药品验收正确的做法是（　　）。
A. 可委托购货单位进行验收　　　　B. 可委托供货单位进行验收
C. 派专职人员到购货单位验收　　　D. 派专职人员到供货单位验收
E. 不需要进行验收

7. 对于中药材和中药饮片，以下哪些内容可判为不合格。（　　）
A. 包装袋为黑色的塑料袋　　　　B. 标明药材原产地
C. 未说明的特殊管理饮片　　　　D. 袋内无合格证
E. 包装袋只标示饮片经营企业名称

8. 对不合格药品的处理，以下做法正确的是（　　）。
A. 不合格药品的确认、报告、报损、销毁均应有完善的手续或记录
B. 应由质量管理部门负责填写不合格药品报损审批表
C. 药品监督管理部门需对每一批药品的销毁进行监督
D. 质量管理部门需对特殊管理药品的销毁进行监督
E. 质量管理部门负责对一般药品的销毁进行监督

三、简答题

1. 简述对药品包装标签和说明书验收时应注意的问题。
2. 如果到货 5 件药品，其中 2 件是一个批号，3 件是另外一个批号，如何抽样？
3. 简述如何对进口药品进行验收。
4. 简述合格的中药材和中药饮片的包装应满足什么条件。
5. 简述不合格药品的处理程序

1. 参观当地某大型药品经营企业，为该企业制定可行的药品验收岗位标准操作程序（SOP）。
2. 根据 GSP 要求，设计一份中药材验收记录。

温故知新 4

实训项目四　验收购进药品

一、实训目的
1. 熟悉验收员的岗位职责。
2. 掌握购进药品验收的内容和操作规程，学会判断药品的质量。
3. 培养严谨、认真负责的工作态度和良好的职业素养。

二、实训内容
1. 设计药品验收记录。
2. 验收购进药品。

三、实训步骤
1. 验收员凭收货员签字的"随货同行单（票）"对购进药品的质量进行逐批验收。
2. 按照批号逐批查验药品合格证明文件，对于相关证明文件不全或内容与到货药品不符的，不得入库，并交质量管理员处理。
3. 查验同批次检验报告书。
4. 在待验区对到货药品抽取样品，对样品进行包装、标签、说明书、外观质量等逐一进行检查、核对。
5. 检查运输储存包装的封条有无损坏，包装上内容是否清晰、全面，整件包

装中应有产品合格证。

6. 检查最小包装封口是否严密、牢固、有无破损、污染或渗液，包装及标签印字是否清晰、标签粘贴是否牢固。

7. 检查每一最小包装标签、说明书是否符合规定。

8. 验收抽取的整件药品，应做出抽样标记，验收完毕复原封箱，贴"验"字标记。

9. 做好验收记录，包括药品的通用名称、剂型、规格、批准文号、批号、生产日期、有效期、上市许可持有人、生产企业、供货单位、到货数量、到货日期、验收合格数量、验收结果等内容，签署验收员姓名和验收日期。

10. 验收中出现疑似质量问题的交质量管理员（教师扮演）处理。验收不合格的药品应当注明不合格事项和处理措施，由质量管理员处理。

11. 验收时注意有效期和距生产日期的时间，根据合同规定（教师设定），距生产日期不超过 × 个月，发现超出规定时限的，验收员提出拒收意见。

四、实训组织

1. 课前布置学生设计验收记录。
2. 班级学生分成几个小组，每组 4～5 人，每个学生分别扮演验收员。
3. 由教师扮演收货员，将药品放置待验区，将课前填好的"随货同行单"（验收通知单）发到各个小组，书面通知验收员验收。
4. 每组同学根据收到的验收通知单，到待验区抽样、验收，将验收内容填写在自己设计的"药品验收记录"上。
5. 由组长检查本组验收记录，归纳本组学生在实训中的体会和遇到的问题，在班级进行发言讨论。
6. 教师抽查验收记录，进行答疑和总结。

五、实训报告

设计、填写药品验收记录（本实训可以在模拟药房进行，利用计算机软件进行信息传递和数据录入）。

学习评价

职业核心能力与道德素质测评表

（在□中打√，A 良好，B 一般，C 较差）

职业核心能力与道德素质	评估标准	评价结果
自我学习	1. 有学习计划 2. 会管理时间 3. 关注相关课程知识的关联 4. 有适合自己的学习方式和方法	□A □B □C □A □B □C □A □B □C □A □B □C
信息处理	1. 有多种获取信息的途径和方法 2. 会进行信息的梳理、筛选、分析 3. 能使用多媒体手段展示信息	□A □B □C □A □B □C □A □B □C

续表

职业核心能力与道德素质	评估标准	评价结果
与人交流	1. 会选择交流的时机、方式 2. 能把握交流的主题 3. 能准确理解对方的意思，会表达自己的观点	□A □B □C □A □B □C □A □B □C
与人合作	1. 善于寻找和把握合作的契机 2. 明白各自在合作中的作用和优势 3. 会换位思考，能接受不同的意见和观点 4. 能控制自己的情绪	□A □B □C □A □B □C □A □B □C □A □B □C
解决问题	1. 能纵观全局，抓住问题的关键 2. 能做出解决问题的方案，并组织实施 3. 分析问题解决的效果，及时改进不足之处	□A □B □C □A □B □C □A □B □C
革新创新	1. 关注药品质量安全问题 2. 能提出创新的想法和见解 3. 改进方案实施效果好	□A □B □C □A □B □C □A □B □C
职业道德素质	1. 熟悉药事法规、行业职业道德标准等 2. 严谨细致，认真负责 3. 坚持原则，实事求是	□A □B □C □A □B □C □A □B □C

专业能力测评表

（在□中打√，A 具备，B 基本具备，C 未具备）

专业能力	评价标准	评价结果
药品收货	1. 熟悉药品收货程序 2. 熟悉药品收货查验内容 3. 判定到货药品是否可以接收	□A □B □C □A □B □C □A □B □C
药品验收	1. 熟悉验收内容 2. 熟悉抽样方法和抽样数量 3. 判断到货药品是否合格	□A □B □C □A □B □C □A □B □C
验收记录填制	1. 熟悉验收记录的内容 2. 熟知填制和保存验收记录的责任部门 3. 准确填制验收记录	□A □B □C □A □B □C □A □B □C
不合格药品控制	1. 熟悉不合格药品来源 2. 熟悉不合格药品处理程序 3. 对不合格药品进行报损和销毁	□A □B □C □A □B □C □A □B □C

模块四

储存与养护

项目五

设施与设备

知识点

仓库种类　仓库环境要求　温湿度要求　建筑装修　仓库内设施设备
验收养护设备　营业场所设施设备

技能点

仓库选址　装修材料选择　仓库设施设备配备　记录填制　营业场所布局
营业场所设施设备配备　专用仓库建造

职业能力目标

专业能力
仓库设计　仓库装修　仓库设施设备配备与管理
零售药店平面设计　营业场所设施设备配备

职业核心能力
自我学习　信息处理　与人交流　与人合作
解决问题　革新创新

思政育人目标

1. 仓储设备国产化和国内药品物流业快速发展，增强爱国情怀和民族自豪感，激发科技创新的热情和动力，唤醒内心创业的潜能。
2. 直面新挑战，与时俱进，探索改善仓储条件的新技术和新方法。

知识导图

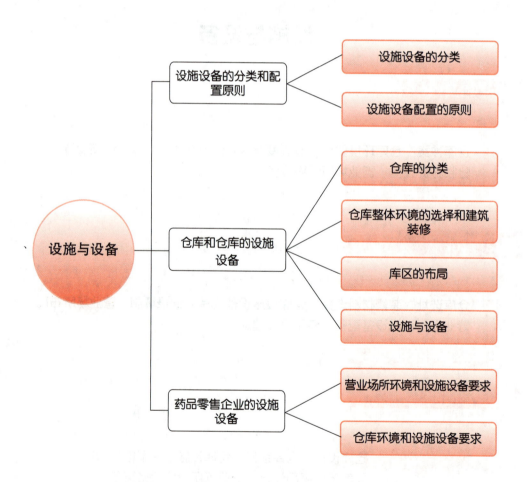

> **引例**
>
> 2021年7月16日，H省药监局发布行政处罚信息：A大药房连锁有限公司部分设施设备失效，验收未按规定执行，退货管理不严。B医药有限公司库房防蚊虫设备部分失效，销售随货同行单收货地址与实际地址不符。两家公司未按规定实施《药品经营质量管理规范》，依据《中华人民共和国药品管理法》第一百二十六条的规定处以：警告，责令15日改正。

《药品管理法》明确规定药品经营企业必须具有与所经营药品相适应的经营场所、设备、仓储设施。环境、场所与布局是GSP硬件配置要求的主要内容之一，也是开办药品经营企业不可缺少的基本条件之一。为保证企业经营药品的质量，企业硬件设施的设置，既要坚持国家标准，也要根据企业经营实际，合理、实效地做好这项工作。企业仓储设施既可以自建，也可以租用。如果采用租用或其他合作方式，应该具有合法、有效的租赁使用的契约，并在当地药监部门进行备案。

开宗明义5

单元一 设施设备的分类和配置原则

为了研究方便和更好地实施GSP，我们将在药品经营活动中所用到的设施和设备进行分类，并确定分类原则。

重点与难点
设施设备配置原则

一、设施设备的分类

根据GSP的要求，把药品经营企业验收、储存、养护、陈列、配送等业务环节所用的设施和设备按其功能分为：

① 验收药品的设施与设备，如紫外荧光灯、显微镜等。
② 储存药品的设施与设备，如库房、货架、堆垛机等。
③ 养护药品的设施与设备，如空调、除湿机等。
④ 配送药品的设施与设备，如厢式货车、冷藏车、保温箱等。
⑤ 销售与陈列药品的设施与设备，如POS机、柜台等。

根据设备和仪器在药品质量维护过程中所起的作用又可分为：

① 保持药品质量的设施与设备，如冷库、加湿器、温湿度自动监测仪等。
② 评价药品质量的设施与设备，如崩解仪、可见异物检测仪等。
③ 防止药品差错、污染、交叉污染和混淆的设施与设备，如照明灯具、门禁、储存箱等。

二、设施设备配置的原则

GSP在设施与设备的条款中针对验收、储存、养护、陈列、配送等业务环节，提出了它们在环境、布局、场所等方面应该具备的内容要求。针对这些业务环节，提出了它们各自应该配置的主要的仪器、设备、装置等，以履行自己在该环节上保持、保证、评价药品质量的具体功能。

1. 与经营规模相适应的原则

经营规模是按年销售额推算的物流吞吐量、物流储存量。经营规模的大小不同，配置设施与设备的要求也不相同，所需要的设施与设备的大小、数量、类型也不尽相同。为避免在经营活动中出现工作差错与服务差错等造成的药品质量差错，药品经营企业配置设施与设备应该与本企业的经营规模相适应，按储存流程管理的要求应能合理存放及作业。例如经营冷链药品的零售药房需配备冷藏柜，而批发企业需设冷库。

2. 与所经营品种相适应的原则

药品批发企业、零售企业及药品零售连锁企业的经营范围不同，在经营范围内又有不同的品种与剂型。这些不同类型的品种和不同的剂型都有互不相同的质量属性。为保持质量与防止差错和满足法规、规章的不同要求，药品经营企业配置设施与设备要与本企业所经营的药品品种质量属性相适应。经营特殊管理的药品、危险品、易挥发药品等，企业应具有与之相对应的特殊的设施和设备，如保险柜、危险品库等。

3. 重点突出、适当配置的原则

药品经营企业在经营活动中只有规范地进行质量管理才能保证经营行为符合法律要求，保证所经营药品的质量符合法定标准，才能提供准确与优良的服务。药品经营企业不需要按照药品生产的规范要求来配置设施与设备，只需结合药品经营业务的特点，结合药品质量在经营过程中得到确认与保持的主要环节与内容，在本企业设施与设备的配置上做到重点突出、适当配置，这样可以降低经营成本。例如药品经营企业不需要配备空气净化系统。

4. 合理布局的原则

不同类型与不同规模的药品经营企业，存在着不同的经营环节，即便是在同一经营环节中，又包含着不同的经营内容，为了防止造成质量差错与服务差错，就需要将物流及经营要素的状态、性质、方向进行区别并有效识别。为使业务流程既衔接顺畅、富有效率，同时又不互相干扰而运作有序，为符合药品分类管理的要求，使经营的药品始终保持正确的质量属性的确认状态，并得到规范与无差错的流转，需要结合经营内容、范围及需要，对药品经营企业内部的环境进行合理的布局。例如药品零售企业营业场所应该按照药品分类管理的要求和提供无差错服务的原则，采取合适而安全的方式对不同品名、不同类别、不同剂型、不同用途的药品进行营业布局，设立特定的区（柜）并提供有效的识别指引。经营中药饮片的零售企业应在营业场所内布置专门的零售区域。

5. 科学管理的原则

药品经营企业应结合本企业的实际情况，对所配置的设施与设备进行科学管理，保证正常运行，做到科学保养与维护，充分支持药品质量的保证，从而防止各种形式与内容的差错，这也是合理配置的目的与效益之所在。

单元二　仓库和仓库的设施设备

仓库是用于储存和养护药品的地方，是药品经营企业必不可少的基础性设施和保证药品在流通环节正常流转的基本条件。仓库的条件反映了药品经营企业的经营条件水平。药品在库期间的质量状况取决于仓库条件和保养技术及管理水平。仓库面积应与企业自身经营规模相适应，但不得低于各省的许可准入标准。

仓库设置包括仓库的选址、建筑设计、规模、布局和配套设施等内容。药品品种繁多，性能各异，储存要求较高。因此，在仓库设置时必须研究药品特殊性，加强基础设施建设，以适应药品经营的需要。

> **重点与难点**
> 仓库温湿度要求、仓库设施设备

一、仓库的分类

1. 按使用职能划分

按照仓库在药品流通中的使用职能来划分，药品仓库可分为大型储存型仓库、中转批发仓库和专用仓库三类。大型储存型仓库主要是集中储存收购的整批药品，一般储存期较长，基本采用整批出或者整批进、整箱出的收发货方式。中转批发仓库主要是中小型仓库，大多是前店后仓，其职能是整箱进零星出，储存期较短，储存周转较快，便于客户购货提货。专用仓库即特种仓库，如危险品仓库、特殊药品仓库等，主要是储存特殊管理的药品，易燃、易爆、有腐蚀性等一些对人体或建筑物有一定危险性药品的仓库，这种仓库必须根据所储存药品不同的性能要求建造。仓库整体采用砖混或钢混结构，要求基本设施牢固、有抗撞击能力、装有钢制防盗门锁、双门双锁、具备防盗、防火、报警装置、仓库与110联网，储存药品类易制毒化学品的仓库安装电视监控设施。

> **技能点**
> 专用仓库建造

2. 按储存条件划分

按照药品理化性质对储存的温湿度条件的要求来划分，药品仓库可分为常温库、阴凉库和冷库三种类型。按照《中国药典》规定，药品冷库温度为2～10℃，阴凉库应为20℃以下，常温库应为10～30℃；药品仓库相对湿度应为35%～75%。

> **议一议**
> 生物制品（疫苗、血液制品等）应储存在哪类库房？为什么？

3. 按建筑结构和操作设施划分

按照仓库的建筑结构和操作设施来划分，药品仓库可分为平房简易仓库、多层常规仓库和高层立体仓库三种。

（1）平房简易仓库　平房简易仓库即单层建筑仓库，其结构较为简单，造价低廉，一般适用于性能稳定的药品储存。较难使用一些科学养护技术及现代化机械设备，并且占地面积大。

（2）多层常规仓库　多层常规仓库是指两层以上的仓库，占地面积小，可以设多层货架，以适当增加药品储存量，货架应建立编号，以便于药品定置、定位，堆垛稳固，还可解决零星件数的存放。但出入库大都是以人工操作为主，药品养护及储存管理也以常规方式为主。

（3）高层立体仓库（自动化、机械化仓库）　立体仓库内无柱、无层楼板，库内高度可在9米以上，配备高层立体货架，充分利用库内面积和空间。储存药品时，将药品置于标准托盘里，通过起重机械垂直或水平移动，存放在高层货架中。货架高度、托盘大小可根据实际需要出发进行选择，应统一格式，以利于装卸机械的应用。立体仓库内部设备通常包括：高层货架、堆垛机（采用轨道式升降起重机或电瓶式升降叉车，配以统一规格的托盘）、叉车或输送机，控制系统可采用人工控制、半自动控制或中央微机控制。

全自动立体仓库
药品出入库

二、仓库整体环境的选择和建筑装修

1. 仓库库址的选择

① 药品仓库宜选在远离居民区，环境良好，无大量粉尘、有害气体及污水等严重污染的地方，远离汽车库和油库，而且地势较高、地质坚固、宽阔平坦干燥。地势较高有利于雨季能迅速排水，无被淹危险，地质坚固，能承受较大压力。

▶技能点
仓库选址

② 药品仓库应选择在交通方便，离车站、港口码头较近的地方。不宜设在城市中心区或离民房太近的地方。危险品库应在离车站、码头较远的市郊地区。要能保证用电、用水的充分供给，但不宜靠近江、河、湖，以免湿度过大。

2. 仓库内环境要求

① 库区内应全部硬化或绿化，不宜种植易生虫、易飘絮和花粉较多的花草树木，以保持环境的美化和净化。

② 库区地面应平坦、整洁，容易修整，无露土地面。

③ 为了防止库房地面返潮或雨水积水，修建时应使库内地面高于库外地面。库外四周必须设置排水沟道，并经常保持畅通。库内地面以水泥或其他硬质建筑建材铺设，铺设层下应施以防水材料，如沥青、油毡等。

④ 库区内应环境整洁，无垃圾废弃物堆积。

3. 仓库的建筑和装修

① 仓库应采用易于清扫的结构，墙与墙、地面与墙、顶棚与墙相接处有一定的弧度，利于清扫。

② 仓库的设计建筑应能做到防止鸟类、昆虫、鼠和其他动物进入。

③ 仓库内墙面、地板面和天花板表面都应当坚硬、光滑，无裂缝和空隙，没有微粒脱落现象。

④ 库房主体应采用发尘量少、不易黏附尘粒、吸湿性小的材料。

⑤ 仓库应尽量减少窗户及其面积，门窗结构密闭，设计及造型简单、适用，易于清扫，又不易积尘，门框不得加设门槛。

⑥ 仓库内管线、电器、给水管道和通信线路要合理布局，管道尽量争取暗装。

⑦ 室内装修应采用发尘量小、便于清扫、吸湿性小、隔热好、不开裂、不产生缝隙、不易燃、防静电、不易黏附尘粒的材料。

▶技能点
装修材料选择

⑧ 墙面装修基本有以下几种：抹灰刷白墙面、油漆墙面、白瓷砖墙面、乳胶漆墙面等。

⑨ 地面装修基本有以下几种：水泥砂浆地面、水磨石地面、人造大理石地面、

环氧树脂地面等。

三、库区的布局

1. 仓库区域划分

仓库内部区域一般分为：储存作业区、辅助作业区、办公区和生活区。储存作业区包括库房、货场、保管员工作室；辅助作业区包括验收养护室、业务相关部门办公室等；办公生活区包括行政管理部门办公室、宿舍、汽车库、食堂、厕所、浴室。储存作业区、辅助作业区、办公生活区之间应保持一定的距离，或采取必要的隔离措施，以防止对库房及药品造成污染。在大型仓库中应将三个区域置于不同的建筑内，并且将储存作业区和辅助作业区置于上风向，对于多层仓库可将三者置于不同的楼层内。

在同一专门库（区）内，对不同类别、不同品种、不同批号、不同效期的药品应进行进一步的划区，做出适当的分开，得到清楚又正确的指引标识。

> **注意**
> 冷库面积要求应能保证合理划分出收货验收、储存、包装物料预冷、装箱发货、待处理药品存放、退货等区域。冷藏冷冻药品的验收、储存、拆零、装箱、发货等作业活动应当在冷库内完成。

2. 仓库的设置

根据药品管理的需要，仓库应设立以下专库：待验库、合格品库、不合格品库、发货库、退货库。如果储存量小不能设专库，则应划分专区，并用红、黄、绿色标加以标志，同时设立有效的隔离设施。企业应具备与经营业务相适应、符合药品性能要求的各类仓间和设备，经营特殊管理药品的企业，应设立专用麻醉药品、精神药品、毒性药品、放射性药品等专用仓间或专用设施，经营中药材、中药饮片的应设立专库。库区内库与库之间应有充分的间距，既有利于防火，也有利于交通运输。各库（区）应悬挂或粘贴各种明显、醒目的标志。设置门禁等可靠的安全防护措施，对无关人员进入实行可控管理，防止药品被盗、替换或者混入假药。

四、设施与设备

1. 药品仓库应当配备的设施设备

① 保持药品与地面之间有效隔离的设备，具有防潮、防鼠的作用，如地拍子、货架（见图5-1和图5-2）。

图5-1 高位货架

图5-2 叉车

> **技能点**
> 仓库设施设备的配备

② 自动监测、记录库房温湿度的设备，所有仓库需24小时自动监测仓库温

度，365天不间断，并有超过规定温度时的自动报警设备，如温湿度自动监测系统探头、显示屏、电脑等。

③ 调控温湿度及室内外空气交换的设备，如空调系统、除湿机、加湿器、空调、排风扇等。

④ 避光设备，仓库窗户遮光可用窗帘、遮光膜、有色玻璃等。

⑤ 通风和排水设备，如排风扇、一楼或地下需要的排水设施。

⑥ 防鼠、防虫、防鸟设备，如挡鼠板、老鼠夹、捕鼠笼、粘鼠板、电子驱鼠器（电猫）、纱网、门帘、风帘、灭蝇灯等。

⑦ 防潮设备，如药品仓库专用除湿机、干燥剂等。

⑧ 符合储存作业及安全用电要求的照明设备，安全照明要求仓库无阴暗区，有便于商品标识识别的光线强度，即灯光无死角；危险品库房要安装防爆灯。

> **注意**
> 库房的安全防护，首先应做到人流与物流的分开，人流通道可采取门禁、保安等安全防护措施，达到事前控制；物流通道应严格规定不允许无关人员随意进入，不能只采用探头作为防护措施（事后控制）。

⑨ 消防、安全设备，如消防栓、灭火器、门禁、探头等。

⑩ 储存特殊管理的药品、贵重药品的具有安全功能的专用保管设备，如毒麻中药材的专柜（双人双锁），如果经营范围中有生物制剂，需要有带除湿功能的恒温冰箱等。

⑪ 经营中药饮片的企业仓库还应有饮片储存箱；电冰箱或小冷藏库，用于储存需冷藏药品，如生物制品、脏器制剂；储存麻醉药品、精神药品、毒性药品、放射性药品等专用仓库也应具有相应的安全保卫措施。

⑫ 经营中药材、中药饮片的药品经营企业，应有专用的库房和养护工作场所，直接收购地产中药材的应当设置中药样品室（柜）。

2. 储存运输冷藏、冷冻药品的药品经营企业应当配备的设施设备

① 与经营规模和品种相适应的冷库，储存疫苗的应当配备两个以上独立冷库（见图5-3）。

> **议一议**
> 设置一个独立冷库的，应设两套独立制冷系统，一用一备，自行切换。这样设计的原因是什么？

② 用于冷库温度自动监测、显示、记录、调控、报警的设备。

③ 冷库制冷设备的备用发电机组或者双回路供电系统。

④ 对有特殊低温要求的药品，配备符合其储存要求的设施设备。

⑤ 冷藏车及车载冷藏箱或者保温箱等，冷藏车具有自动调控温度、显示温度、存储和读取温度监测数据的功能（见图5-4）；冷藏箱及保温箱具有外部显示和采集箱体内温度数据的功能（见图5-5）。

图5-3 冷库

图5-4 冷藏车

⑥ 运输药品应当使用封闭式货物运输工具，如厢式货车。

药品经营企业应指定专人对储存、运输设施设备定期进行检查、清洁和维护，并建立记录和档案。

图 5-5 冷藏箱

3. 验收养护场所的设施设备

现行版 GSP 对验收养护室没有具体要求，企业可以根据需求选择是否设立。药品的验收主要是对外观性状、包装与标识的检查，故所配置的验收设备应有验收项目的针对性，还要结合所经营药品的范围、类型等方面来考虑。适量与必需的验收设备通常包括分析天平、可见异物检测仪、崩解仪、标准比色仪、操作台等。经营中药饮片的企业，还应在该场所配置水分测定仪、紫外荧光灯、解剖镜或显微镜等。验收养护室应备有稳压装置的交、直流两用电源，接触良好的接地线与工作台等装置。

4. 设施设备的管理

为保证企业用于药品验收、储存及养护的设备、仪器、计量器具等能正常发挥作用，为药品验收和储存养护提供物质保障，应对仪器设备进行科学的管理。

（1）使用管理

① 明确管理责任者；② 明确操作使用者；③ 规定存放、使用地点与环境；④ 规范操作使用方法；⑤ 建立仪器设备管理台账；⑥ 做好运行、使用记录。

仪器设备的运行、使用记录，是追溯并证明药品验收、储存、养护等质量过程控制合法有效性的资料，所以应符合及时、完整、准确、有效的要求。相关记录见表 5-1～表 5-3。

设施设备管理

表 5-1　仪器设备台账

序号	仪器设备编号	仪器设备名称	规格型号	生产厂家	购置价格	购置日期	启用日期	配置地点	用途	使用与维护负责人	备注

技能点
记录填制

表 5-2　仪器设备使用记录

编号：

仪器设备名称			仪器设备编号			放置地点		
记录日期	使用原因	开始时间	停止时间		运转情况	操作人		备注

表 5-3　仪器设备检修维护记录

编号：

仪器设备名称			启用日期		配置地点	
仪器设备编号			型　号		责任部门	
维修时间	维修原因	维修内容	维修结果	维修人	复查人	备注

（2）计量检定管理　质量管理部门负责计量器具与仪器的检定管理工作，定期联系法定计量机构进行检定或者校准。经检定合格的仪器设备，应有检定证书及检定合格标识，药品经营企业应进行计量检定或者校准的仪器设备有：天平、台秤、温湿度监测设备（温湿度监控探头、温湿度记录仪、手持测温仪等）等。

单元三　药品零售企业的设施设备

> **重点与难点**
> 营业场所设施设备

药品零售企业的设施与设备包括仓库、营业场所、营业工具、办公室等，固定的营业场所应与药品储存、办公及生活辅助区域分开或隔离。

一、营业场所环境和设施设备要求

> **技能点**
> 营业场所设施设备配备

① 企业营业场所应宽敞、明亮、清洁、无污染物。
② 具有陈列药品的货柜、货架。
③ 柜台及货架整齐合理，各柜台或展示货架的药品分类标志醒目。
④ 营业场所要有检测和调控室温和湿度的设备，要安装温湿度计和空调。
⑤ 对保存温度有不同要求的药品应设有符合药品特性要求的常温、阴凉和冷藏存放的设备，如冰箱或冷柜。
⑥ 具有调配药品处方、临方炮制和药品拆零销售的必要设备和包装用品，如调配中药的调配台与预分装台，冲筒、乳钵、铁研船、药筛、天平、包装纸、戥秤、发药牌、小型粉碎切片干燥设备、煎药设备等；具有存放中药饮片的药斗（百子柜）等。
⑦ 营业用计算工具、衡器、开票用具和包装用品齐全、完好、卫生，计量器具必须按规定检定合格。
⑧ 经营第二类精神药品、毒性中药品种和罂粟壳的，有符合安全规定的专用存放设备，如保险柜等。
⑨ 位于县级以上城市的药品零售企业应建立计算机管理信息系统，能够满足经营管理全过程及质量控制的有关要求，并有接受当地药品监督管理部门监管的条件。

二、仓库环境和设施设备要求

一般不主张零售企业独立设置仓库，鼓励连锁化及配送化。药品零售企业可以根据实际需要设置仓库，设置仓库的药品零售企业，仓库条件应完全符合药品批发企业仓库设置条件。

稳扎稳打

点滴
明日复明日
明日何其多
我生待明日
万事成蹉跎

一、单项选择

1. 不属于药品零售企业营业设备的是（　　）。
   A. 库房　　　　B. 温湿度计　　　　C. 包装袋　　　　D. 药斗

2. 下列说法不正确的是（　　）。
   A. 国家不允许零售企业独立设置仓库
   B. 国家鼓励连锁化及配送化
   C. 药品零售企业可以根据实际需要设置仓库
   D. 药品零售企业设置的仓库条件须完全符合批发企业仓库设置条件

3. 关于库房安全防护，说法不正确的是（　　）。
   A. 应做到人流与物流分开
   B. 人流通道可采取门禁、保安等安全防护措施
   C. 物流通道不允许无关人员随意进入
   D. 物流通道可以只采用探头作为防护措施

4. 关于储存中药饮片正确的说法是（　　）。
   A. 应当设立专用库房　　　　B. 可以与中药材同库储存
   C. 可以与其他药品同库储存　　D. 必须单独存放在阴凉库

5. 经营下列哪种药品的营业场所无需配备专用存放设备。（　　）
   A. 第二类精神药品　　　　B. 毒性中药品种
   C. 罂粟壳　　　　　　　　D. 中成药

6. 药品经营企业无需定期进行校准或者检定的是（　　）。
   A. 天平　　　　　　　　　B. 戥秤
   C. 自动温湿度监测仪　　　D. 空调

7. 对于储存、运输设施设备应当由专人负责的工作是（　　）。
   A. 定期检查　　B. 清洁　　C. 维护　　D. 以上都是

8. 以下关于经营中药材、中药饮片的药品经营企业说法不正确的是（　　）。
   A. 应有专用的库房
   B. 应有养护工作场所
   C. 直接收购地产中药材的应设置中药样品室（柜）
   D. 经营中药饮片的应设分装库区

二、多项选择

1. 储运冷藏、冷冻药品的药品经营企业应当配备的设施设备包括（　　）。

A. 与经营规模和品种相适应的冷库

B. 储存疫苗的应当配备两个以上独立冷库

C. 用于冷库温度自动监测、显示、记录、调控、报警的设备

D. 冷库制冷设备的备用发电机组或者双回路供电系统

E. 具有外部显示箱体内温度功能的冷藏箱

2. 运输冷藏、冷冻药品的药品经营企业配备的冷藏车必须具有的功能包括（　　）。

A. 自动显示温度监测数据的功能　　B. 自动调控温度的功能

C. 自动读取温度监测数据的功能　　D. 自动存储温度监测数据的功能

E. 防盗报警功能

3. 药品仓库应当配备的设施设备包括（　　）。

A. 保持药品与地面之间有一定距离的设备

B. 自动监测、记录库房温湿度的设备

C. 调控温湿度及室内外空气交换的设备

D. 避光设备

E. 通风和排水设备

4. 下列说法正确的是（　　）。

A. 所有独立仓库需 24 小时自动监测温度

B. 所有仓库需 365 天不间断自动监测温度

C. 每个仓库配备不少于 2 个监测探头

D. 有超过规定温度时的自动报警设备

E. 报警器需设在 24 小时值班室

5. 药品仓库防鼠可以选用的是（　　）。

A. 挡鼠板　　　B. 老鼠夹和捕鼠笼　　　C. 灭鼠药

D. 粘鼠板　　　E. 电猫

6. 关于药品仓库需要配备的设施设备正确的是（　　）。

A. 防潮用的药品仓库专用除湿机、干燥剂

B. 每个库房必须安装防爆灯

C. 消防、安全设备，如消防栓、灭火器、门禁

D. 储存毒麻中药材需有专柜（双人双锁）

E. 储存生物制剂需要有带除湿功能的恒温冰箱

7. 冷藏冷冻药品的哪些作业活动必须在冷库内完成。（　　）

A. 验收　　　　B. 储存　　　　　C. 拆零

D. 装箱　　　　E. 发货

8. 为便于开展储存作业，库房应达到以下哪些要求。（　　）

A. 库房内外环境整洁，无污染源，库区地面硬化或者绿化

B. 库房内墙、顶光洁，地面平整，门窗结构严密

C. 库房有可靠的安全防护措施，防止药品被盗、替换或者混入假药

D. 有防止室外作业受异常天气影响的雨棚

E. 库房的规模应当满足药品的合理、安全储存

三、简答题

1. 药品经营企业的仓库如何进行选址？
2. 举例说明药品经营企业仓库应配备哪些设施设备。
3. GSP 对药品零售企业营业场所环境和设施有哪些要求？

学以致用

1. 参观药品批发企业仓库，绘制仓库平面布置图。
2. 参观药品零售企业的营业场所，评价营业设备是否符合 GSP 要求，并提出意见和建议。

温故知新 5

实训项目五 仓库设施设备的配置及管理

一、实训目的

1. 掌握 GSP 对药品经营企业仓库应配备的设施设备的要求。
2. 熟悉仓库设施设备的分类、使用和管理。

二、实训内容

1. 参观药品批发企业或零售连锁企业仓库，验看仓库配备的设施设备。

① 保持药品与地面之间有一定距离的设备，如底垫、货架。

② 自动监测、记录库房温湿度的设备，如温湿度检测仪、监测探头、自动报警设备。

③ 调控温湿度的设备，如除湿机、加湿器、空调等。

④ 避光设备，如窗帘、有色玻璃、毛玻璃、百叶窗等。

⑤ 通风和排水设备，如排风扇、一楼或地下需要的排水设施。

⑥ 防鼠、防虫、防鸟设备，如挡鼠板、老鼠夹、捕鼠笼、粘鼠板、电子驱鼠器（电猫）、纱网、灭蚊灯等。

⑦ 防潮设备，如药品仓库专用除湿机、干燥剂等。

⑧ 符合储存作业及安全用电要求的照明设备，如荧光灯、散射灯等，危险品库房要安装防爆灯。

⑨ 消防、安全设备，如消防栓、灭火器、门禁、探头等。

⑩ 储存特殊管理的药品、贵重药品的具有安全功能的专用保管设备，如毒麻中药材的专柜（双人双锁），储存生物制剂的带除湿功能的恒温冰箱等。

⑪ 储存中药饮片的饮片储存箱；储存需冷藏药品的电冰箱或小冷藏库；储存特殊管理药品的专用仓库应具有相应的安全保卫措施。

⑫ 储存中药材、中药饮片的专用库房和养护工作场所、中药样品室（柜）等。

2. 验看经营冷藏、冷冻药品的药品经营企业配备的设施设备。

① 冷库的设施设备。
② 冷库温度自动监测、显示、记录、调控、报警的设备。
③ 冷库制冷设备的备用发电机组或者双回路供电系统。
④ 储存有特殊低温要求的药品的设施设备。

> 点滴
>
> 书到用时方恨少
> 事非经过不知难

⑤ 冷藏车及车载冷藏箱或者保温箱等，冷藏车具有自动调控温度、显示温度、存储和读取温度监测数据的功能；冷藏箱及保温箱具有外部显示和采集箱体内温度数据的功能。

3. 验看企业设施设备运行和维护记录及档案。

三、实训步骤

1. 参观药品经营企业仓库和运输设施设备。
2. 请实训基地教师讲解空调、制冷机、除湿机、温湿度监测仪等设施设备的使用与保养方法。
3. 验看企业设施设备相关记录和档案。

四、实训组织

1. 到药品批发企业或零售连锁企业仓库参观，请仓库管理人员或实训基地教师讲解设施设备的使用及管理情况。
2. 学生设计并填写设施设备台账和使用记录。

五、实训报告

1. 设施设备台账、设施设备使用记录。
2. 起草药品经营企业设施设备管理制度。

学习评价

职业核心能力与道德素质测评表

（在□中打√，A 良好，B 一般，C 较差）

职业核心能力与道德素质	评估标准	评价结果
自我学习	1. 有学习计划 2. 会管理时间 3. 关注相关课程知识的关联 4. 有适合自己的学习方式和方法	□A □B □C □A □B □C □A □B □C □A □B □C
信息处理	1. 有多种获取信息的途径和方法 2. 会进行信息的梳理、筛选、分析 3. 能使用多媒体手段展示信息	□A □B □C □A □B □C □A □B □C
与人交流	1. 会选择交流的时机、方式 2. 能把握交流的主题 3. 能准确理解对方的意思，会表达自己的观点	□A □B □C □A □B □C □A □B □C
与人合作	1. 善于寻找和把握合作的契机 2. 明白各自在合作中的作用和优势 3. 会换位思考，能接受不同的意见和观点 4. 能控制自己的情绪	□A □B □C □A □B □C □A □B □C □A □B □C
解决问题	1. 能纵观全局，抓住问题的关键 2. 能做出解决问题的方案，并组织实施 3. 分析问题解决的效果，及时改进不足之处	□A □B □C □A □B □C □A □B □C
革新创新	1. 关注药品仓储新技术、新方法 2. 能提出创新的想法和见解 3. 改进方案实施效果好	□A □B □C □A □B □C □A □B □C
职业道德素质	1. 熟悉药事法规、行业职业道德标准等 2. 能辨析是非，有良好行为习惯 3. 自我控制能力强	□A □B □C □A □B □C □A □B □C

专业能力测评表

(在□中打√,A 具备,B 基本具备,C 未具备)

专业能力	评价标准	评价结果
仓库设计	1. 熟悉仓库环境要求 2. 熟悉库区划分原则 3. 初步绘制仓库平面布局图	□A □B □C □A □B □C □A □B □C
仓库装修	1. 熟悉仓库装修要求 2. 会选择装饰材料 3. 对仓库装修是否合理给出初步判断意见	□A □B □C □A □B □C □A □B □C
仓库设施设备配备与管理	1. 熟悉仓库设施设备配备原则 2. 熟悉设施设备功能 3. 对仓库设施设备配备合理性给出初步判断意见	□A □B □C □A □B □C □A □B □C
零售药店平面设计	1. 熟悉营业场所布局要求 2. 熟悉药品陈列原则 3. 初步设计营业场所平面布局图	□A □B □C □A □B □C □A □B □C
营业场所设施设备配备	1. 熟悉营业场所功能 2. 熟悉设施设备用途 3. 对营业场所设施设备配备合理性给出初步判断	□A □B □C □A □B □C □A □B □C

项目六

校准与验证

 知识点

验证的概念　验证的对象　验证方案的内容　验证种类　库房验证项目　冷藏车验证项目　保温箱验证项目　验证测点布局方法

 技能点

验证类型识别　冷库验证测点布置　验证项目确定　验证实施　验证记录填制　验证文件管理　验证方案起草

 职业能力目标

 冷库验证　冷藏车验证　保温箱验证　验证报告起草

 自我学习　信息处理　与人交流　与人合作
解决问题　革新创新

模块四 储存与养护

 思政育人目标

1. 培养务实严谨、精细规范、科学高效的工作作风,提高工作执行力。
2. 树立正确的世界观、人生观和价值观,增强工作的原则性、系统性、预见性和创造性。

知识导图

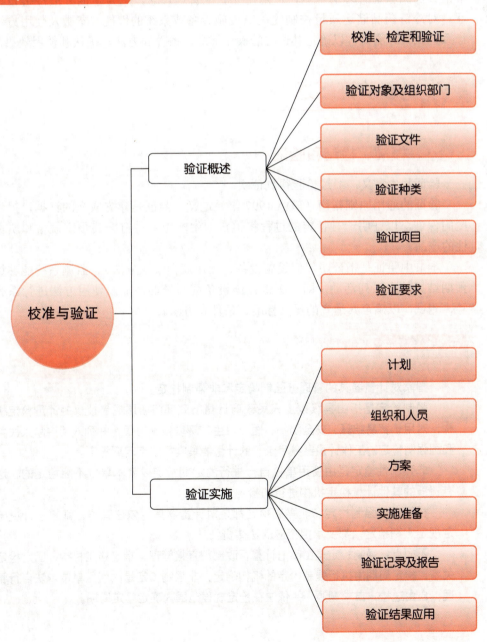

> **引例**
>
> 在 C 市药品监督管理部门发布的"2016 年 10 月药品流通监督检查月报表"中，有 42 家药商被责令要求限期整改。其中，某医药有限公司因在飞行检查中存在冷藏车、保温箱 2016 年度未开展高温季节验证工作；冷藏车验证结果无法指导岗位人员使用该设备；阴凉库的部分药品"六距"不符合要求；阴凉库温度有时超标未进行有效调控等不符合《药品经营质量管理规范》规定的行为，C 市药品监督管理部门依法对该药品批发企业立案查处。

验证管理是 GSP 全新引入的理念，设备验证是 GSP 的重要创新，使药品流通质量管理标准更加接近国际规范要求，是采用先进管理手段强化质量管理的重要举措。药品验证管理的重点，一是树立验证管理理念，二是全面开展冷链设备验证。对冷链药品储运质量控制的关键设施设备或系统的性能、参数及使用方法进行系列试验、测试，以确定其适宜的操作标准、条件和方法，确认其使用效果。

单元一　验证概述

重点与难点
验证种类，冷链验证内容

一、校准、检定和验证

验证基本释义：经过检验得到证实。

验证的通用原则指南（FDA 1997 年）定义：验证是建立成文的证据，提供高度的保证，以证明一种特定的过程将恒定地生产出一种符合其预定规格和质量属性的产品。

本书中验证是指证明任何设施设备、操作规程（或方法）、监测系统能够达到预期结果的一系列活动。即对关键设施设备或系统的性能及使用方法进行系列试验、测试，以确定其适宜的操作标准、条件和方法。

> **拓展方舟**
>
> 国家对计量器具的管理分强制检定和非强制检定。
>
> 强制检定是指由县级以上人民政府计量行政部门所属或者授权的计量检定机构，对用于贸易结算、安全防护、医疗卫生、环境监测方面，并列入《中华人民共和国强制检定的工作计量器具目录》的计量器具实行定点定期检定。
>
> 非强制性检定是由使用单位自行进行的定期检定或者本单位不能检定的，送有资质的其他计量检定机构进行的检定。
>
> 相同点：强制检定和非强制检定都是对计量器具的依法管理，都要按计量检定规定定期检定，都要承担相应的法律责任。
>
> 不同点：强制检定是由政府计量行政部门直接管理，指定检定机构，固定检定关系，检定周期由执行强制检定的机构确定；非强制检定是由使用单位依法自行管理，自由送检，自求溯源，并依法在检定规程范围内确定检定周期。

检定是指为评定计量器具计量特性，确定其是否符合法定要求所进行的全部工作。

校准是指在规定条件下，为确定计量器具示值误差的一组操作。

按照国家计量法相关规定，对属于国家强制检定的计量器具应当依法强制检定。药品经营企业需要强制检定的计量器具主要包括称量器具、液态温度计等。对属于国家非强制检定的计量器具应当定期进行校准。温湿度自动监测相关设备属于非强制检定范围，企业应当按年度组织进行校准。

企业应按照国家有关规定，对计量器具、温湿度监测设备等定期进行校准或者检定。有校准、检定管理制度或规程，明确有关校准或检定的周期（每年至少一次）。有专人负责计量器具、温湿度监测设备（温湿度监控探头、温度记录仪、手持测温仪等）等的定期校准或检定工作，确保计量、监测的数据准确，并建立相应的管理档案。干湿球温湿度计、水银式温湿度计、各类台秤等强制检定的，必须有计量检测机构出具的检定合格证（在有效期内）。有计量器具、温湿度监测设备等定期校准或检定的记录，记录的时间应与制度规定的周期相符。用于校准、检定、验证的标准器应经法定机构检定合格，未经检定合格的，其校准、检定、验证结果应视同无效。企业无计量或检定专业人员，委托法定计量检测机构或其他具有校准、检定、验证能力的单位的，应严格审核其资质，确保校准、检定、验证不流于形式。

药品经营企业需要检定和校准的设备包括：计量器具和温湿度监测设备。需要检定的计量器具主要有温湿度计、台秤、天平等。温湿度监测设备主要用于监测库房、储存场所、运输设备等环境的温湿度计等，有药品运输中使用的便携式温湿度记录仪（见图6-1）。

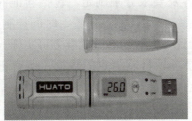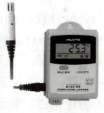

图6-1　便携式温湿度记录仪

二、验证对象及组织部门

1. 验证对象

企业应当对冷库、冷藏运输车辆、车载冷藏箱、保温箱以及冷藏储运温湿度自动监测系统等进行使用前验证、使用过程中定期验证及停用时间超过规定时限的验证，确认相关设施、设备及系统能符合规定的设计标准和要求，可安全、有效地正常运行和使用，确保冷藏、冷冻药品在储存、运输过程中的药品质量。定期验证每年至少一次。

2. 验证组织及职责

企业质量负责人负责验证工作的监督、指导、协调与审批，质量管理部门负

> **注意**
> 1. 企业应有完备的、验证用的设施设备及具备验证资格的人员；
> 2. 验证档案应完整、真实，方案应合理；3. 对委托验证的，双方应签订委托合同及委托事项。

责验证工作的组织与实施。按照质量管理体系文件中与验证管理相关的规定，根据业务经营模式和规模，以及使用的相关设施设备和系统的具体情况按年度制订验证计划，严格按计划确定的范围、时间、项目开展实施工作。

三、验证文件

> **技能点**
> 验证文件管理

验证文件是实施验证的指导性文件，也是完成验证、确立各种标准的客观证据。企业应根据GSP及其相关附录的规定制定相关验证管理制度或规程，形成验证控制文件。

1. 验证控制文件的种类

（1）制度规范文件　冷链验证管理制度、冷链人员培训管理制度、冷链计量器具校准规范、冷链温度偏差处理规定等。

（2）方案流程、文件记录　年度验证计划、冷库验证测试方案及报告、冷藏车验证测试方案及报告、冷藏箱验证测试方案及报告、验证偏差整改方案及报告等。

2. 验证控制文件的内容

（1）验证计划　按照企业制定的验证管理制度，根据业务经营规模和模式，使用的相关设施设备和系统的具体情况，按年度制订验证计划，验证组织严格按计划确定的范围、时间项目开展实施工作。

> **议一议**
> 验证方案是实施验证的工作依据，应由谁批准？

（2）验证方案　验证方案包括待验证系统或设备的简介、组织分工、验证目的、范围、可接受标准、采样方法、验证步骤、实施计划以及待填记录等内容。验证方案的起草是设计检查及试验方案的过程。因此，它是实施验证的工作依据，也是重要的技术标准。验证的每个阶段都应有各自的验证方案，验证方案根据每一项验证工作的具体内容及要求分别制定，包括验证的实施人员、对象、目标、测试项目、验证设备及系统描述、测点布置、时间控制、数据采集要求以及实施验证的相关基础条件，验证方案应当经过批准方可实施。

（3）验证记录　记录各项目监测点的数据，所有记录应真实、完整、有效、连续、可追溯，并按规定保存。

（4）验证报告　验证完成后应当出具验证报告，包括验证过程中采集的数据汇总、各测试项目数据分析图表、各测试项目结果分析、验证实施人员、验证结果总体评价等，验证报告应当经过审核和批准。

（5）偏差调查和处理　所有偏差必须得到有效处理，出现偏差时（与可接受标准不符），必须找出偏差产生的原因并及时解决。在验证过程中应当根据验证测定的实际情况，对可能存在的设施设备运行或使用不符合要求的状况、系统参数设定的不合理情况等偏差处理进行调整和纠正，使相关设施设备及系统的运行状况符合规定的要求和标准。

（6）纠正和预防措施　根据验证结果对可能存在的问题制定有效的预防措施，有效防止各种影响药品质量安全的因素造成的风险。

验证文件应单独建立档案。根据验证结果制定验证后相关设施设备的标准操作规程。

四、验证种类

根据相关设施设备或系统的使用状况进行使用前验证、专项验证、定期验证及停用时间超过规定时限的验证。

> **技能点**
> 验证类型识别

1. 使用前验证

使用前验证是指相关设施设备及系统在新投入使用前或改造后,对设计或预定的关键参数、条件及性能进行测试并确认。设施设备及系统在确定实际的关键参数及性能符合设计方案或规定的使用条件和标准后方可投入使用。

使用前验证包括设计确认、安装确认、运行确认和性能确认等。

(1) 设计确认　是选择与设定目标一致、符合预期要求的供应商或服务提供商、工程承包商。

(2) 安装确认　确认是否符合安装要求,包括说明书、施工图纸等文件是否完整、紧固件是否牢靠、安装与图纸是否一致、供电是否符合标准等。

(3) 运行确认　是确认系统(冷库、冷藏车等)空载试运行是否符合标准。包括各种关键报警点的确认;除霜、除湿过程的确认;故障安全模式的确认;主用和备用机组轮流工作的确认。

(4) 性能确认　是模拟实际的使用情况,冷藏车、冷藏箱、保温箱进行动态条件下实际运输的验证,过程中采集监测数据以判断能否满足使用要求。包括:储存环境空载、最大负载立体温(湿)度分布测试,寻找波动大的冷点和热点进行监控;应急计划(如断电保温时间等)的验证;开关门温(湿)度分布验证等。冬夏极端条件下应各做一次。

2. 专项验证(有因验证)

专项验证是指设施设备及系统改变、超出设定的条件或用途,或发生设备严重运行异常或故障时,针对所调整或改变的情况进行的验证,以确定其性能及参数符合设定的标准。

3. 定期验证

定期验证是指根据相关设施设备及系统的具体情况定期进行的验证,确认处于正常使用及运行的相关设施设备及系统的参数漂移、设备损耗、异常变化趋势等情况,定期验证间隔时间不应当超过 1 年。

4. 停用时间超过规定时限的验证

根据相关设施设备和系统的设计参数以及通过验证确认的使用条件,分别确定各类设施设备及系统最大的停用时间限度,超过规定的最大停用时限后需重新投入使用前,应当重新进行验证。如:验证合格的设施设备,停用超过 3 个月,因环境、规格材料、装载方式、装载量等影响温度的因素发生变化,或因设备维修后部分参数发生变更均应再验证,基于风险评估结果来确保再验证的合理性。

五、验证项目

制定验证方案时,根据验证的设施设备和监测系统的具体情况及验证目的,确定相应的验证项目。

> **技能点**
> 验证项目确定

1. 药品储存库房或仓间需验证的内容

验证目的：掌握温度分布情况，明确制冷机组的控制线和报警线，掌握冷库开门时间和断电保温时间，测试冷库报警系统。

验证的内容：

① 温度分布特性的测试与分析，分析超过规定的温度限度的位置或区域，确定适宜药品存放的安全位置及区域；

② 温控设施运行参数及使用状况测试；

③ 温控系统配置的温度监测点参数及安装位置确认；

④ 根据操作实际状况测定开门作业对库房温度分布及变化的影响；

⑤ 断电状况测试实验，确定设备故障或外部供电中断的状况下仓库保温情况及变化趋势分析；

⑥ 每年应当至少做两次本地区极端外部环境的高温和低温条件下，保温效果验证；

⑦ 库房新投入使用前或改造后应当进行空载验证，定期验证时应当做满载测试验证。

2. 冷藏车验证的内容

验证目的：制冷机稳定性及冷藏车的温度控制数值，确认有代表性监控点，提前预冷时间，装卸货开门时间及操作方法，应急预案准备时间，确定车内货物的码放方式。

验证测试的内容：

① 空车验证制冷时间，温度分布均匀性；满车验证载货后温度分布均匀性。根据药品运输的温度和时间要求，对每台冷藏车作温度分布验证，测出车内的温度最高、最低点。分析超过规定的温度限度的位置或区域，确定适宜药品存放的安全位置及区域。

② 温控设施运行参数及使用状况测试。

③ 温控系统配置的温度监测点参数及安装位置确认。

④ 根据操作实际状况测定开门装卸货时间对车厢温度分布及变化的影响。

⑤ 断电或停机状况测试实验，确定设备故障或外部供电中断的状况下车厢保温情况及变化趋势分析。

⑥ 每年应当至少做两次本地区极端外部环境的高温和低温条件下，保温效果验证。

⑦ 车辆新投入使用前或改造后应当进行空载验证，定期验证时应当做满载测试验证。

⑧ 运输路径及运输最长时限验证。

⑨ 冷藏车制冷机组、发动机组运行情况，系统的运行可靠性和相关报警验证等。

验证步骤示例如下：

① 验证负责人确定验证方案、验证时间及操作流程。

② 提前通知运营部协调待验证车辆。

③ 准备各种验证工具。

④ 验证负责人在验证时间根据冷藏车验证流程进行车辆验证。

> **注意**
>
> 监督检查要点：1. 冷库、储运温湿度监测系统及冷藏运输设备运行状况；2. 验证设施设备的完好性、有效性；3. 现场测试温湿度监测和报警系统；4. 访谈设施设备使用人员和验证管理人员、验证实施的技术人员等，了解验证的实施情况。

⑤ 验证过程相关记录、完成车辆验证后及时读取、保存数据。
⑥ 完成验证报告、标识验证标记。

3. 被动制冷系统验证（冷藏/保温箱验证）的内容

被动制冷系统是指用预先冷冻的冰盒或冰袋制冷，加保温绝缘包装实现低温条件（见图6-2）。被动制冷系统验证应考虑运输路径、沿途气候条件、运输方式和运输时间等因素。

 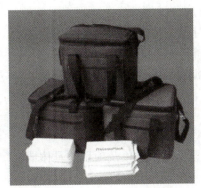

图6-2　温度控制包装

验证的内容：
① 包装系统的模拟环境验证和实际运输路径验证；
② 不同密度保温箱保温性能验证（见图6-3和图6-4）；
③ 温度实时监测设备（温度记录仪）放置位置确认；
④ 蓄冷剂配置使用的条件测试，蓄冷剂放置方式不能直接接触药品，尤其是 -20℃的深冰；
⑤ 根据操作实际状况测定开箱作业对箱体温度分布及变化的影响；

保温箱内温度记录仪放置方式示例

 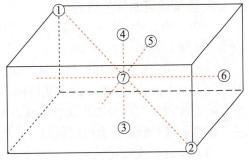

图6-3　不同密度保温箱
①~④表示不同密度保温箱

图6-4　箱内温度监测点布置示意图
①~⑦表示测温点

⑥ 抗压、抗摔、抗碰撞测试；
⑦ 实际存在的极端外部环境的高温和低温条件下的保温效果验证。

验证步骤示例如下。
① 确定包装材料与包装方式。
② 制定质量验收标准，规定冰袋、泡沫箱、纸箱具体形式。
③ 制定标准操作规程（SOP），规定冰袋预冷环境温度和预冷时间，冰袋使用前释冷环境温度和释冷时间。

④ 操作记录：详细记录所有操作关键环节，如冰袋温度、数量等。
⑤ 线路验证：选择极端温度或运输最差条件进行。

4. 冰箱、冷柜的验证

① 根据药品储存的温度要求作温度分布验证，测出温度最高点和最低点。
② 正常运行状态下连续 24 小时的温（湿）度自动记录数据（记录时间间隔不超过 10 分钟）。
③ 应急计划（如断电保温时间等）的验证等。

以上验证在冬夏极端条件下应各做一次。

5. 温湿度监测系统的验证

温湿度监测系统的验证应根据 GSP 及其有关附录规定进行。

六、验证要求

1. 验证测点的布局

根据验证的对象及项目的具体情况，合理布局验证测点。

（1）在验证对象内一次性同步布点，确保测点数据的同步、有效；
（2）在各类设备中应当进行均匀性布点和特殊项目及特殊位置专门布点；
（3）每个库房中均匀性布点数量不得少于 9 个，仓间各角及中心位置均应当布置测点，每两个测点的水平面间距不得大于 5 米，垂直间距不得超过 2 米；
（4）库房每个作业出入口及风机出风口至少布置 5 个测点，库房中每组货架或建筑死角（包括房柱）的风向死角位置至少应当布置 3 个测点；
（5）每个冷藏车厢体内均匀性布点数量不得少于 9 个，每增加 20 立方米增加 9 个测点，不足 20 立方米的按 20 立方米计算；
（6）每个冷藏箱或保温箱的测点数量不得少于 5 个。

2. 连续验证时间的确定

企业应当在验证标准中确定适宜的连续验证时间，以保证验证数据的充分、有效、连续。

（1）库房温度分布均衡性验证，在库房各项参数及使用条件符合规定的要求并达到运行平衡后，数据连续采集时间不得少于 48 小时；
（2）冷藏车温度分布均衡性实验，应当在冷藏车达到规定的温度并运行稳定后，根据最远的配送距离所需要的有效时间连续采集数据；
（3）冷藏箱或保温箱在经过预冷并满载装箱完毕后，按照最远的配送时间连续采集数据。

3. 其他要求

（1）验证使用的温湿度传感器应当经过校准或检定，校准或检定报告书复印件应当作为验证报告的必要附件。验证使用的系统温湿度测量设备的最大允许误差应当符合以下要求：①测量范围在 0～40℃之间，温度的最大允许误差为 ±0.1℃；②测量范围在 −25～0℃之间，温度的最大允许误差为 ±0.5℃；③相对湿度的最大允许误差为 ±1%RH。

（2）所有验证数据应连续、真实、完整、有效，无篡改，可追溯，并按规定保存。

> **注意**
> 不能抄袭其他企业的验证文件、假验证或做假记录。

（3）验证应有结论，验证数据应科学可靠。验证与实际操作相结合，验证周期应当至少做两次验证（极端外部环境的高温和低温条件下），每次验证应做 3 次连续测试，如不能获得稳定连续的合格数据，应重新调整验证方案，进行再验证。对验证偏差数据应进行分析和评估。所有偏差必须得到有效处理，出现偏差时（与可接受标准不符），必须找出偏差产生的原因并及时解决。

单元二 验证实施

验证流程如图 6-5 所示。

> **重点与难点**
> 验证流程

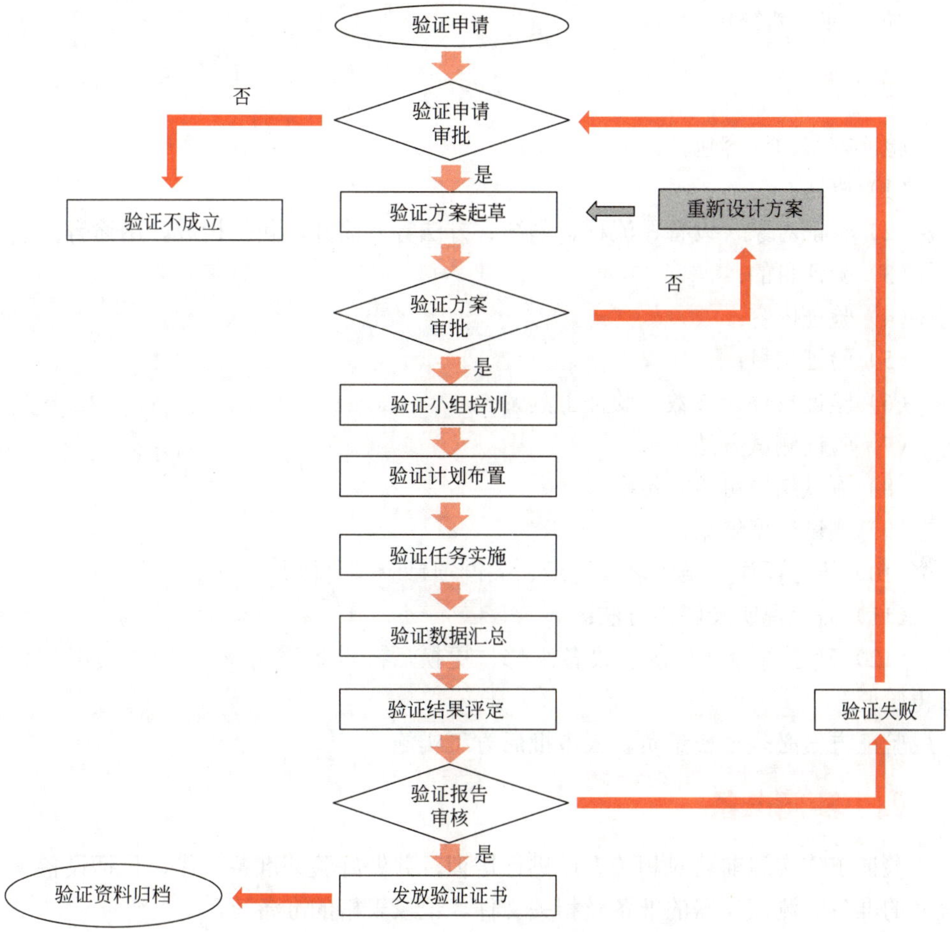

图 6-5 验证流程图

一、计划

验证是一个细致而又繁杂的工作，验证实施前要明确冷链设备验证时间、验证对象、验证执行人，界定验证标准和程度，执行部门和质量部门负责人复核、评价，质量部负责人审批。

二、组织和人员

完整健全的验证组织有两种形式：一种是常设机构，一种是兼职机构。也可根据不同验证对象，分别建立由各有关部门组成的验证小组。常设机构由质量管理负责人和各部门负责人联合组成。涉及哪个项目验证，就要组成由项目负责人负责的项目验证部。项目验证部是一个临时机构，可以随着项目验证的结束而解散。验证组织机构的主要职责有：

① 负责验证管理的日常工作；
② 制定及修订验证操作规程；
③ 年度验证计划的制订及监督；
④ 验证方案的起草或协调；
⑤ 验证文档管理。

三、方案

> **技能点**
> 验证方案制定

验证方案的内容包括：
（1）概述；
（2）验证对象（设备、流程、系统、方法等）简介，包括构成、用途等；
（3）验证目的；
（4）验证内容；
（5）验证项目；
（6）验证条件、参数（验证工具）；
（7）验证测试方法；
（8）测试结果可接收标准；
（9）测试数据结果；
（10）执行操作人员签名（记录、关键项目应有复核）；
（11）偏差说明及解决方法；
（12）确定再验证情况（设备维修、更换后；设备停用 × 月后再使用；× 年后再验证）。

验证方案必须经质量负责人审批后方可实施。

四、实施准备

验证工作实施前要对相关人员进行培训，并做好验证准备工作，包括设备（系统）的准备、测试仪器的准备及相关文件、记录表格的准备等。

> **注意**
> 验证后确认的冷藏包装方法和现场的冷藏包装示意图、工作人员实际的冷藏包装操作应一致。

五、验证记录及报告

验证记录应客观、准确，应有执行者签名、日期，关键项目应有复核。

验证报告的内容包括：验证过程描述、验证时间、对象等，是否按验证方案执行，有无变更，验证分析，验证原始数据，验证数据统计与分析，偏差分析与解决方法，验证结论。将验证结果与可接受标准进行比较、分析，最后得出该系统（方法）是否满足预先所设定的标准，是否有效、可行的结论。

六、验证结果应用

验证要有相关设施设备的验证档案。验证结束后，根据验证结果（验证确定的参数及条件）开展以下工作：

（1）设定监控条件，制定冷链操作规程；

（2）根据冷库和冷藏车内温度分布状况参数，确定药品摆放位置，使药品在储存、运输过程中得到按法定温度条件保证；

（3）指导日常温度监控位置设置，确保设施、设备在经验证合格的条件下发挥效能；

（4）对出现的严重温度偏差，分析查找原因，采取纠正与预防措施，确保药品质量安全；

（5）设计相关设施设备的使用记录，内容应与验证确定的参数及条件保持一致。

> 点滴
> 千淘万漉虽辛苦
> 吹尽黄沙始到金

企业根据验证确定的参数及条件，正确、合理地使用相关设施设备，未经验证的设施、设备及系统等不能用于药品冷藏、冷冻储运管理。验证的结果应用于质量管理体系文件相关内容的制定及修订。企业委托储存、运输冷藏或冷冻药品的，应当按照 GSP 的有关规定对受托方进行质量体系审计，索取承运单位的运输资质文件、运输设施设备和监测系统证明及验证文件、承运人资质证明、运输过程温度控制及监测等相关资料。对受托方冷藏、冷冻相关设施设备、系统不符合要求的以及未经过验证的，不得委托储存及运输。企业可委托具备相应能力的第三方机构实施验证工作，但验证过程应当符合 GSP 及其附录要求。

▶ **范例 6-1** 某医药公司冷库温湿度及调控系统验证方案

冷库温湿度及调控系统验证方案

1. 概述

本公司是小型药品批发经营企业，根据《药品经营质量管理规范》及其附录的规定，对药品储存的冷库的温湿度进行严格的控制，必须对冷库运行进行验证确认。

本方案将实施验证的冷库是按照 GSP 要求设计制造和安装的，已经实际使用五年，该冷库占地面积 ××m^2，为整体组装结构，墙体是中间充填隔热树脂的彩钢板，冷库温度 2～10℃，相对湿度 35%～75%，容积 20m^3。

2. 目的

建立冷库验证方案，证明 24 小时内冷库内的温度和湿度达到规定要求，保证安全、有效地正常使用，确保冷藏、冷冻药品在储存过程中的药品质量。

2.1 检查资料和文件是否符合 GSP 管理要求。

2.2 检查并确认冷库设计参数是否符合设计要求。

2.3 检查并确认冷库安装是否符合设计要求。

2.4 检查并确认冷库运行是否符合设计要求。

2.5 检查并确认温度和相对湿度是否符合 GSP 冷藏药品要求。

3. 依据

3.1 现行版《药品经营质量管理规范》及其附录。

3.2 公司《验证管理制度》及《验证标准操作规程》。

4. 适用范围：适用于冷库温湿度调控系统验证。

5. 职责

5.1 验证小组成员：按照 GSP 规程及公司验证管理制度的相关要求，保障验证工作的顺利实施。

5.2 质管部：负责验证工作的组织与实施。
5.3 仓储部、综合部：配合质管部实施验证工作。
5.4 质量负责人：负责验证工作的监督、指导、协调与审批。

6. 验证小组

6.1 验证小组成员

姓名	所在部门	职务	验证小组内分工
	质管部	经理	验证小组组长
	仓储部	经理	验证小组副组长
	综合办	主任	验证文件管理
	质管部	养护员	验证实施
	质管部	质管员	验证复核
	仓储部	保管员	配合验证实施

6.2 验证小组职责

6.2.1 负责验证方案的起草、审核与报批。
6.2.2 负责按批准的验证方案组织、协调各项验证工作，并组织实施验证工作。
6.2.3 负责验证数据的收集、整理、汇总，并对各项验证结果进行分析与评价。
6.2.4 负责组织、协调完成各项因验证而出现的变更工作。
6.2.5 负责验证报告的起草、审核与报批。

6.3 验证日期进度：　　年　月　日至　　年　月　日

日期	验证项目	目的	验证人员	核对人员
	预确认	确认冷库符合设计要求	验证小组	
	安装确认	确认冷库设备安装正常	验证小组	
	运行确认	确认冷库设备运行正常	验证小组	
	性能确认	确认冷库符合规定要求	验证小组	
	验证总结会议	对验证工作进行总结	验证小组	
	验证数据整理	编制审核验证报告	验证小组组长	
	验证证书批准	确认验证效果	质量负责人	
	验证资料归档	验证资料保存	质管部	

7. 验证内容

7.1 预确认：冷库已经正常运行使用了 5 年以上，属于再确认范畴，但由于前版 GSP 未要求对冷库进行验证，该冷库此前未进行过规范的预确认，故本次验证对预确认进行补充。

7.1.1 本次确认仅对冷库的技术指标及其设计要求进行汇总登记。

冷库的容积	××m³
温湿度指标	
设备材质	中间具隔热树脂的彩钢板，无粉尘，对储存药品质量无影响
控制系统	温度自动控制、检测、记录、温湿度超标自动报警
振动与噪声	符合有关规定

技能点
验证记录填制

7.1.2 供应商登记

供应商名称	通信地址	联系电话

7.2 安装确认：证实冷库规格符合要求，技术资料齐全，并确认安装条件（或场所）及整个安装过程符合设计规范要求（已运行了 5 年以上，因前版 GSP 未要求对冷库进行验证，故重新进行安装确认）。

验证实施

7.2.1 安装确认所需文件资料

调用核对原来建立的冷库档案，整理使用手册等技术资料，完善资料，归档保存。

序号	资料名称	页数	份数	存放部门	检查结论
1	设备说明书			质管部	
2	产品合格证			质管部	
3	设备图纸			质管部	
4	开箱验收记录			质管部	
检查人：		年　月　日至　　年　月　日			
复核人：		年　月　日至　　年　月　日			
评定结果：					
评定人 / 日期：					

7.2.2 冷库安装条件确认

冷库主要包括四周墙板、外机、内机及风扇、温控器。应检查的项目包括以下内容。

7.2.2.1 冷库安装情况

冷库外观检查表

序号	检查项目	合格要求	实测情况	检查结论
1	四周墙板身	完好		
2	油漆	无脱落		
3	控制面板	表面完好		
4	配套管线	连接符合要求		
5	风扇	完好		
检查人：		年　月　日至　　年　月　日		
复核人：		年　月　日至　　年　月　日		
评定结果：				
评定人 / 日期：				

7.2.2.2 冷库环境情况

冷库安装环境检查表

检查项目	检查标准	确认结果
楼地面、墙壁	应整洁、干净	
设备、设施表面	应整洁、干净	
温湿度	温度≤20℃；湿度 35%～75%	
检查人：	年　月　日至　　年　月　日	
复核人：	年　月　日至　　年　月　日	
确认结果：		
确认人 / 日期：		

7.2.2.3 电气部分

冷库电器部分检查情况表

序号	检查项目	合格要求	实测情况	检查结论
1	电源	电源 220V、50Hz，绝缘电阻 >1MΩ		
2	温控器	自动控制、灵敏		
3	接地装置	应有接地线路		
4	总功率	8.5kW		
检查人：			年 月 日至 年 月 日	
复核人：			年 月 日至 年 月 日	

评定结果：
评定人/日期：

7.2.2.4 温湿度自动记录

自动记录仪安装位置检查情况表

检查项目	检查标准	确认结果
温湿度传感器	离地 1.5m	
温度控制器	完好	
检查人：	年 月 日至 年 月 日	
复核人：	年 月 日至 年 月 日	

确认结果：
确认人/日期：

7.2.3 重新拟定操作规程

根据冷库的预确认和安装确认，重新拟定设备的标准操作程序。

7.3 运行确认

运行确认是在标准操作程序（草案）指导下的一项重要工作，其目的是以验证冷库各部分及整体在控制运行中各项技术指标的可靠性。

7.3.1 运行确认的必备条件

7.3.1.1 系统条件：冷库安装完好，能开机运行。

7.3.1.2 文件要求：已制定冷库标准操作程序等。

验证用相关文件确认表

序号	文件名称	文件编号	起草人	审核人	批准人	执行日期
1	冷库操作规程					
2	验证管理制度					
3	验证标准操作规程					
检查人：		年 月 日至 年 月 日				
复核人：		年 月 日至 年 月 日				

确认结果：
确认人/日期：

7.3.1.3 仪表校验：用于校验库房的温湿度检测仪需经过法定部门的校验，并具有合格证书。

仪器仪表校验记录

仪器仪表名称	型号	生产厂家	数量	检验证书号	有效期至

检查人：　　　　　　　　　　年　月　日至　　年　月　日

复核人：　　　　　　　　　　年　月　日至　　年　月　日

确认结果：

确认人／日期：

7.3.1.4 人员培训：参加验证人员应经过验证专项培训。

参加验证人员培训确认表

序号	文件名称	文件编号	培训日期
1	验证标准操作规程		
2	冷库操作规程		
3	药品入库储存操作规程		
4	药品在库养护操作规程		
5	药品出库复核操作规程		
6	阴凉、冷藏条件储存药品管理制度		

检查人：　　　　　　　　　　年　月　日至　　年　月　日

复核人：　　　　　　　　　　年　月　日至　　年　月　日

确认结果：

确认人／日期：

7.3.2 检查确认以下整机各项功能运行、控制的稳定性和可靠性。

冷库制冷系统操作控制系统功能检查记录表

序号	检查项目	合格要求	实测情况	检查结论
1	电源	符合要求安全可靠		
2	开关	控制功能方便可靠		
3	控制面板	传感灵敏度		
4	开关自动运行	应正常		
5	风机运行情况	平稳、无异常噪声		
6	温度显示控制装置	温度显示、控制温度在设定范围		

检查人：　　　　　　　　　　年　月　日至　　年　月　日

复核人：　　　　　　　　　　年　月　日至　　年　月　日

评定结果：

评定人／日期：

7.4 性能确认

冷库安装确认与运行确认完成后,确认设备运转正常后,应对冷库的整体性能进行确认,其目的是实验并证明冷库对药品储存的适用性和稳定性。

7.4.1 库内温湿度分布实验

检查并确认冷库在预定的条件下,运行时冷库内的温度、湿度的均匀性是否符合药品储存的要求。

> **技能点**
> 冷库验证测点布置

7.4.1.1 测点布置与测试频次:将 9 支留点温度、湿度计按下图放在冷库内,启动冷库,进行运行,从第一次到达设定最低温度时开始第一次测试,第一次到达最高点时进行第二次测试,每 12 小时左右测定记录 1 次,连续测试 4 次共 48 小时,并与冷库温湿度指示器显示值比对,以确认库内温湿度的重现性。

测试点分布如下图所示

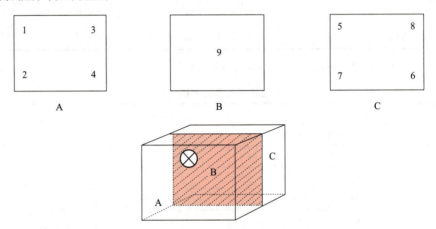

说明:A 为靠近冷库风机一侧的截面,距离冷库墙板 100cm,测点 1、2、3、4 距离最近墙板 15cm;C 为远离冷库风机一侧的截面,距离冷库墙板 15cm,测点 5、6、7、8 距离最近墙板 15cm;B 为 A 面与 C 面的中间截面,第 9 测试点为该面中间点。

7.4.1.2 冷库运行参数测试

冷库运行参数测试记录表

测点	运行最低温度		运行最高温度		冷库温湿度指示器显示值		检查结论
	实测温度 /℃	实测湿度 /%	实测温度 /℃	实测湿度 /%	显示温度 /℃	显示湿度 /%	
1-1							
2-1							
3-1							
4-1							
5-1							
6-1							
7-1							
8-1							
9-1							
1-2							
2-2							
3-2							

续表

测点	运行最低温度		运行最高温度		冷库温湿度指示器显示值		检查结论
	实测温度 /℃	实测湿度 /%	实测温度 /℃	实测湿度 /%	显示温度 /℃	显示湿度 /%	
4-2							
5-2							
6-2							
7-2							
8-2							
9-2							
1-3							
2-3							
3-3							
4-3							
5-3							
6-3							
7-3							
8-3							
9-3							
1-4							
2-4							
3-4							
4-4							
5-4							
6-4							
7-4							
8-4							
9-4							
检查人：			年　月　日至		年　月　日		
复核人：			年　月　日至		年　月　日		

评定结果：
评定人 / 日期：

7.4.2 性能确认总结。

8. 偏差及偏差处理记录

偏差描述	填写人 / 日期：	复核人 / 日期：
偏差原因分析	填写人 / 日期：	复核人 / 日期：
偏差处理	填写人 / 日期：	复核人 / 日期：
处理结果	填写人 / 日期：	复核人 / 日期：

9. 再验证周期

9.1 在一般正常使用情况下，每年再验证一次。

9.2 冷库任何重大变更，需要专项验证，以证明各种重大变更不会对现有使用效果产生影响。

9.3 冷库移动安装地点或位置是进行使用前验证。

9.4 重要配套设备变更或进行重大维修项目进行专项验证。

9.5 设备性能参数应用超出本验证范围重新验证。

10. 验证结果评定及结论

验证小组根据本验证情况作出相应结果评定。

10.1 质管部经理负责收集各项验证、试验结果记录，起草标准操作程序，报质量负责人审批。

10.2 质量负责人对验证结果进行综合评审，做出验证结论，发放验证证书，确认设备验证周期。对验证结果的评审应包括：

10.2.1 验证试验是否有遗漏；

10.2.2 验证实施过程中对验证方案有无修改，修改原因、依据以及是否经过批准；

10.2.3 验证记录是否完整；

10.2.4 验证试验结果是否符合标准要求，偏差及对偏差的说明是否合理，是否需要进一步补充试验。

×××有限公司验证小组

> 点滴
> 今日复今日
> 今日何其少
> 今日又不为
> 此事何其了

一、单项选择

1. 药品经营企业需要检定的计量器具不包括（　　）。
   A. 温湿度计　　B. 台秤　　C. 天平　　D. 量筒

2. 验证工作实施前要做的工作不包括（　　）。
   A. 对相关人员进行培训　　B. 设备（系统）及测试仪器的准备
   C. 总经理审批　　D. 相关文件、记录表格的准备

3. 关于验证记录说法不正确的是（　　）。
   A. 记录应及时、客观、准确　　B. 记录应有执行者签名、日期
   C. 关键项目应有复核人签名　　D. 记录可以用铅笔填写

4. 经过验证的设施设备，其标准操作规程制定的依据是（　　）。
   A. 根据验证方案制定　　B. 根据验证结果制定
   C. 根据设备使用说明书制定　　D. 根据使用说明书及操作者经验制定

5. 定期验证每年至少（　　）。
   A. 一次　　B. 二次　　C. 三次　　D. 根据企业实际情况确定

6. 负责验证工作的监督、指导、协调与审批的是（　　）。
   A. 企业质量负责人　　B. 质量管理部　　C. 信息部　　D. 储运部

7. 负责验证工作的组织与实施的是（　　）。
   A. 储运部　　B. 质量管理部　　C. 信息部　　D. 采购部

8. 验证计划的制订应该（　　）。

A. 企业根据业务经营模式和规模，以及使用的相关设施设备和系统的具体情况随时制订

B. 按季度制订　　C. 按月份制订　　D. 按年度制订

二、多项选择

1. 温湿度监测设备主要用于监测下列哪些环境的温湿度。（　　）

A. 库房　　B. 储存场所　　C. 运输设备　　D. 办公室　　E. 员工宿舍

2. 验证方案应包括的内容有（　　）。

A. 验证对象　　B. 验证目的　　C. 验证内容

D. 验证测试方法　　E. 测试结果可接收标准

3. 验证组织机构的主要职责包括（　　）。

A. 负责验证管理的日常工作　　B. 验证操作规程的制定及修订

C. 年度计划的制订及监督　　D. 验证方案的起草或协调

E. 验证文档管理

4. 使用前验证包括（　　）。

A. 设计确认　　B. 同步确认　　C. 安装确认　　D. 运行确认　　E. 性能确认

5. 根据验证结果可以开展的工作包括（　　）。

A. 设定监控条件，制定冷链操作规程

B. 根据冷库和冷藏车内温度分布状况参数，确定药品摆放位置

C. 指导日常温度监控位置设置

D. 对出现的严重温度偏差，分析查找原因，采取纠正与预防措施

E. 设计相关设施设备的使用记录

6. 验证报告的内容包括（　　）。

A. 验证过程描述、验证时间、对象　　B. 是否按验证方案执行，有无变更

C. 验证原始数据、验证数据统计与分析　　D. 偏差分析与解决方法

E. 验证结论

7. 冷链验证包括（　　）。

A. 冷库验证　　B. 冷藏车验证　　C. 冷藏箱验证

D. 运输路线验证　　E. 温湿度自动监测设备验证

8. 根据相关设施设备或系统的使用状况，企业一般可以进行的验证包括（　　）。

A. 使用前验证　　B. 专项验证　　C. 定期验证

D. 回顾性验证　　E. 停用时间超过规定时限的验证

三、简答题

1. 验证组织包括哪些形式，如何建立？

2. 简述冷藏车验证的内容。

学以致用

参观药品批发企业或零售连锁企业库房，起草一份冷库温湿度及调控系统验证计划。

温故知新6

学习评价

职业核心能力与道德素质测评表

（在□中打√，A 良好，B 一般，C 较差）

职业核心能力与道德素质	评估标准	评价结果
自我学习	1. 有学习计划 2. 会管理时间 3. 关注相关课程知识的关联 4. 有适合自己的学习方式和方法	□A　□B　□C □A　□B　□C □A　□B　□C □A　□B　□C
信息处理	1. 有多种获取信息的途径和方法 2. 会进行信息的梳理、筛选、分析 3. 能使用多媒体手段展示信息	□A　□B　□C □A　□B　□C □A　□B　□C
与人交流	1. 会选择交流的时机、方式 2. 能把握交流的主题 3. 能准确理解对方的意思，会表达自己的观点	□A　□B　□C □A　□B　□C □A　□B　□C
与人合作	1. 善于寻找和把握合作的契机 2. 明白各自在合作中的作用和优势 3. 会换位思考，能接受不同的意见和观点 4. 能控制自己的情绪	□A　□B　□C □A　□B　□C □A　□B　□C □A　□B　□C
解决问题	1. 能纵观全局，抓住问题的关键 2. 能做出解决问题的方案，并组织实施 3. 分析问题解决的效果，及时改进不足之处	□A　□B　□C □A　□B　□C □A　□B　□C
革新创新	1. 关注新技术、新方法以及课程领域内的问题 2. 能提出创新的想法和见解 3. 改进方案实施效果好	□A　□B　□C □A　□B　□C □A　□B　□C
职业道德素质	1. 熟悉药事法规、行业职业道德标准等 2. 务实严谨，有较强工作执行力 3. 坚持原则，自我控制能力强	□A　□B　□C □A　□B　□C □A　□B　□C

专业能力测评表

（在□中打√，A 具备，B 基本具备，C 未具备）

专业能力	评价标准	评价结果
冷库验证	1. 熟悉冷库验证项目 2. 进行冷库验证测点布置 3. 起草冷库验证方案	□A　□B　□C □A　□B　□C □A　□B　□C
冷藏车验证	1. 熟悉冷藏车验证项目 2. 进行冷藏车验证测点布置 3. 起草冷藏车验证方案	□A　□B　□C □A　□B　□C □A　□B　□C
保温箱验证	1. 熟悉保温箱验证项目 2. 进行保温箱验证测点布置 3. 起草保温箱验证方案	□A　□B　□C □A　□B　□C □A　□B　□C
验证报告起草	1. 熟悉验证过程 2. 进行验证分析 3. 对验证结果进行评价	□A　□B　□C □A　□B　□C □A　□B　□C

项目七
储存与养护

知识点

药品堆垛距离　色标规定　分类储存要求　保管员职责　养护员职责
养护内容　库存药品质量检查方法　质量问题处理程序　温湿度调控措施
中药养护方法

技能点

色标应用　药品堆垛　分类储存　库存药品质量检查　效期识别
重点养护品种确定　温湿度调控　中药养护　档案填制　记录填制

职业能力目标

专业能力：药品储存　药品养护　药品效期管理
养护中质量问题处理

职业核心能力：自我学习　信息处理　与人交流　与人合作
解决问题　革新创新

思政育人目标

1. 培养严谨、规范的行为习惯，提升工作效能。
2. 树立生命至上理念，培养职业的认同感、荣誉感和责任感。
3. 做好特殊管理药品的储存，培养法律意识，弘扬法治精神，做合格的药学工作者。

知识导图

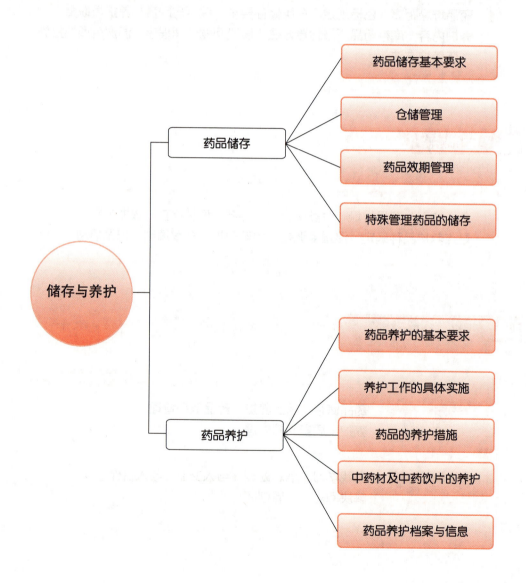

> 某日，S省L市药品监督管理部门发布的《行政处罚信息公开表》显示，辖区某医药科技有限公司某分公司违反《药品经营质量管理规范》经营药品，被责令停业整顿，并处2万元罚款。该公司主要违法事实：将需冷藏保存的药品注射用头孢硫脒储存于阴凉库中，现场库区温度19.5℃、相对湿度53.7%；将含特殊药品复方制剂氨酚曲马多片销售给《药品经营许可证》过期的药品零售企业。

引例

药品在经过验收和入库等环节之后，一般情况下，就进入了药品的储存、养护或陈列阶段。从停留时间这个角度来说，这是药品在经营企业内部所经历的最长的一个环节或阶段；从药品质量得到评价后而继续在有效期内保持稳定的角度来说，这又是一个最重要的环节或阶段。同时，储存与养护（陈列）的设施与设备也是药品经营企业硬件的重要组成部分，对于药品经营企业来说，这是保证药品质量的重要环节。

开宗明义 7

单元一　药品储存

药品经营企业仓储药品品种繁多、批量不一、性能各异，在仓储作业过程中，还有着不同的活动规律，保管人员只有对药品进行合理储存，才能保证药品质量，同时为药品养护的开展打好基础。

重点与难点
色标、分类储存、效期药品管理

一、药品储存基本要求

1. 色标管理

为了有效控制药品储存质量，应对药品按其质量状态分区管理，为杜绝库存药品的存放差错，必须对在库药品实行色标管理。

（1）药品质量状态的色标区分标准　合格药品——绿色；不合格药品——红色；质量状态不明确药品——黄色。

（2）人工作业的药品库房色标标示

① 待验药品库（或区）、退货药品库（或区）、质量有疑问的药品库（或区）为黄色；

技能点
色标应用

② 合格药品库（或区）、中药材和中药饮片零货称取库（或区）、待发药品库（或区）为绿色；

③ 不合格药品库（或区）为红色。

三色标牌以底色为准，文字可以白色或黑色表示，以防止发生混乱。

（3）机械化作业的药品库房　在计算机系统中严格执行各种质量状态药品的操作流程及权限，防止发生混乱。

2. 药品堆垛储存管理

（1）药品堆垛距离　为保证仓储和养护工作有效开展，防止库内设施对药品质量产生影响，减小各种使药品受损或质量变化的风险，实行堆垛间距管理。

技能点
药品堆垛

药品垛堆的距离要求如下。

地距：药品与地面的间距不小于10厘米，药品须用托盘及货架进行离地存放，便于通风，避免受潮及虫害。

固定设施距：药品与墙、屋顶（房梁）、温度调控设备及管道等设施的间距不小于30厘米，便于仓库温湿度均匀及货垛的安全。

垛间距：货垛与货垛之间的距离不小于5厘米。便于通风、检查药品质量、分批管理和监控。

（2）药品堆垛要求　严格遵守药品外包装图式标志的要求，规范操作。怕压药品应控制堆放高度，防止造成包装箱挤压变形。药品应按品种、规格、批号相对集中堆放，并分开堆码，不同品种或同品种不同批号药品不得混垛。

① 安全　堆垛时，要保证人身、药品和设备三方面的安全。根据包装的坚固程度和形状，以及药品性质的要求、仓库设备等条件进行操作，要轻拿轻放，防止药品及包装受损，做到标志不倒置；要留足"六距"，保持"三条线"，即上下垂直，左右、前后成线，使货垛稳固、整齐、美观。要严禁超重，保证库房建筑安全。

② 方便　堆垛要保持药品进出库和检查盘点等作业方便。要保持走道、支道畅通，不能有阻塞现象。垛位编号要利于及时找到货物。要垛垛分清、垛垛成活，使每垛药品有利于出库，有利于盘点、养护等作业。

③ 节约　药品堆垛，必须在安全的前提下，尽量做到"三个用足"，即面积用足、高度用足、荷重定额用足，充分发挥仓库使用效能，尽量节约仓容量。

3. 货架储存管理

（1）货架储存要求

① 货架应背靠背地成双行排列，并与主通道垂直，单行货架可以靠防火墙放置，同时还要考虑药品的发放情况，如周转快的药品架应放在发运区附近，周转慢的放在库内较远处。

② 货架标志应放在各行货架面向通道的两端，标明各行货架编号及存放物资的种类。

③ 货架内物品应按货位编号的位置存放，并留一定数量的空位，以便在储存新品种时使用。

④ 架存药品的数量取决于药品的品种、规格尺寸以及发放的要求，零散药品的识别标志都应放在货架格的开口处，以便识别。

（2）货架布置方式　货架布置的方式常见的有横列式、纵列式、纵横式（混合式）和倾斜式等（见图7-1）。

① 横列式布局　货架或货垛的长边与主作业通道垂直，有利于货物的取存、检查和机械化作业，还有利于通风和采光。缺点是占用面积多。

② 纵列式布局　货垛或货架的长边与主作业通道平行。优点是可根据库存物品在库时间的不同和进出频繁程度安排货位：在库时间短、进出频繁的物品放置在主通道两侧；反之则放置在里侧。缺点是存取货物不方便，通风采光不利。

③ 纵横式（混合式）布局　在同一保管场所内，横列式布局和纵列式布局兼而有之，可以综合利用两种布局的优点。

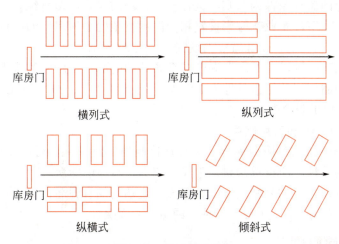

图 7-1 货架布置方式

④ 倾斜式布局　货垛或货架与仓库侧墙或主通道成 60 度、45 度或 30 度夹角。此种布局是横列式布局的变形，便于叉车作业、缩小叉车的回转角度、提高作业效率。

(3) 货位编号　通常采用"四号定位"法。

① 将仓库号、区号、层次号、货位号四者统一编号，编号的文字代号用英文、罗马及阿拉伯数字表示。如 7-5-3-2 表示 7 号仓库 5 区 3 层 2 号货位。

② 将仓库号、货架号、层次号、货位号四者统一编号，如 8-7-3-12 表示 8 号仓库 7 号货架 3 层 12 号货位。

4. 分类储存管理

分类储存

药品主要采用"分区分类、货位编号"保管的方法。按照剂型采取同类集中存放，按照各个剂型的特殊性质划分为若干货区，每区又划分为若干货位，并按顺序编号。

(1) 分区　按药品类别、储存数量，将储存场所划分为若干货区，并规定某一货区存放某些药品。每一种药品都有固定的仓位，统一编号。通常以库房为单位，即以每一座独立的仓库建筑为一个货区。在多层建筑中也可按楼层划分货区，自动化高层立体仓库在电脑中进行分区。仓库要留出机动货区。仓库分区要符合"三个一致"原则，即药品性能一致、药品养护措施一致、消防方法一致。

(2) 分类

① 按药品剂型分类储存　可将不同剂型的药品如片剂、胶囊剂、针剂、糖浆剂、软膏剂、酊剂等分库或分区储存。

② 按药品性质分类储存　按 GSP 要求，药品与非药品、外用药与其他药品分开存放，中药材和中药饮片分库存放，拆除外包装的零货药品集中存放。

5. 温湿度条件

保管员应按药品包装标示的温度要求储存药品，包装上没有标示具体温度的，按照《中华人民共和国药典》规定的贮藏要求进行储存。药品经营企业各类药品储存库均应保持恒温，各库房的相对湿度均应保持在 35%～75%。

企业所设的冷库、阴凉库及常温库所要求的温度范围，应以保证药品质量、

药典贮藏项下规定

符合药品规定的储存条件为原则,进行科学合理的设定,即所经营药品标明应存放于何种温湿度下,企业就应当设置相应温湿度范围的库房。如经营标识储存条件为 15～25℃的药品,企业就应当设置 15～25℃恒温库。

对于标识有两种以上不同温湿度储存条件的药品,一般应存放于相对低温的库中,如某药品标识的储存条件为 20℃以下有效期 3 年、20～30℃有效期 1 年,应将该药品存放于阴凉库中。

6. 中药材、中药饮片储存

> **议一议**
> 影响药品储存质量的因素有哪些?

中药材和中药饮片应分库存放,合理控制温湿度条件。对于易虫蛀、霉变、泛油、变色的品种,应设置密封、干燥、凉爽、洁净的库房;对于经营量较小且易变色、挥发及融化的品种,应配备避光、避热的储存设备,如冰箱、冷柜;对于毒麻中药应做到专人、专账、专库(或柜)双锁保管。

二、仓储管理

药品仓储管理的任务是安全储存,降低损耗,保证质量和避免事故。

1. 入库管理

对验收合格的药品,验收员与保管员办理交接手续,保管员根据验收结论将药品放置于相应的库区,并建立记录。验收合格的药品应当及时入库登记;验收不合格的药品,不得入库,应由质量管理部门协调处理。

2. 在库管理

常见剂型贮藏要求

(1)药品存放 按照药品分类储存管理要求,根据药品的外形、包装及操作要求,结合保管场地的地形,规划各货位的分布或货架的位置。规划货位的原则:布置紧凑,仓容利用率高;方便收货、发货、检查、包装机装卸车;堆垛稳固,操作安全;通道流畅,行走便利。

(2)定期检查库内储存条件 建立温湿度管理制度,按时观测和记录。根据季节和区域不同,控制方法要有重点,如南方多雨潮湿季节要注意库内湿度;炎热季节要注意库内温度,特别是冷库的温度。北方冬季寒冷,要注意针剂、生物制品等怕冻药品的仓库温度,防止冻坏药品。

(3)定期检查药品质量 一般药品一个季度循环检查一次,易变质药品要缩短检查周期。循环检查要按品种进行记录,记录内容包括药品名称、规格、生产厂家、检查项目、检查结果、检查人等,通过记录可以进行质量动态分析。

(4)人员管理 建立管理制度,对进入储存作业区人员的资质、进入流程等进行规定,采用门禁卡等有效的设施及措施以防止无关人员进入。对仓储作业区工作人员的行为进行约束,不得有吸烟、饮酒、就餐、洗漱、嬉戏、打闹以及碰撞、踩踏、污染药品等行为。

(5)设施设备管理 保管人员需要定期清洁、检查货架、托盘等,以保证其完好无破损,无灰尘等污染物。仓储作业区不得存放与储存作业无关的物品。设施设备破损废弃更换时应及时移出储存现场,以免误用造成事故。不得存放个人物品,以免对药品造成污染。

3. 出库管理

药品出库必须坚持发货原则并进行复核,详见项目十。

三、药品效期管理

药品在规定的时间内和一定储存条件下能够保持其质量和有效性。但在超出一定时限后,即使在规定的储存条件下,其效价(或含量)也会逐渐下降,甚至增加毒性,以致无法使用。因此,为保证药品质量,保证用药安全,药品必须严格遵守其特定的储存条件,并在规定的期限内使用。药品有效期的管理,是保证用药安全、有效的重要条件,更是降低药品损耗、提升业绩的重要举措。药品有效期系指该药品被批准的使用期限。药品标签中的有效期应当按照年、月、日的顺序标注,年份用四位数字表示,月、日用两位数字表示。具体标注格式为"有效期至××××年××月"或者"有效期至××××年××月××日";也可以用数字和其他符号表示为"有效期至××××.××."或者"有效期至××××/××/××"等。有效期若标注到日,应当为起算日期对应年月日的前一天,若标注到月,应当为起算月份对应年月的前一月。

企业应结合自身的经营规模、经营模式、所经营品种的特性,明确药品近效期的具体时限,在计算机系统中进行设置。大中型批发企业的药品近效期时限一般不少于1年,小型批发企业的药品近效期时限一般不少于6个月。运用计算机系统自动报警功能,每月自动生成"近效期药品催销表",报业务销售部门、质量管理部门及仓储部门,对近效期药品实施重点质量控制并及时催销,以避免药品过期失效。

近效期药品催销表见表7-1。

> **技能点**
>
> 效期识别

> **点滴**
>
> 把每一件简单的事做好,就是不简单,把每一件平凡的事做好就是不平凡。

表 7-1 近效期药品催销表

编号:　　　　　　　　　日期:

序号	商品名称	通用名称	剂型	规格	上市许可持有人	生产企业	批号	数量	进价	金额小计	供货企业	有效期至	货位号	备注

仓库负责人:　　　　　　　　　　　　　　保管员:

小试牛刀

某药品经营企业为加强管理,制定了药品效期管理制度。每季度定期检查和考核制度执行情况,合理控制进存销过程管理。防止药品过期失效,确保药品质量,制定了以下措施:

1. 计划采购,严格验收;
2. 合理储存,近期先销;
3. 细致养护,及时促销;
4. 出库检查,仔细核对。

请你说出应该如何具体实施这些措施呢?

四、特殊管理药品的储存

药品批发企业应对麻醉药品、第一类精神药品、医疗用毒性药品、放射性药品实行专库或专柜存放、双人双锁管理、专账记录,做到账物相符。

> **注意**
> 麻醉药品和第一类精神药品可同库储存。

（1）麻醉药品和第一类精神药品的专用仓库必须位于库区建筑群之内,不靠外墙,仓库采用无窗建筑形式,整体为钢筋混凝土结构,具有抗撞击能力,入口采用钢制保险库门,实行双人双锁管理。库内应安装相应的防火设施,需要安装监控设施和报警装置,报警装置应当与公安机关报警系统联网。

（2）医疗用毒性药品、药品类易制毒化学品设专区。

（3）放射性药品专库存放,采取有效的防辐射措施。加强其包装、标志、储存、监控及废弃物管理。

（4）第二类精神药品宜存放于相对独立的储存区域,且应加强账、货管理。

（5）第二类精神药品、毒性中药品种和罂粟壳不得在柜台陈列。

单元二 药品养护

> **重点与难点**
> 养护措施、养护档案

药品养护即根据药品的储存特性要求,采取科学、合理、经济、有效的手段和方法,通过控制调节药品的储存条件,对储存过程中的药品质量进行定期检查,达到有效防止药品质量变异、确保储存药品质量的目的。

一、药品养护的基本要求

1. 养护工作计划

企业计算机系统依据质量管理基础数据和养护制度,对库存药品定期自动生成养护计划。养护计划在品种上突出主营品种、量大品种、药品监督管理部门近期重点监测的品种和质量易变化的药品;在工作措施上重点抓改进和完善;在工作方法上重点放在如何确保药品质量上。养护计划可以按月（季）安排具体的养护工作内容。

2. 养护工作内容

药品养护工作内容以保证药品储存质量为目标,包括:

① 检查控制在库药品的储存条件;

② 对药品进行定期质量检查;

③ 对发现的问题及时采取有效的处理措施。

3. 养护职责分工

药品养护是一项涉及质量管理、仓储保管、业务经营等方面的综合性工作,各相关岗位必须相互协调与配合,保证药品养护工作的有效开展。

（1）养护人员

① 定期检查在库药品储存条件及库存药品质量;

② 针对药品的储存特性采取科学有效的养护方法;

③ 定期汇总、分析和上报药品养护质量信息;

④ 负责养护仪器设备的管理；
⑤ 负责建立药品养护档案；
⑥ 指导保管人员对药品进行合理储存。

（2）仓储保管员
① 对库存药品进行合理储存；
② 对仓间温湿度等储存条件进行管理；
③ 按月填报（计算机生成）"近效期药品催销表"；
④ 协助养护人员实施药品养护的具体操作。

（3）质量管理人员
① 对药品养护人员进行业务指导；
② 审定药品养护工作计划；
③ 确定重点养护品种；
④ 对药品养护人员上报的质量问题进行分析并确定处理措施；
⑤ 对养护工作的开展情况实施监督考核。

> **注意**
> 养护员可以兼职保管员、收货员、发货员，但一般不兼职出库复核员。

文化与素养

扁鹊论医故事的启示

相传，当年魏文王问名医扁鹊说："你们家兄弟三人，都精于医术，到底哪一位医术最好呢？"扁鹊回答说："长兄最好，中兄次之，我最差。"文王吃惊地问："你的名气最大，为何长兄医术最高呢？"扁鹊惭愧地说："我扁鹊治病，是治病于病情严重之时。一般人都看到我在经脉上穿针管来放血、在皮肤上敷药等治疗，所以以为我的医术高明，名气因此响遍全国。我中兄治病，是治病于病情初起之时。一般人以为他只能治轻微的小病，所以他的名气只及于本乡里。而我长兄治病，是治病于病情发作之前。由于一般人不知道他事先能铲除病因，所以觉得他水平一般，但在医学专家看来他水平最高。"

以上的"病"可以理解为"质量事故"。能将质量事故在"病"情发作之前就进行消除，才是"善之善者也"。预防质量事故，要从"小病"做起，防患于未然。事后控制不如事中控制，事中控制不如事前控制。对于成功处理已发质量事故的人要进行奖励，同时，更要对预防质量事故的人和行为进行奖励。质量管理如同医生看病，治标不能忘固本。提高事前控制和事中控制的执行力，首先公司从上至下应当有很强的全过程质量管理意识。其次，每个环节都制定详细的质量管理标准。再次，用业绩考核改变公司不利局面。最后，客户和员工是最好的质量改善者。

4. 重点养护品种

根据经营药品的品种结构、药品储存条件的要求、自然环境的变化、监督管理的要求，在确保日常养护工作有效开展的基础上，将部分药品确定为重点养护品种，采取有针对性的养护方法。

重点养护品种范围一般包括主营品种、首营品种、质量性状不稳定的品种、

> **技能点**
> 重点养护品种确定

有特殊储存要求的品种、储存时间较长的品种、近期内发生过质量问题的品种及药监部门重点监控的品种。重点养护的具体品种应由养护组按年度制定及调整，报质量管理机构审核后实施。

重点养护品种

二、养护工作的具体实施

1. 药品储存的合理性

药品养护员在日常管理过程中，应对在库药品的分类储存、货垛码放、垛位间距、色标管理等工作内容进行巡查，及时纠正发现的问题，确保药品按规定的要求合理储存。

2. 仓储条件监测与控制

药品仓储条件的监测与控制内容主要包括库内温湿度条件、药品储存设备的适宜性、药品避光和防鼠等措施的有效性、安全消防设施的运行状态。

为保证各类库房的温湿度符合规定要求，仓库保管人员要在养护员的指导下，有效地对库房温湿度条件进行动态监测和管理，发现库房温湿度超出规定范围或接近临界值时，应及时采取通风、降温、除湿、保温等措施进行有效调控。

3. 库存药品质量的循环检查

药品在库储存期间，由于受到外界环境因素的影响，随时都有可能出现各种质量变化现象。因此，除需采取适当的保管、养护措施外，还必须经常和定期地进行在库检查。通过检查，及时了解药品的质量变化，以便采取相应的防护措施，并验证所采取的养护措施的成效，掌握药品质量变化的规律。

技能点

库存药品质量检查

（1）检查的时间和方法　应根据药品的性质及其变化规律，结合季节气候、储存环境和储存时间长短等因素掌握，大致分为三种。

①"三三四制"循环养护检查或月检三分之一　每个季度的第一个月检查30%，第二个月检查30%，第三个月检查40%；或者每个月检查三分之一，使库存药品每个季度能全面检查一次。

②定期检查　根据药品性质及管理需要，对不同类别药品设定不同的检查期限。一般上、下半年对库存药品逐堆逐垛各进行一次全面检查。对易变质、易引湿、近效期药品和特殊管理的药品，要重点进行检查，一般每月至少检查一次。

③随机检查　当气候条件出现异常变化，遇高温、严寒、雨季或发现药品有质量变化迹象时，应由质量管理部组织有关人员进行局部或全面检查；为避免漏查，应严格规定检查顺序，如按每个货架、货垛顺时针检查等；主要检查内容包括包装情况、外观性状。

（2）检查的内容与要求　养护检查主要是针对药品在库保管过程中药品的质量是否发生变化来进行质量检查工作的，一般应根据药品的剂型打开药品包装进行检查。见表7-2。对于不能打开包装的药品，一般只能根据药品的最小销售包装来判断药品的质量情况。可以采取观察药品外包装是否变色、比较同品种的重量、轻摇药品看是否有破碎等方法。

检查时要对每个品种规格做好库存药品养护检查记录（表7-3），做到边检查、边整改，发现问题应及时处理。检查完后，要对检查情况进行综合整理，写出质量小结，作为分析质量变化的依据和资料。

表 7-2　常见剂型的检查内容

剂型	检查内容
片剂	色泽、斑点、粘连、裂片、溶化、异味
硬胶囊剂	粘连、霉变、脆化
颗粒剂	潮解、破漏、结块
软膏剂	破漏、分层、霉变
糖浆剂	破漏、霉变
水针剂	色泽、澄明度

表 7-3　库存药品养护检查记录

编号：

序号	检查日期	存放地点	货位	商品名称	通用名称	规格	上市许可持有人	生产企业	批号	有效期至	单位	数量	质量情况	养护措施	处理结果	备注

养护员：

> **技能点**
> 记录填制

4. 养护中发现质量问题的处理

① 养护中发现内包装破碎的药品，应在计算机系统中进行锁定，不得再整理出售。药品因破损而导致液体、气体、粉末泄漏时，同时应迅速启动应急处置预案，采取隔离、清洗、通风、稀释、覆盖等安全处理措施，防止对储存环境和其他药品造成污染。

② 养护中发现质量可疑的药品，应立即在计算机系统中锁定，不得销售。同时报告质量管理部门确认。

质量管理部门一般在 2 个工作日内复检完毕。如不合格，应填写药品停售通知单，转仓储、业务等部门。已停售的药品，经检定确实合格需要解除"停售"时，应办理解除停售手续。怀疑为假药的，应经质量负责人批准后及时报告药品监督管理部门。

储存药品发现质量问题处理程序见图 7-2。

> **注意**
> 存在质量问题的药品是指不合格药品，包括假劣药及药品包装质量不合格（包括包装、标签和说明书破损、污染、模糊、脱落、渗液、封条损坏等）的药品。

三、药品的养护措施

1. 避光和遮光措施

有些药品对光敏感，如肾上腺素遇光变玫瑰红色，维生素 C 遇光变黄棕色，双氧水遇光分解为水和氧气等。因此这类药品必须采取相应的避光措施。除药品的包装必须采用避光容器或其他遮光材料包装外，药品在库储存期间应尽量置于阴暗处，对门、窗、灯具等采取相应的措施进行遮光，特别是一些大包装药品，在分发之后剩余部分药品应及时遮光密闭，防止漏光，造成药品氧化分解、变质失效。

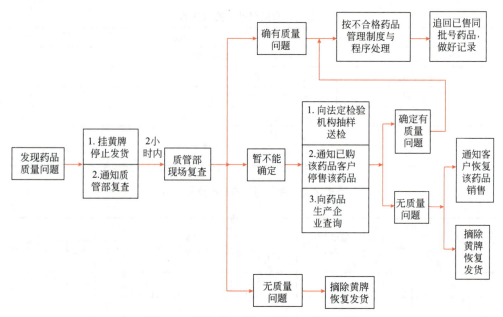

图 7-2 储存药品发现质量问题处理程序

2. 温湿度调控措施

温湿度是影响药品质量的重要因素,对药品仓库进行温湿度调控常采用的方法见表 7-4。

技能点
温湿度调控

表 7-4 药品仓库温湿度调控措施

超限情况	常用措施	设施设备	通风换气设施适用情况
温度偏高	机械制冷	空调	室外温湿度均低于室内
	通风换气	换气风机、开窗	
	遮光	窗帘、遮光纸	
	加冰制冷		
温度偏低	机械制热	空调、暖气片	
	密闭防寒	门窗、保温外墙	
湿度偏高	机械除湿	除湿机	室外温度低于或略高于库内(3℃以内),湿度低于库内适用;室外温度高于库内3℃以上,湿度低于库内,不适用
	通风换气	换气风机、开窗	
	化学吸湿	吸湿剂(石灰、无水氯化钙)	
湿度偏低	洒水、拖地		
	机械加湿	加湿器	

药品仓库温湿度从采取调控措施到达到控制目标需要一段时间,如果温湿度超限后才启动措施,往往会导致一段时间的温湿度不符合要求,增加了药品质量变化的风险。因此需要通过对调控设施的验证,确定相应的反应时间,进而在操作规范中设定预警限,提前采取调控措施。

3. 防鼠措施

堵塞一切可能窜入鼠害的通道;库内无人时,应随时关好库门、库窗(通风时例外),特别是夜间;库内灭鼠,可采用电猫、鼠夹、鼠笼等工具;加强库外鼠害防治，仓库四周应保持整洁，不要随便乱堆乱放杂物，定期在仓库四周附近投放灭鼠药，以消灭害源。

4. 防火措施

药品的包装尤其是外包装，大多数是可燃性材料，所以防火是一项常规性工作。在库内配备消防用具和灭火器，并建立防火岗位责任制。对有关人员进行防火安全教育，进行防火器材使用的培训。库内外应有防火标记或警示牌，消防栓应定期检查，危险药品库应严格按危险药品有关管理方法进行管理。

四、中药材及中药饮片的养护

中药材、中药饮片是药品中的一个特殊分类，由于其形态、成分、性能的多样性及复杂性，在储存过程中发生质量变异的概率、程度相对较大。因此，中药材及中药饮片储存养护的方法、标准及技术要求等也相对较高，其应用的手段也具有多样性。

1. 传统养护技术

传统养护技术经济、有效、简便易行。按照养护目的的不同，在养护过程中要相应采取有针对性的措施。

▶ 技能点

中药养护

（1）高温养护法　能有效防止虫害侵袭。高于40℃害虫停止发育，高于50℃，害虫将在短时间死亡。含挥发油的饮片烘烤温度不宜超过60℃。适用于所有耐高温的药材和饮片。

（2）低温养护法　温度在2～10℃具有防霉、防虫、防变色、防走油的作用，适用于贵重药材、容易霉蛀的药材及无其他较好方法保管的药材。例如枸杞子、菊花、人参、陈皮、蛤蟆油等。

（3）对抗同贮法　利用一种特殊气味能驱虫去霉的中药与易生虫霉变的中药共同存放，从而达到防虫防霉变的目的。例如人参与细辛、藏红花与冬虫夏草、冰片与灯心草、蛤蚧与花椒、土鳖与大蒜、硼砂与绿豆等。

（4）除湿养护法　防霉防虫。适用于含淀粉多的药材，如葛根、山药、泽泻等；含糖及黏液质多的药材，如熟地黄、党参、肉苁蓉等。

（5）密封养护法　防挥发、防霉变、防虫。适用于种子类药材，如紫苏子、薏苡仁、扁豆等；蜜制枇杷叶、甘草等；酒制当归、大黄等；醋制大戟、香附、甘遂等；盐制车前子、知母、巴戟天等。

（6）清洁养护法　清洁卫生是防止仓虫入侵的最基本和最有效的方法，适用于所有药材。

2. 现代养护技术

（1）气调养护法　将中药材置密封环境内，通过调整空气的组成，对氧气浓度进行有效控制，人为造成低氧状态，或高浓度二氧化碳状态，防止变异的养护方法。作用：杀菌、杀虫、防霉、防走油、防变色、防变味，费用少，无残毒，无公害。

（2）远红外干燥法　不仅有干燥作用，还具有较强杀菌、杀虫、灭卵作用。此法干燥快、脱水率高，可提高药材质量，成本低、便于自动化。

（3）微波干燥法　药材中的水和脂肪等能不同程度地吸收微波能量并将其转变为热量。仓虫经微波加热处理，体内蛋白质凝固，水分被汽化，仓虫迅速死亡。此法杀虫效力高、无残留、无药害，操作人员需要防护。微波对中成药的灭虫效果较明显，例如水丸、浓缩丸、颗粒剂、散剂等。

（4）辐射防治法　辐射灭菌是采用 ^{60}Co 放射出具有很强穿透力和杀菌能力的 γ 射线，把霉菌等微生物杀死。

中药材对抗同储养护技术

对抗同储，也称异性对抗驱虫养护，是利用不同品种的中药所散发的特殊气味，吸湿性能或特有驱虫去毒的化学成分的性质来防止另一种药材发生虫霉变质现象的一种贮藏方法，其作用机制均是利用一种特殊气味能驱虫去霉作用的中药（或植物或其他物品）与易生虫发霉的中药一起同放共存，从而达到防止中药生虫霉变的目的。

1. 泽泻、山药与牡丹皮同储防虫保色

泽泻、山药易生虫，牡丹皮易变色，或三者交互层层存放，或泽泻与山药分别与牡丹皮储存在一起，既可防止泽泻、山药生虫又可防止牡丹皮变色。

2. 藏红花可防冬虫夏草生虫

藏红花、冬虫夏草属昂贵药材，两者同储于低温干燥处，可使冬虫夏草久储不生虫。

3. 蜜拌桂圆肉可保味保色

桂圆在高温梅雨季节，极易发霉生虫和变色，可将晒至干爽不粘手的桂圆，放进干净的容器中，并加适量的蜂蜜拌匀，然后倒入洁净的陶瓷缸内，密封好置阴凉干燥处贮藏。同理，在容器底部放一碗蜂蜜，然后装上带孔的隔板，将肉桂置于隔板上加盖保存，此法可保持肉桂色、香、味不变。

4. 大蒜防芡实、薏苡仁生虫

在芡实和薏苡仁中加适量用纸包好的生大蒜瓣，并在纸包上扎一些小孔，即可起到良好的防虫效果。也可将中药材与生大蒜按 20∶1 的比例拌匀，装入缸内盖严。

此外，大蒜与土鳖、斑蝥、全蝎、僵蚕等虫类药材同储，即能使这些虫类药材不易生虫。

5. 细辛、花椒养护鹿茸

在锯茸后，将细辛碾末调成糊状，涂于锯口或裂缝边缘处，再烘干置于密闭的木箱内，且在箱内撒些樟脑或细辛，盖严密封后置阴凉干燥处贮藏，鹿茸则不会生虫。

花椒与鹿茸同储也能防虫。

6. 生姜可防蜂蜜"涌潮"

将生姜洗净，晾干后切片撒于蜂蜜上（每 100 千克蜂蜜用姜 2~3 千克），盖严封紧即可防止蜂蜜发酵"涌潮"。

五、药品养护档案与信息

为给药品养护工作提供系统、全面的管理依据,不断提高药品养护的技术水平,企业应收集、分析、传递养护过程中的信息资料,从而保证药品养护质量信息系统有效运行。

1. 药品养护档案

养护档案,是指企业记录药品养护信息的档案资料,其内容包括温湿度监测和调控记录、检查中有问题药品的记录以及对养护工作情况的定期汇总和分析等。企业应结合仓储管理的实际,本着"以保证药品质量为前提,以服务业务经营需要为目标"的原则,对所有品种建立药品养护档案(表 7-5)。药品养护档案是在一定的经营周期内,对药品储存质量的稳定性进行连续观察与监控,总结养护经验,改进养护方法,积累技术资料的管理手段。药品养护档案内容应包括药品的基本质量信息、观察周期内对药品储存质量的追踪记录,有关问题的处理情况等。企业引入计算机系统进行管理,药品养护档案的填写可在计算机系统内完成。

表 7-5 药品养护档案表

> 技能点
> 档案填制

编号:　　　　　　　　　　　　　　　　建档日期:

商品名称		通用名称		外文名		有效期	
规格		剂型		批准文号		上市许可持有人	
生产企业				邮编地址		电话	
用途							
质量标准				检查项目			
性状				包装情况		内:	
						中:	
贮藏要求						外:	体积:
质量问题摘要	时间	产品批号		质量问题	处理措施	养护员	备注

2. 养护质量信息

药品养护人员应定期汇总、分析和上报养护检查、近效期或长时间储存的药品的质量信息,以便质量管理部门和业务部门及时、全面地掌握储存药品质量信息,合理调节库存药品的数量,保证经营药品符合质量要求。其报告内容应汇总该经营周期内经营品种的结构、数量、批次等项目,统计并分析储存养护过程中发现的质量问题的相关指标,如质量问题产生的原因、比率,进而提出养护工作改进的措施及目标。

融会贯通

药品零售企业养护档案包括药品陈列环境及存放条件检查记录、门店温湿度记录、冷藏设备运行温湿度记录、陈列药品检查记录、近效期药品检查记录、拆零药品检查记录、易变质药品检查记录等。李同学参观零售药店后设计了记录（见表 7-6、表 7-7），请分析是否合理。

表 7-6　药品陈列环境及存放条件检查记录

检查项目	检查结果	处理措施	备注
环境、门、窗、锁	□整洁卫生　□防蚊　□防鼠 □密闭　　　□防漏　□防盗		
货架、柜台、标志	□齐备　□完好　□醒目		
消防器材、电源线	□完好　□定置　□按规定检修养护 □有安全隐患（裸露、破损等）		
空调、冰箱、温湿度计	□齐备　□完好　□按规定开启使用		
药品陈列条件	□避光　□通风　□温湿度适宜　□已分类陈列		
冷藏药品存放	□符合要求　□不符合要求		
外观及包装情况	□潮湿　□发霉　□虫蛀　□鼠咬 □无异常　□完好		
综合结论	□符合 GSP 规定　□基本符合　□不符合		

检查人：　　　　　　　　　　　　　　　　　检查时间：　　年　月　日

表 7-7　陈列药品检查记录

药品类别	品种数量	外观包装	质量状况	处理结果	备注
处方药区					
非处方药区					
拆零专柜					
中药饮片					
冷藏柜					

	药品名称	规格	生产厂家	批号	有效期至	数量	外观包装	质量状况	处理结果
重点养护品种 （近效期、冷藏、拆零） 检查记录									

检查人：　　　　　　　　　　　　　　　　　检查时间：　　年　月　日

稳扎稳打

> 点滴
> 劝君莫惜金缕衣
> 劝君惜取少年时
> 花开堪折直须折
> 莫待无花空折枝

一、单项选择

1. 药品包装上没有标示具体温度的，按照《中华人民共和国药典》规定的贮藏要求进行储存，以下不正确的是（　　）。

   A. 阴凉处系指不超过 20℃　　　　B. 凉暗处系指避光并不超过 20℃

   C. 冷处系指 2～10℃　　　　　　D. 常温系指室内温度

2. 下列关于特殊管理药品储存说法不正确的是（　　）。

   A. 第二类精神药品应存放在相对独立区域

   B. 放射性药品库应有防辐射措施

   C. 麻醉药品和第一类精神药品不可同库存放

   D. 医疗用毒性药品应设专区存放

3. 关于色标管理说法不正确的是（　　）。

   A. 合格药品为绿色　　　　　　　B. 不合格药品为红色

   C. 待验药品为黄色　　　　　　　D. 待发药品为黄色

4. 药品堆码应符合的要求是（　　）。

   A. 按批号堆码　　　　　　　　　B. 不同批号的药品不得混垛

   C. 垛间距应符合规定要求　　　　D. 以上都对

5. 以下不符合药品堆码要求的是（　　）。

   A. 垛间距不小于 5 厘米

   B. 药品与地面间距不小于 10 厘米

   C. 药品与库房内墙、屋顶间距不小于 30 厘米

   D. 药品与温度调控设备及管道等设施间距不小于 10 厘米

6. 养护员养护工作的主要内容不包括（　　）。

   A. 对库房温湿度进行有效监测、调控

   B. 指导和督促储存人员对药品进行合理储存与作业

   C. 检查并改善储存条件、防护措施、卫生环境

   D. 按照养护计划对库存药品的外观、内在质量状况进行检查

7. 储存中发现质量可疑的药品，保管员应立即采取措施，以下不恰当的做法是（　　）。

   A. 立即挂上"停售"标志牌　　　B. 在计算机系统中锁定

   C. 立即向供货单位查询　　　　　D. 立即报告质量管理部门确认

8. 关于药品分类储存不正确的做法是（　　）。

   A. 药品与非药品分开存放　　　　B. 外用药与其他药品分开存放

   C. 中药材和中药饮片同库存放　　D. 拆除外包装的零货药品应集中存放

二、多项选择

1. 药品在储存过程中，应当重点养护的品种包括（　　）。

   A. 对储存条件有特殊要求的品种　　B. 有效期较短的品种

C. 储存时间较短的品种　　　　　　D. 主营品种
E. 近期内发生过质量问题的品种

2. 仓库分区要符合的原则包括（　　）。
A. 药品质量状态一致　　　　　　　B. 消防方法一致
C. 药品养护措施一致　　　　　　　D. 药品性能一致
E. 药品上市许可持有人一致

3. 药品养护记录内容应该包括（　　）。
A. 药品通用名　　　B. 药品批号　　　C. 有效期
D. 质量状况　　　　E. 养护措施

4. 某药品生产日期是 2021 年 2 月 13 日，有效期 24 个月，其有效期标注正确的是（　　）。
A. 有效期至 2023.01　　　　　　　B. 有效期至 2023 年 01 月
C. 有效期至 2023.02.12　　　　　　D. 有效期至 2023/02/12
E. 有效期至 2023 年 2 月 12 日

5. 库房湿度偏高，以下调控措施正确的是（　　）。
A. 用除湿机进行机械除湿
B. 室外温度高于库内 3℃以上、湿度低于库内时，采取通风换气
C. 采用石灰、氯化钙等吸湿剂进行吸湿
D. 室外温度低于库内、湿度低于库内时，采取通风换气
E. 室外温度略高于库内（3℃以内）、湿度低于库内时，采取通风换气

6. 库房温度偏高，可采取的调控措施是（　　）。
A. 拉上窗帘遮光　　　　　　　　　B. 加冰制冷
C. 用空调进行机械制冷　　　　　　D. 开启加湿器降温
E. 用换气扇进行通风换气

7. 关于药品储存说法正确的是（　　）。
A. 储存药品相对湿度为 45%～75%
B. 储存药品质量状态实行色标管理
C. 储存药品应当按照要求采取避光、遮光、通风、防潮、防虫、防鼠等措施
D. 搬运和堆码药品应当严格按照外包装标示要求规范操作
E. 堆码高度符合包装图示要求

8. 关于药品合理储存的要求正确的是（　　）。
A. 储存药品应配备货架、托盘等设施设备
B. 进入储存作业区的人员需经过批准
C. 储存作业区内可以存放食物等个人物品，但必须与药品严格分开
D. 不可以在仓库烧饭　　　　E. 拆除外包装的零货药品应当集中存放

三、简答题

1. 药品分类储存的原则是什么？
2. 对特殊管理药品的储存要求是什么？
3. 如何确定重点养护品种？

学以致用

某药品批发企业在业务经营过程中遇到了这样一件事情，某品种第一次来货而且是首营品种，一到货马上就发走了，请问是否需要做那一批次药品的养护档案和质量档案？为此展开讨论。

甲：可以不做养护档案，但一定要做质量档案。

乙：既然是首营品种，养护档案和质量档案都要建立，可以将该品种列入重点养护品种目录，建立该品种的养护档案，第一次来货马上就发走了，并不能说明每次来货都是这样，再者养护档案并不是针对产品的某一个批号的产品而言，还有建档后也为长期考查该产品的养护情况做准备。将首营产品纳入养护档案也是符合建立养护档案和质量档案的建档原则和范围的。

丙：同意乙的观点，如果第一次未进行养护，第二次不是上述的时间问题的话，应该还是需要养护的，其实只是表格上的建档时间和养护的起始时间有差异。

你的观点是什么？

温故知新7

实训项目六　药品入库储存与温湿度监控

一、实训目的

1. 熟悉仓库保管员的岗位职责。
2. 掌握药品入库存储的方法和操作规程。
3. 学会用温湿度检测仪监测库房温湿度，能够根据库房温湿度要求采取适当的调控措施。
4. 培养严谨、认真负责的工作态度和良好的职业素养。

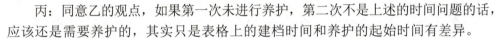

驾言各勇往
实践仍精思

二、实训内容

1. 对验收合格的药品进行合理储存。
2. 检测库房温湿度，如果超标，采取适当调控措施并填写库房温湿度记录。

三、实训步骤

1. 按照安全、方便、节约、高效的原则，正确选择仓位，合理使用仓容，"六距"适当，堆码规范、合理、整齐、牢固，无倒置现象。

2. 根据药品包装标示的温度要求，将药品分别存放于常温库、阴凉库、冷库，仓库相对湿度为35%～75%。包装上没有标示具体温度的，按照《中华人民共和国药典》规定的储存要求进行储存。

3. 将药品按照产品批号及效期远近依序存放，不同批号的药品不得混垛，不同品种药品不得混垛，垛间距不小于5厘米。

4. 药品存放实行色标管理。待验区、退货药品区用黄色；合格区、待发药品区用绿色；不合格区用红色。

5. 仓库实行分区、分类管理：药品与非药品（食品、保健品、医疗器械等）、外用药与其他药品分区存放、二类精神药品分区存放、拆除外包装的零货分区集中存放，中药材、中药饮片分库存放。

6. 品名、外包装容易混淆的品种分开存放。

7. 不合格药品单独存放，并有明显标志。

8. 用温湿度检测仪测定库房温湿度，填写《库房温湿度记录表》（见表7-8），如果超标，根据库房温湿度的管理要求填写调控措施。

四、实训组织

1. 班级学生分成几个小组，每组4～5人，每个学生分别扮演仓库保管员，对验收合格的药品进行分库分区分类合理储存。

2. 测定所处库房的温湿度，根据库房温湿度要求（教师设定），填写《库房温湿度记录表》和调控措施。

3. 组长检查储存情况和《库房温湿度记录表》，归纳本组在实训中的体会和存在的问题，在班级进行发言讨论。

4. 教师抽查药品储存情况和《库房温湿度记录表》，进行答疑和总结。

五、实训报告

1. 绘制仓库平面布置图。

2. 填写《库房温湿度记录表》（表7-8）。

表7-8　库房温湿度记录表

（　　年　　月）

库区：_____　表号：_____　适宜温度范围____～____℃　适宜相对湿度范围____%～____%

日期	上午						下午						记录员
	时间	库内温度/℃	相对湿度/%	调控措施	采取措施后		时间	库内温度/℃	相对湿度/%	调控措施	采取措施后		
					温度/℃	湿度/%					温度/℃	湿度/%	
1													
2													
3													
4													
5													
6													
7													
8													
9													
10													
11													
12													
13													
14													
15													
16													
17													
18													
19													

续表

日期	上午						下午						记录员
	时间	库内温度/℃	相对湿度/%	调控措施	采取措施后		时间	库内温度/℃	相对湿度/%	调控措施	采取措施后		
					温度/℃	湿度/%					温度/℃	湿度/%	
20													
21													
22													
23													
24													
25													
26													
27													
28													
29													
30													
31													

学习评价

职业核心能力与道德素质测评表

（在□中打√，A 良好，B 一般，C 较差）

职业核心能力与道德素质	评估标准	评价结果
自我学习	1. 有学习计划	□A □B □C
	2. 会管理时间	□A □B □C
	3. 关注相关课程知识的关联	□A □B □C
	4. 有适合自己的学习方式和方法	□A □B □C
信息处理	1. 有多种获取信息的途径和方法	□A □B □C
	2. 会进行信息的梳理、筛选、分析	□A □B □C
	3. 能使用多媒体手段展示信息	□A □B □C
与人交流	1. 会选择交流的时机、方式	□A □B □C
	2. 能把握交流的主题	□A □B □C
	3. 能准确理解对方的意思，会表达自己的观点	□A □B □C
与人合作	1. 善于寻找和把握合作的契机	□A □B □C
	2. 明白各自在合作中的作用和优势	□A □B □C
	3. 会换位思考，能接受不同的意见和观点	□A □B □C
	4. 能控制自己的情绪	□A □B □C
解决问题	1. 能纵观全局，抓住问题的关键	□A □B □C
	2. 能做出解决问题的方案，并组织实施	□A □B □C
	3. 分析问题解决的效果，及时改进不足之处	□A □B □C
革新创新	1. 关注药品养护新技术、新方法	□A □B □C
	2. 能提出创新的想法和见解	□A □B □C
	3. 改进方案实施效果好	□A □B □C
职业道德素质	1. 熟悉药事法规、行业职业道德标准等	□A □B □C
	2. 有严谨、规范的行为习惯	□A □B □C
	3. 敬畏规则，法律意识强	□A □B □C

专业能力测评表

(在□中打√,A 具备,B 基本具备,C 未具备)

专业能力	评价标准	评价结果
药品储存	1. 熟悉保管员职责 2. 熟悉药品储存要求 3. 对药品进行合理储存	□A □B □C □A □B □C □A □B □C
药品养护	1. 熟悉养护员职责 2. 熟悉药品养护措施 3. 对库存药品进行科学养护	□A □B □C □A □B □C □A □B □C
药品效期管理	1. 能够识别药品有效期 2. 熟悉药品效期管理方法 3. 具体执行药品效期管理制度	□A □B □C □A □B □C □A □B □C
养护中质量问题处理	1. 熟悉药品养护内容 2. 熟知养护中发现质量问题的处理程序 3. 处理养护中发现的质量问题	□A □B □C □A □B □C □A □B □C

项目八

冷链药品管理

 知识点

冷链药品　生物制品贮藏温度范围　冷处温度范围　冷冻温度范围
冷库区域划分　运单内容　冷链设施设备管理　冷链流程控制要点
冷链风险预防措施

 技能点

冷库配制功能识别　冷链设备的选择　冷链药品收货　冷链药品装箱
冷链药品装车　冷链药品运输方式选择　冷库故障应急处理　冷藏车故障
应急处理

 职业能力目标

冷链药品收货　冷链药品储存养护　冷链药品出库
冷链药品运输　冷链风险管理

自我学习　信息处理　与人交流　与人合作
解决问题　革新创新

思政育人目标

1. 冷链药品运输产业快速发展的当下，要树立强烈的自豪感和责任感，也要正视差距、承认不足，树立科技创新的理想信念，激发创新活力和创业动力。
2. 通过疫苗案例的剖析，强化规则意识，树立依法依规从事药学相关工作的理念。

知识导图

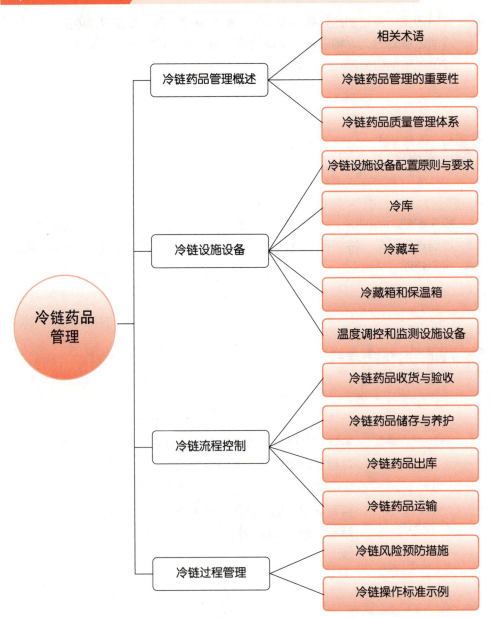

> 引例

2005年5月25日，广东省翁源县翁城镇泉岭村男孩钟某被狗咬伤左手和左脚后，立即前往翁源县翁城镇计生服务所注射了人用狂犬病纯化疫苗，并在此之后又注射了4次疫苗，共计5支。该男童于6月26日晚起发烧，被确诊为狂犬病，于6月28日下午2时死亡。7月5日，同样在该计生服务所注射了狂犬疫苗的一名翁城镇秀丰村男童也被确诊为狂犬病，于7月6日死亡。广东省食品药品监管部门以及当地公安、卫生、疾控等部门介入调查。调查排除了该批疫苗为地下窝点制造假药的可能性，但结果显示，除存在疫苗非法购进、疫苗的接种单位违规超范围经营、接种的人员没有资格证违法问题外，更为严重的是，疫苗的违法销售人员马某将疫苗与其他订购的药品一起包装后交客运班车送到翁源，在大约2小时车程中未采取相应冷藏措施，即疫苗在贮藏和运输环节冷链被破坏。

冷链是指某些产品在加工、贮藏、运输、分销和零售、使用过程中，各环节始终处于产品所必需的特定低温环境下，减少损耗，防止污染和变质，以保证产品安全的特殊供应链系统。一些治疗和疾病预防的药物，需要保持在一定温度下才能保证质量，温度过高或过低时，都会对其产生不良影响，如影响药效发挥、破坏剂型、毒性变异等。因此对这类药品应高度重视，加强管理。

开宗明义 8

单元一 冷链药品管理概述

一、相关术语

1.冷链药品

冷链药品是指对贮藏、运输有冷藏、冷冻等温度要求的药品。绝大多数冷链药品对贮藏和运输的过程都需要在严格限制的指标与保证药品有效期和药效不受损失的情况下进行，其中重要的就是不间断地保持低温、恒温状态，使冷链药品在出厂、转运、交接期间的物流过程以及在使用单位符合规定的温度要求而不"断链"。冷链药品包括冷藏药品和冷冻药品。

> 重点与难点
> 冷链药品、冷链药品质量管理体系

2.冷藏药品

冷藏药品指对贮藏、运输条件有冷处等温度要求的药品。这些药品主要以生物制品为主，如疫苗、血液制品、生长因子、单克隆抗体、胰岛素、干扰素、免疫球蛋白等蛋白类制剂及一些体内及体外诊断制品等，部分抗生素也属于冷藏药品。

3.冷处

冷处指温度符合2～10℃的贮藏、运输条件。除另有规定外，生物制品应在2～8℃避光贮藏、运输。

4.冷冻药品

冷冻药品指对贮藏、运输条件有冷冻等温度要求的药品。这些药品比较少见，如脊髓灰质炎减毒活疫苗糖丸、抗癌的洛莫司汀胶囊和司莫司汀胶囊。

5.冷冻

冷冻指温度符合 –25～–10℃的贮藏、运输条件。

二、冷链药品管理的重要性

温度对药品质量有很大影响，过高或过低都能使药品变质失效而造成损失。尤其是冷链药品，只能储存在规定温度范围内，尽可能把温度对药品质量的影响减到最小。温度过低，会出现药品被冻结而产生药品冻融过程，导致部分药品性状发生变化，有可能使药品变性或者失效。温度过低，还会造成包装容器被冻裂，导致药品受到外界污染，使药品变质。

冷链管理直接关系药品质量和患者切身利益，需要在生产、贮藏、运输和使用整个过程，各个环节都严格进行温度控制和管理，保证"全程不断链"，确保从工厂储存到医院临床的每个环节的冷链药品质量，提升药品安全性，让更多患者受益。

> **注意**
> 冻融是由于温度降到0℃以下和升至0℃以上而分别产生冻结和融化的一种物理作用和现象。相比于高温，"冻融循环"更具危险性。

三、冷链药品质量管理体系

冷链药品质量管理体系是由为实施冷链药品质量控制所需的组织机构、程序、过程和资源等相互关联、互相制约、相互作用的子系统组成的具有特定功能的有机整体，子系统主要包括设施设备、人员培训、流程控制和质量文件等。

冷链药品质量控制应从系统的流程、各个环节、各种资源以及整个冷链系统的相互协调做起。冷链药品质量控制的基本流程包括：收货、验收、储存、养护、出库、运输等。

单元二　冷链设施设备

一、冷链设施设备配置原则与要求

> **重点与难点**
> 冷链设施设备管理

（1）经营冷藏、冷冻药品的，应当配备与其经营规模和品种相适应的冷库、冷藏车及车载冷藏箱或者保温箱等设备，其容积、温度符合所经营冷藏、冷冻药品储存要求。储存疫苗的应当配备两个以上独立冷库。

（2）对有特殊低温要求的药品，应当配备符合其储存要求的设施设备。冷冻储存要求的制冷设备启停温度设定值应在 $-23 \sim -12℃$ 范围内。

（3）冷库制冷设备应有备用发电机组或双回路供电系统，保证系统的连续供电。

（4）冷库、冷藏车应当配置温湿度自动监测系统，可实时采集、显示、记录、传送储存过程中的温湿度数据和运输过程中的温度数据，并具有远程及就地实时报警功能，可通过计算机读取和存储所记录的监测数据。

（5）对冷库、冷藏车以及车载冷藏箱或者保温箱应当定期进行检查、维护并记录，以保证其有效运行。

（6）冷库、冷藏车及车载冷藏箱或者保温箱等设备，均应当进行使用前验证、定期验证及停用时间超过规定时限的验证，验证合格方可使用。

（7）冷库、冷藏车及车载冷藏箱或者保温箱等设备的操作、使用规程应当依据验证确定的参数和条件制定。

二、冷库

冷库是利用降温设施创造适宜的湿度和低温条件的仓库，能摆脱气候的影响，保证各种产品贮藏期间质量稳定。冷库主要由制冷系统、控制系统、隔热库房、附属性建筑物等基本部分组成。为了保证在贮藏期间维持必要的温度，冷库应配备温湿度监测系统、备用发电机或双回路供电系统以及声光、短信报警等。按照温度控制要求划分，冷库分为冷藏库和冷冻库（冷冻库又称为低温冷库或深冷库）。

冷库

1. 冷库的组成

（1）库体　库体通常由组合式聚氨酯库板和彩钢板组成。冷藏库的库板厚度≥100毫米，冷冻库的库板厚度≥150毫米，聚氨酯密度要求达到38～42千克/立方米，彩钢板厚度不小于0.426毫米。

（2）制冷系统　制冷的目的就是利用一定的手段把组合冷库物体的热量转移到环境介质（水或空气）中去，使被冷却物体的温度降到环境温度以下，并在给定的时间内维持所必要的温度。

冷库的制冷系统是通过利用外界能量使热量从温度较低的物质（或环境）转移到温度较高的物质（或环境）的系统。按照制冷原理将制冷压缩机、制冷设备、阀门及控制器等连接成完整的制冷装置，形成一个封闭系统。它是冷库的核心，保证冷库库房内的冷源供应。

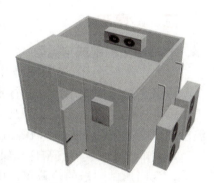
图8-1　吊顶式冷风机

（3）冷风机　冷风机又称空气冷却器，主要由蒸发排管和通风机组成。其降温原理是：依靠通风机的强制送风，使库房内的空气以一定的风速流过冷风机的蒸发排管来冷却管外强制流动的空气，从而使库房温度降低。从作业方便和空间利用考虑，多将其安装在冷库顶上（图8-1）。

（4）自动控制系统　自动控制系统是冷库的"大脑"，它指挥制冷系统保证冷量供应。自动控制系统可以实现在无人值守下，自动启、停制冷系统运行控制，使冷库制冷系统运行中的状态参数保持在要求的范围内，保证系统安全高效运行。

2. 冷库的要求

（1）冷库应当具有自动调控温湿度的功能，并配有备用发电机组或双回路供电系统，以保证持续供电。

（2）冷库应当配置温湿度自动监测系统，可实时采集、显示、记录、传送储存过程中的温湿度数据，并具有远程及就地实时报警功能，可通过计算机读取和存储所记录的监测数据。

> **技能点**
> 冷库配置功能识别

拓展方舟

每一独立冷库至少安装2个测点终端，并均匀分布。平面冷库面积在100平方米以下的，至少安装2个测点终端；100平方米以上的，每增加100平方米至少增加 1 个测点终端，不足 100 平方米的按 100 平方米计算。平面冷库测点终端安装的位置，不得低于药品货架或药品堆码垛高度的 2/3 位置。高架冷库或全自动立体冷库的货架层高在 4.5～8 米之间的，每 100 平方米面积至少安装 4 个测点终端，每增加 100 平方米至少增加 2 个测点终端，并均匀分布在货架上、下位置；货架层高在 8 米以上的，每 100 平方米面积至少安装 6 个测点终端，每增加 100 平方米至少增加 3 个测点终端，并均匀分布在货架的上、中、下位置；不足 100 平方米的按 100 平方米计算。高架冷库或全自动立体冷库上层测点终端安装的位置，不得低于最上层货架存放药品的最高位置。

3. 冷库使用区域划分

按照企业经营需要，应当划分冷库收货验收、储存、包装材料预冷、装箱发货、待处理药品存放等区域，并有明显标示。冷链药品验收、储存、拆零、冷藏包装、发货等作业活动，必须在冷库内完成。

三、冷藏车

1. 冷藏车的组成与类型

（1）冷藏车组成　冷藏车是装有制冷装置和聚氨酯隔热厢的冷藏专用运输汽车。冷藏车由专用汽车底盘的行走部分、厢体部分（玻璃钢、彩钢板、铝合金、不锈钢等材料组成）、隔热保温层部分（一般为聚氨酯发泡材料）、制冷机组部分、温度记录仪以及通风槽、导轨等组成。

冷藏车厢要求具有气密性和保温性，不同的配送形式对厢体具有不同的要求。例如，为门店做配送的冷藏车，由于货物批量小、品种多，需要多温层冷藏车；对温度需求不一、装卸频繁的货物，则需要多开门冷藏车。

（2）冷藏车类型　冷藏车按照制冷机组的动力来源可分为独立与非独立制冷机组两种。独立制冷机组是指制冷机组拥有单独的动力源，这种机组本身带有给制冷系统提供动力和电能的发动机及发电机装置，能够独立工作，不受汽车发动机工作状态的限制。非独立制冷机组本身没有动力装置，必须靠汽车发动机带动压缩机工作。

> 技能点
> 冷链设备的选择

一般根据运输距离的长短来选择：市内或者区县间的短距离配送，使用非独立机组，采购成本低，出现故障时维修容易；长途运输可使用独立式制冷机组，在长途运输过程中即使汽车发动机停止工作，制冷机仍然可以正常制冷，保证所运输冷链药品的质量安全。

冷藏车制冷机组一般都加装在货柜的前面顶部，有空调般的外形，但比同体积的空调具有更强的制冷能力。一般根据冷藏厢体的容积和运输的货物对温度的要求，来选择不同功率制冷量的制冷机组。

2. 冷藏车的要求

冷藏车应当具有自动调控温度的功能，冷藏车厢应防水、密闭、耐腐蚀。冷藏车厢内部留有保证气流充分循环的空间。

冷藏车应配置温湿度自动监测系统，可实时采集、显示、记录、传送运输过程中的温度数据,并具有远程及就地实时报警功能,可通过计算机读取和存储所记录的监测数据。每台独立的冷藏、冷冻药品运输车辆或车厢,安装的测点终端数量不得少于 2 个。车厢容积超过 20 立方米的,每增加 20 立方米至少增加 1 个测点终端,不足 20 立方米的按 20 立方米计算。应用 GPS 车辆管理系统,对冷藏车进行准确定位,实行药品运输途中温控无缝隙冷链监控管理,实现冷藏药品从仓储到配送运输至客户的全程冷链管理。

> **议一议**
>
> 冷藏车箱体容积是 30 立方米,应安装多少个测点终端?

四、冷藏箱和保温箱

车载冷链包装箱是冷链药品运输的另一种方式,其制冷形式分主动制冷和被动制冷。冷藏箱因具备制冷功能,属于主动制冷包装箱。保温箱属于被动制冷包装箱。

1. 冷藏箱

冷藏箱配备有压缩机,压缩机通过运输车辆上的供电系统制冷,又称为车载冰箱(图 8-2)。冷藏箱能长时间保持所需温度,且制冷效率高(箱内温度可达到 −18 ~ 10℃)。缺点是需要外接电源,会对车厢内产生热源,重量较重,成本较高。冷藏箱适合小批量、长途运输,但不适合空运。

2. 保温箱

保温箱不具备制冷功能,只有保温性能。保温箱是通过箱内配置的定量蓄冷剂(图 8-3)吸收外部传进箱体内的热量的形式,在有限的时间内保持所需的温度。因此,保温箱必须配备蓄冷剂使用。保温箱比冷藏箱携带方便,但制冷能力有限,有距离和时间条件限制。

图 8-2 冷藏箱　　　　　　　图 8-3 蓄冷剂(冰排)

> **拓展方舟**
>
> 蓄冷剂习惯上称为冰排,按照预冷温度或冷媒的不同,通常分为硬冰(在 −18℃冷冻环境下预冷的蓄冷剂)、软冰(在 2 ~ 8℃冷藏环境下预冷的蓄冷剂)和缓冲冰(通常指在 5℃或者其他温度环境下预冷的相变的蓄冷剂)。

3. 冷藏箱和保温箱的要求

冷藏箱应具有自动调控温度的功能,保温箱应配备蓄冷剂以及与药品隔离的装置。冷藏箱、保温箱应配置温湿度自动监测系统，可实时采集、显示、记录、传送运输过程中的温度数据，并具有远程及就地实时报警功能，可通过计算机读取和存储所记录的监测数据。每台冷藏箱或保温箱应至少配置一个测点终端。

五、温度调控和监测设施设备

1. 测点终端数量及位置

冷链药品储存及运输设施设备的温湿度自动监测测点终端数量及位置应经过测试和确认，能够准确反映环境温湿度的实际状况并符合药品冷链要求。测点终端应牢固安装在经过确认的合理位置，避免储运作业及人员活动对监测设备造成影响或损坏，其安装位置不得随意变动。对测点终端每年至少进行一次校准，对系统设备应当进行定期检查、维修、保养，并建立档案。

2. 启、停温度设置

储存及运输冷链药品的制冷设备的启、停温度依据验证结果进行设置。一般情况下，制冷设备的启停温度可设置为：冷藏库 3～7℃，冷冻库 −23～−12℃。

3. 报警装置

冷链药品储存及运输的自动温度监测系统的温度报警装置应在监测的温度值达到设定的临界值或者超出规定范围的状态下报警。报警临界值的设置应当依据验证结果，可适当大于制冷设备的启停温度设置范围（如冷藏库 2.5～7.5℃，冷冻库 −24～−11℃），但必须小于规定的温度范围。报警应有专人及时处置，并做好温度超标报警情况的记录。

医药产品冷链管理的风险管控

> **小试牛刀**
>
> 为保障冷链药品储存及运输质量，企业配置了自动温湿度监测系统、自动报警（短信报警）等设备，在日常管理上，人员应发挥什么作用？

单元三 冷链流程控制

重点与难点
冷链药品收货、储存、装箱、运输

冷链药品的仓储与运输作业流程除应符合 GSP 的通用要求外，还应当符合冷链药品在温度控制方面的要求。通过收货、验收、储存、养护、出库、运输等环节（图8-4）的衔接和过程管控，使冷链整个过程形成闭合的链条，实现冷链管理的目的。

一、冷链药品收货与验收

1.冷链药品收货控制要点

冷链药品到货时，收货人员应当从运输方式、过程温度和运输时间等方面查验到货冷链药品运输过程是否符合规定。

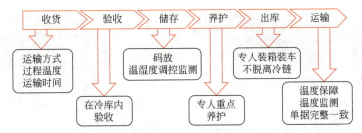

图 8-4　冷链流程的重要控制点

（1）检查是否使用符合规定的冷藏车或冷藏箱、保温箱运输药品。对未采用规定的冷藏设施运输的，应当拒收，做好记录并报质量管理部门处理。

> 技能点
> 冷链药品收货

（2）查看冷藏车或冷藏箱、保温箱到货时温度数据，导出、保存并查验运输过程的温度记录，确认全过程温度状况是否符合规定。对运输过程中温度不符合要求的，应当拒收，将药品隔离存放于温度符合要求的环境中，做好记录并报质量管理部门处理。

（3）检查运输单据所载明的承运方式、承运单位、启运日期等信息是否符合协议约定，对不符合约定的，应当通知采购部门并报质量管理部门处理。

（4）对销后退回的冷链药品，应同时检查退货方提供的温度控制说明文件和售出期间温度控制的相关数据，确认符合规定条件的，方可收货；对于不能提供文件、数据，或温度控制不符合规定的，应当拒收，做好记录并报质量管理部门处理。

（5）做好冷链药品收货记录，内容包括：药品名称、数量、生产企业、发货单位、发运地点、启运时间、运输方式、温控方式、到货时间、收货人员等。

（6）核对无误后将药品放置于冷库内的待验区域，在随货同行单（票）上签字后移交验收人员。

（7）冷链药品在冷库与冷藏车之间转运时，如未实现无缝对接，可按照经过验证的标准操作规程，采用保温罩（图 8-5）进行温度控制。保温罩使用前应预热或预冷至药品包装标示的温度范围。

图 8-5　保温罩

2. 冷链药品验收控制要点

验收人员必须在冷库内完成冷链药品的验收。验收方法与验收内容详见项目四。

二、冷链药品储存与养护

1. 冷链药品储存控制要点

冷库内药品的堆垛间距，药品与地面、墙壁、库顶部的间距，应当符合 GSP 的要求。冷库内制冷机组出风口 100 厘米范围内，以及高于冷风机出风口的位置，不得码放药品（图 8-6、图 8-7）。

冷链药品储存、拆零等作业活动，必须在冷库内完成。

2. 冷链药品养护控制要点

冷链药品的养护应由专人负责。冷库温湿度除采用自动监测系统进行系统监

> 注意
> 冷链药品作为重点养护品种，应当按月进行循环养护检查。

图 8-6　冷库内整件药品码放示例

图 8-7　冷库内零件药品码放示例

测外，养护人员还应每天上、下午各进行一次人工监测（间隔时间不少于 6 小时），并做好记录。当药品储存环境温湿度超出规定范围时，应当及时采取有效措施进行调控。

> **技能点**
> 冷链药品装箱

三、冷链药品出库

冷链药品在出库环节除应当按照 GSP 规定检查复核外，还要重点控制冷链药品的装箱、装车作业。

1. 冷链药品装箱

冷链药品的装箱、封箱和发货等作业活动，必须在冷库内完成。装箱前应当将冷藏箱、保温箱预热或预冷至符合药品包装标示的温度范围内。

冷链药品的装箱、封箱等作业，应由专人负责，按照经过验证的标准操作规程进行操作（图 8-8）。

使用保温箱包装时，应当按照验证确定的条件，在保温箱内合理配备与温度控制及运输时限相适应的蓄冷剂，并使用隔热装置将药品与低温蓄冷剂进行隔离。

图 8-8　保温箱打包示例

> **议一议**
> 温度监测设备为什么不能直接接触冰袋、冰排等蓄冷剂？

冷链药品装箱后，冷藏箱启动动力电源和温度监测设备，保温箱启动温度监测设备，检查设备运行正常后，将箱体密闭。温度监测设备应当摆放在能够记录具有代表性的温度数据的位置。

> **技能点**
> 冷链药品装车

2. 冷链药品装车

装车前：提前打开制冷机组和温度监测设备，对车厢内进行预热或预冷，并检查冷藏车辆的启动、运行状态是否正常。只有冷藏车辆启动、运行状态正常，并达到规定温度后方可装车。

装车时：关闭制冷机组，并尽快完成药品装车。开门装车时如果继续运行冷机，由于制冷机具有循环风，开门后会把外界的空气吸进车厢，加快车厢温度上升并形成雾化，影响作业和加速冷机凝霜。因此，在实际操作中应关闭冷机避免加速车厢内外冷热交换。

冷藏车厢内药品码放：与厢内前板距离不小于10厘米，与后板、侧板、底板间距不小于5厘米，药品码放高度不得超过制冷机组出风口下沿，以确保气流正常循环和温度均匀分布。

装车完毕：及时关闭车厢厢门，检查厢门密闭情况并上锁。

3. 冷链药品发运

企业应制定冷链药品发运程序，内容包括出运前通知、出运方式、线路、联系人、异常处理方案等。

冷链药品装车完毕后，应当启动温度调控设备，并检查温度调控和监测设备运行状况，运行正常方可发运。

冷链药品发运时应当做好运输记录，内容包括运输工具、冷藏方式和启运时间等。

> **注意**
> 冷藏车装车码放冷链药品时禁止阻挡出风口。若末端码放不满，应当梯度减少。

▶ **范例8-1** 某企业疫苗运输温度记录表

疫苗运输温度记录表

出/入库日期：　　年　月　日　　出/入库单号：
疫苗运输工具：　□冷藏车　　□疫苗运输车　　其他□
疫苗冷藏方式：　□冷藏车　　□车载冷藏箱　　其他□

运输疫苗情况						
疫苗名称	生产企业	规格	批号	有效期	数量（支）	疫苗类别

运输温度记录			
项目	日期/时间	疫苗储存温度	环境温度
启运	年 月 日 时 分	℃	℃
途中	年 月 日 时 分	℃	℃
	年 月 日 时 分	℃	℃
	年 月 日 时 分	℃	℃
达到	年 月 日 时 分	℃	℃

启运至到达行驶里程数：　　　　　千米
送疫苗单位：　　　　　　送疫苗人签名：
收疫苗单位：　　　　　　收疫苗人签名：

四、冷链药品运输

根据药品的温度控制要求，在运输过程中采取必要的保温或者冷藏、冷冻措施。运输过程中，药品不得直接接触冰袋、冰排等蓄冷剂，防止药品直接受冷而影响药品的质量。

> **技能点**
> 冷链药品运输方式选择

1. 运输方式选择

根据药品数量、运输距离、运输时间、温度要求、外部环境温度以及冷藏车、冷藏箱和保温箱验证确定的参数和条件等情况，选择适宜的运输工具和温控方式，确保运输过程中温度控制符合要求。

通常长时间、大批量运输选择冷藏车，短时间、小批量、多点配送的情况选择冷藏箱或保温箱。

2. 温度控制要求

冷链药品运输过程中，运载工具应保持密闭，冷藏车应保证制冷设备全程不间断运转。实时采集、记录、上传冷藏车、冷藏箱或者保温箱内的温度数据。温度超出规定范围时，温湿度自动监测系统应能实时发出报警指令，由相关人员查明原因，及时采取有效措施进行调控。采用保温箱运输时，应根据保温箱的性能验证结果，在保温箱支持的、符合药品贮藏条件的保温时间内送达。

> **文化和素养**
>
> ### 尊重
>
> 这是一个真实的故事，加州一位女士在一家肉类加工厂工作。有一天，当她完成所有工作安排，走进冷库例行检查，突然间，不幸发生了，门意外关上了，她被锁在里面，她的呼救被淹没在了下班工人们的人海中。虽然她竭尽全力地尖叫着，敲打着，她的哭声却没有人能够听到。这个时候大部分工人都已经下班了，在冰冷的房间里，没有人能够听到里面发生的事。
>
> 五个小时后，当她濒临死亡的边缘，工厂保安却打开了那扇门，奇迹般地救了她。后来她问保安，他怎么会去开那门，这不是他的日常工作。保安解释说：我在这家工厂工作了35年，每天都有几百名工人进进出出，但你是唯一一位每天早晨上班向我问好，晚上下班跟我道别的人。许多人视我为透明看不见的空气，没有人尊重我。你每天都和我热情地打招呼，所以我认识你。今天，你像往常一样来上班，简单地跟我问声：您好。但下班后，我却没听到你跟我说：再见，明天见。于是，我决定去工厂里面看看。我期待你和我说：再见。因为这话提醒我，我是被尊重的，使我非常开心。没听到你的告别，我猜想可能发生了一些什么事情。这就是为什么我在工厂每个角落寻找你。就这样，这位女工获救了……
>
> 学会谦虚、真诚，懂得感恩。尊重和爱你周围的人。

单元四　冷链过程管理

重点与难点
应急处理流程

冷链药品对温度非常敏感，受到外界因素的影响，极易产生温度偏差，温度控制的不确定性将直接影响药品质量，使药效降低，甚至产生有害物质，导致永久且不可挽回的损失。因此，在冷链药品流通全过程中应当采用前瞻或者回顾的方式，对可能产生的温度失控风险进行评估、控制、沟通和审核，并采取各种必要的手段、方法和工具，对其加强管理，将风险造成的损失降到最低。GSP要求企业制定冷藏、冷冻药品运输应急预案，对运输途中可能发生的设备故障、异常天气影响、交通拥堵等突发事件，能够采取相应的应对措施。

一、冷链风险预防措施

冷链药品质量控制要通过一系列过程来实施，需要由掌握了技术和技能的人有计划、有组织地操作、监视过程中的作业技术和活动，在冷链药品质量产生、形成和实现的全过程中，控制所有影响冷链药品质量的因素，及时发现并排除全过程中各环节产生质量问题的原因，以便有效地保证冷链药品质量。

1. 人员与培训

人是冷链药品质量控制的关键因素之一。为确保冷链药品质量控制活动的有效开展，企业应全面加强从事冷链药品收货、验收、储存、养护、出库、运输等岗位工作人员，以及承运商和分销商的相关岗位人员的质量意识、技术能力和专业知识水平的培训。

冷链药品养护、装箱、装车等岗位应当安排专人负责。冷链管理培训内容包括法律法规、相关专业知识、企业制度文件和标准操作规程以及应急预案等。

> **注意**
> 冷链管理相关的质量管理文件变更后，必须及时进行培训，以保证岗位人员正确操作。

2. 温度监控设施设备

自动温度记录设备、温度自动监控系统及报警装置等应当按规定进行校准，并保持准确完好。

冷库、冷藏车内温度自动监测布点应当经过验证，符合冷链药品储存要求。

冷库、冷藏车制冷设备的启、停和系统报警装置温度参数设置应当经过验证。报警装置应能在临界状态下报警，且有专人及时处置，并做好温度超标报警情况的记录。

3. 冷链操作标准

企业应根据验证结果，制定冷链药品收货、验收、储存、养护、出库、运输等环节的操作流程和作业标准，并进行周期性检查和持续完善与优化。如冷链药品标准作业流程、冷链药品装箱操作规程、冷链药品发运程序、冷链药品储存与运输过程中温度监控程序、温度异常情况处理程序和冷链药品偏差管理规程等。

4. 应急预案

企业应制定冷链药品储存和运输应急预案，对可能出现的异常气候、设备故障、交通事故或拥堵等意外或紧急情况，能够及时采取有效的应对措施，防止因异常情况造成温度失控。应急预案应包括应急组织机构、人员职责、设施设备、外部协作资源、应急措施等内容，并持续完善和优化。

二、冷链操作标准示例

▶ **范例 8-2　某企业冷藏车操作规程**

某企业冷藏车操作规程

1. 目的：为了规范冷藏车的管理，保障冷链药品质量安全。
2. 依据：《药品经营质量管理规范》及冷藏车验证报告。
3. 适用范围：适用于本公司冷藏车的日常使用和管理。
4. 职责：储运部对本规程的实施负责。
5. 内容

5.1 冷藏车工作原理

5.1.1 通过设置控制系统调节制冷机组运转，使车厢内温度保持在 2～8℃范围内。

5.1.2 通过设置温湿度自动监测和报警系统，实时采集、显示、记录、传送温度数据，如

> **想一想**
> 范例 8-2 中，装车时限要求夏季关门时间比冬季更短，为什么？

有超标自动报警提示。

5.2 操作程序

5.2.1 检查和确认车厢的卫生条件，车厢内部必须保持清洁，无碎片、碎屑等杂物。

5.2.2 设置参数

5.2.2.1 设置制冷机组启动温度为 7.0℃，停机温度为 3.0℃。

5.2.2.2 设置报警参数：温度上限为 7.5℃，下限为 2.5℃。

5.2.2.3 设置每 2 分钟记录一次温度，每 1 分钟更新一次温度数据。

5.2.2.4 在报警系统中设定温度超标报警信息接收人员（储运部经理、运输主管、养护员）手机号。

5.2.3 启动车辆，开启温控系统和温度记录仪，并检查启动、运行状态是否正常。

5.2.4 温控系统和温度记录仪启动、运行状态正常，并预冷至 3℃时，关闭制冷机组。

5.2.5 将药品装至车厢中，装载时须注意：

5.2.5.1 药品与厢内前板有不小于 10 厘米的通风距离，与后板、侧板、底板间距不小于 5 厘米。

5.2.5.2 药品码放高度不得超过制冷机组出风口下沿。

5.2.5.3 装车时限，冬季必须在 15 分钟内关门，夏季必须在 5 分钟内关门。

5.2.6 装载完毕，关闭车厢门，检查车厢门密闭情况并上锁。启动制冷机组。

5.2.7 出车前检查

5.2.7.1 检查制冷机组运行是否正常，制冷效果是否正常。

5.2.7.2 检查门封是否严密，车厢是否保温。

5.2.7.3 检查温度记录仪是否正常记录。

5.2.7.4 检查到达温度下限时，制冷机组是否自动停止工作；达到温度上限时，制冷机组是否自动开始工作。

5.2.8 检查合格后，当温度达到 2～8℃范围时，放行出车。

5.2.9 中途装卸时，开启车门前应关闭制冷机组。卸货时应快进快出并随手关门，每次开门时间不得超过 2 分钟；如是批量卸货，应选择在厢内温度不超过 5℃的情况下分次进行。

5.2.10 运输途中应保持均衡制冷并使用温度记录仪进行记录，监控车厢内温度变化情况。使用 GPS 系统，实时向公司传送冷藏车厢内温度数据。

5.2.11 当运输途中温度超标报警时，责任人收到手机短信报警后，应第一时间指导和监管运输人员处理。

5.2.12 发现温度异常变化、车辆或制冷设备故障无法制冷及交通拥堵等意外情况时，按《冷链药品储存及运输应急方案》处理。

5.3 保养及维护

5.3.1 严禁使用叉车或其他硬物等撞击，以免内壁受损、接缝开裂以及隔热层受损。

5.3.2 经常检查门封及下水口盖，并根据情况修理或更换。

5.3.3 定期用水冲洗或彻底打扫，去除地板及排水孔中的碎片、碎屑等杂物。

5.3.4 定期擦拭风机，用软毛刷或无尘布清除制冷机组散热器尘埃，保证散热效果。

5.3.5 不定期检查车厢内机组结霜状况。

5.3.6 定期或不定期检查温控系统的准确性。

5.3.7 定期或不定期检查温湿度记录仪的准确性。

5.3.8 不定期检查门封是否严密。

5.3.9 定期或不定期对冷藏车进行验证，并按验证结果调整冷藏车设备运作。

▶ **范例 8-3　某公司冷库故障应急处理流程（图 8-9）**

技能点
冷库故障应急处理

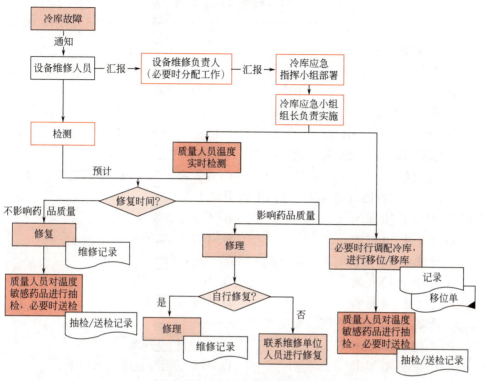

图 8-9　冷库故障应急处理流程图

▶ **范例 8-4　某公司冷藏车故障应急处理流程（图 8-10）**

技能点
冷藏车故障应急处理

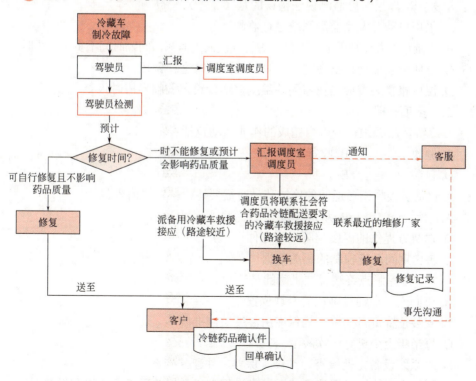

图 8-10　冷藏车故障应急处理流程图

> 小点滴
> 半亩方塘一鉴开
> 天光云影共徘徊
> 问渠那得清如许
> 为有源头活水来

❓ 稳扎稳打

一、单项选择

1. 生物制品适宜的贮藏、运输温度是（　　）。
   A. 2～8℃　　B. 2～10℃　　C. 不超过20℃　　D. 10～30℃

2. 冷库测点终端的安装数量按每（　　）平方米面积计算。
   A. 100　　B. 200　　C. 150　　D. 50

3. 如果长时间、大批量运输冷链药品，应选择（　　）。
   A. 冷藏车　　B. 冷藏箱　　C. 保温箱　　D. 厢式货车

4. 冷藏车厢内码放的药品与厢内前板距离（　　）。
   A. 不小于10厘米　　　　　　B. 不小于5厘米
   C. 不小于30厘米　　　　　　D. 不小于20厘米

5. 冷藏车厢内码放的药品与后板、侧板、底板间距（　　）。
   A. 不小于10厘米　　　　　　B. 不小于5厘米
   C. 不小于30厘米　　　　　　D. 不小于20厘米

6. 冷藏车厢内码放的药品高度（　　）。
   A. 不超过50厘米　　　　　　B. 不超过60厘米
   C. 不超过80厘米　　　　　　D. 不超过制冷机组出风口下沿

7. 每台冷藏箱或保温箱配置测点终端的数量至少为（　　）。
   A. 1个　　B. 2个　　C. 3个　　D. 4个

8. 关于冷库温湿度监测说法错误的是（　　）。
   A. 采用自动温湿度监测系统进行监测
   B. 质量管理人员每天上、下午各进行一次人工监测，间隔时间不少于6小时
   C. 当环境温湿度超出规定范围时，应当及时进行调控
   D. 温度报警装置应当在监测的温度值达到设定的临界值时报警

二、多项选择

1. 冷链药品必须在冷库内完成的作业活动包括（　　）。
   A. 验收　　B. 收货　　C. 拆零
   D. 包装　　E. 发货

2. 收货员接收销后退回的冷链药品时需要逐一核对的内容包括（　　）。
   A. 承运方式　　B. 承运单位　　C. 启运时间
   D. 退货方提供的温度控制说明文件
   E. 售出期间温度控制的相关数据

3. 关于冷库测点终端说法正确的是（　　）。
   A. 牢固安装在经过确认的合理位置
   B. 安装位置每月变更，确保库房温度监测准确
   C. 每半年至少进行一次校准
   D. 对系统设备定期检查、维修、保养，并建立档案
   E. 测点终端能够对周边环境温湿度进行实时数据的采集、传送和报警

4. 为确保冷链药品质量，企业应加强对以下哪些岗位人员的培训。（　　）
A. 冷链药品收货人员　　　　B. 冷链药品验收人员
C. 冷链药品储存与养护人员　D. 冷链药品出库与运输人员
E. 承运商和分销商的相关岗位人员

5. 冷链药品选择运输工具和温控方式的依据包括（　　）。
A. 药品数量
B. 运输距离和运输时间
C. 药品温度要求
D. 冷藏车、冷藏箱和保温箱验证确定的参数和条件
E. 外部环境温度

6. 冷链管理人员培训内容应包括（　　）。
A. 法律法规　　B. 相关专业知识　　C. 企业制度文件和标准操作规程
D. 应急预案　　E. 车辆维修技术

7. 按照企业经营需要，冷库应当划分的区域包括（　　）。
A. 收货验收　　B. 储存　　C. 包装材料预冷
D. 装箱发货　　E. 待处理药品存放

8. 冷链药品流通中质量控制的难点主要包括以下哪些环节。（　　）
A. 收货　　B. 验收　　C. 储存与养护
D. 出库　　E. 运输

三、简答题

1. 简述如何进行冷链药品装箱、装车和发运。
2. 简述如何进行冷链设施设备温度控制和监测管理。
3. 简述冷藏车故障应急处理流程。

学以致用

1. 根据 GSP 要求，设计一份冷链药品发运记录。
2. 参观药品批发企业冷库，评价冷库内设施设备配备及药品码放是否符合 GSP 要求，并提出意见和建议。

温故知新 8

学习评价

职业核心能力与道德素质测评表

（在□中打√，A 良好，B 一般，C 较差）

职业核心能力与道德素质	评估标准	评价结果
自我学习	1. 有学习计划	□A　□B　□C
	2. 会管理时间	□A　□B　□C
	3. 关注相关课程知识的关联	□A　□B　□C
	4. 有适合自己的学习方式和方法	□A　□B　□C
信息处理	1. 有多种获取信息的途径和方法	□A　□B　□C
	2. 会进行信息的梳理、筛选、分析	□A　□B　□C
	3. 能使用多媒体手段展示信息	□A　□B　□C

续表

职业核心能力与道德素质	评估标准	评价结果
与人交流	1. 会选择交流的时机、方式 2. 能把握交流的主题 3. 能准确理解对方的意思，会表达自己的观点	□A □B □C □A □B □C □A □B □C
与人合作	1. 善于寻找和把握合作的契机 2. 明白各自在合作中的作用和优势 3. 会换位思考，能接受不同的意见和观点 4. 能控制自己的情绪	□A □B □C □A □B □C □A □B □C □A □B □C
解决问题	1. 能纵观全局，抓住问题的关键 2. 能做出解决问题的方案，并组织实施 3. 分析问题解决的效果，及时改进不足之处	□A □B □C □A □B □C □A □B □C
革新创新	1. 关注新技术、新方法以及冷链药品储运问题 2. 能提出创新的想法和见解 3. 改进方案实施效果好	□A □B □C □A □B □C □A □B □C
职业道德素质	1. 熟悉疫苗储运管理法规、职业道德标准等 2. 能辨析是非，有良好行为习惯 3. 有规则意识，自我控制能力强	□A □B □C □A □B □C □A □B □C

专业能力测评表

（在□中打√，A 具备，B 基本具备，C 未具备）

专业能力	评价标准	评价结果
冷链药品收货	1. 熟知冷链药品概念 2. 熟悉运输单据内容 3. 判断到货药品是否可收	□A □B □C □A □B □C □A □B □C
冷链药品储存养护	1. 熟知冷链药品储存控制要点 2. 熟知冷链药品养护控制要点 3. 对冷链药品合理储存和养护	□A □B □C □A □B □C □A □B □C
冷链药品出库	1. 对冷链药品进行装箱 2. 对冷链药品进行装车 3. 检查温度调控和监测设备运行状况	□A □B □C □A □B □C □A □B □C
冷链药品运输	1. 熟悉冷链药品温度控制要求 2. 选择运输方式 3. 冷藏车故障应急处理	□A □B □C □A □B □C □A □B □C
冷链风险管理	1. 熟悉冷链风险预防措施 2. 初步制定冷链管理培训方案 3. 冷库故障应急处理	□A □B □C □A □B □C □A □B □C

模块五

销售与运输

项目九

销售和售后管理

知识点

销售人员质量职责　营业员质量职责　批发企业销售规范　零售企业销售规范
药品拆零原则　销售记录内容　特殊管理药品的销售规定
药品不良反应报告范围　药品广告禁止出现的内容

技能点

销售行为合法性判断　销售对象合法性判断　药品拆零　记录填制
药品陈列　投诉处理　药品不良反应报告范围识别　违法广告识别

职业能力目标

专业能力　合法经营　正确销售药品　药品拆零管理　质量投诉处理
药品不良反应报告

职业核心能力　自我学习　信息处理　与人交流　与人合作
解决问题　革新创新

思政育人目标

1. 严守职业道德，不虚假宣传，不夸大功效，真心真诚服务患者。
2. 遵纪守法，明辨是非；提升自我，人尽其才。

知识导图

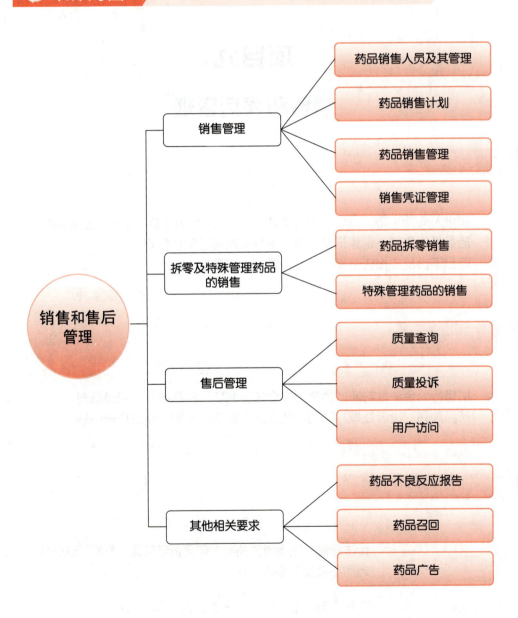

> 引例

张某系中医医师，在×省某专科学校合法开设门诊，为患者诊断治病并配售中药。1993年3月24日中午1时30分许，袁某因牙痛来门诊就医，张某给袁某诊断后便开了中药清胃散二副。因在此之前张某错将有毒的草乌装入放玄参的药斗内，在配药时将草乌当作玄参配给了袁某。袁某将其中一副中药泡服后，即出现严重中毒症状。经医院抢救无效，于当日下午5时40分死亡。事发后，张某主动查找袁某中毒死亡的原因系其配错中药，并去卫生局投案自首。

张某错配中药致死患者的行为定为过失杀人罪。

药品销售和售后管理是药品经营的最后环节，也是药品经营企业实现利润的环节，从此，药品将转入到消费者手中。这个环节是联系药品生产和消费的环节，药品质量的优劣将得到真正意义上的验证。

开宗明义9

单元一　销售管理

一、药品销售人员及其管理

药品批发企业从事药品销售工作的人员、药品零售企业和零售连锁企业门店的营业员必须经岗位培训考试合格，发给岗位合格证后方可上岗。

> 重点与难点
>
> 销售规范、销售记录

1. 药品销售人员的素质要求

① 拥有丰富的知识，如产品知识、医药学知识、心理学和社会学知识、管理学和营销学知识、经济学和市场学知识等。

② 熟练的技能，包括技能技巧、销售技巧等。

③ 热情、忠实可靠的服务态度等。

2. 药品销售人员工作规范

① 做好市场预测，定期分析药品供求情况，根据市场需求组织货源。

② 按市场需求和必备药品目录，备齐品种，备足货源，保持合理库存。

③ 加强药品宣传，搞好样品室、展销室的布置工作。

④ 接待客户热情、诚恳、耐心、周到、礼貌用语。做到来人来函进货一个样，进货批量大小一样，新老客户一样，工作忙闲服务态度一样。

> 点滴
>
> 智者创造机会
> 强者把握机会
> 弱者坐等机会

⑤ 掌握法律法规和方针政策，合法经营药品。

⑥ 认真贯彻价格政策，合理定调药品价格，划拨结算，及时正确。

⑦ 认真贯彻"及时、准确、安全、经济"的运输原则，积极组织药品发运，提高货运质量。

3. 药品销售人员质量职责

① 严格执行证照审核制度，不得向证照不全，非法药品生产、经营单位销售药品。

② 销售特殊药品必须依照有关规定办理，做到手续完备。
③ 销售药品要正确介绍其性质、性能、用途、注意事项等，对用户负责。
④ 严格执行"先产先销、近期先销"的原则，对长时间不动销、少动销或近效期的药品积极采取措施并及时反映汇报。
⑤ 接到质量问题的通知单后，要立即停止销售，依据处理程序及时办理，严禁出售有质量问题的药品。
⑥ 及时上报有关药品不良反应的情况。

4. 营业员的素质

① 具有一定的专业知识与服务技能，熟悉了解各类药品的药理作用、功效、规格、适应症及价格。
② 认真执行国家有关法律法规，恪于职守，爱岗敬业。
③ 注意观察分析顾客心理，正确引导消费。
④ 规范服务和营业用语。

5. 营业员工作规范

① 努力学习业务知识，掌握经营药品的通用名、商品名、规格、性能、用途、用法、价格及药品一般保管使用知识。
② 接待顾客主动热情、耐心周到、有问必答，主动介绍药品用途和服用方法。
③ 严格执行供应政策和物价政策，药品有货有样、明码标价，特殊药品专柜存放，药品做到先产先出、近期先出，确保质量。
④ 掌握销售规律及市场供应情况，合理调整库存，积极组织适销对路的品种，实事求是地宣传新品和介绍代用品。
⑤ 按规定搞好药品陈列，保持店内、外卫生。
⑥ 严格遵守企业规章制度，坚守岗位，站好柜台；工作时着统一工作服，保持整洁，佩戴上岗证。
⑦ 每次货到后及时收验、变价、记卡，发现问题及时联系查处。每月全面盘点一次，做到账货相符，对有问题的药品要查明原因及时上报。
⑧ 及时做好各种报表，严格执行交接班规定，有关业务凭证妥善保管，不得丢失。

6. 营业员质量职责

① 销售近效期药品应当向顾客告知有效期。销售中药饮片做到计量准确，并告知煎服方法及注意事项。
② 把好所负责保管药品的质量关，对易破碎、受潮、霉变及近效期（6个月）药品要加强检查，做到不合格药品不上柜、不出售。
③ 出售外用药品必须详细说明使用方法和注意事项，以免消费者滥用。
④ 做好药品质量管理工作，加强药品质量的养护，柜台的摆放位置应有利于"易变先出""先产先出""近期先出"。经常注意效期品种的销售和陈列状况，特殊情况随时报告。
⑤ 销售二类精神药品时凭盖有医院公章的医生处方，每次限量供应，处方留存2年。
⑥ 发现药品不良反应情况应及时准确上报。

> **小试牛刀**
>
> ### 医药代表
>
> **职业描述** 医药代表是指代表药品上市许可持有人在中华人民共和国境内从事药品信息传递、沟通、反馈的专业人员。
>
> **主要工作任务** ①拟订医药产品推广计划和方案；②向医务人员传递医药产品相关信息；③协助医务人员合理使用本企业医药产品；④收集、反馈药品临床使用情况及医院需求信息。
>
> **学术推广形式** ①在医疗机构当面与医务人员和药事人员沟通；②举办学术会议、讲座；③提供学术资料；④通过互联网或者电话会议沟通；⑤医疗机构同意的其他形式。
>
> **职业素质与要求** 医药代表既要具有良好的口才和交际能力，更应该具有扎实的专业知识，能对药品的研发情况、药理作用、临床效果、同类比较状况、市场发展及相关政策法规方针等有充分的理解和自己的想法。最为重要的是应具有良好的职业道德并有意识地培养良好的职业操守。医药代表应具有的专业知识包括：药学专业知识（药理学、药剂学、药物化学、生物化学等），医学基础知识（临床医学基础、解剖学、生理学、病理学、病原微生物学与免疫学等）。在基本能力方面，医药代表应具备社会交往能力。在心理素质上，应当乐观向上、易于相处、诚实守信、道德高尚、开拓创新、敢于挑战。
>
> ［问题与思考］
> 1. 谈谈掌握药事法律法规对医药代表的意义。
> 2. 如果你是一名医药代表，谈谈你的工作设想。

点滴

工欲善其事
必先利其器

二、药品销售计划

根据企业总体经营计划与市场变化信息，进行分类市场的分析预测，按期确定销售计划。按销售计划做好销售准备，包括适销药品的货源准备、库存药品的排队分析以及包括销售资金信誉在内的对象选择。按合同法及 GSP 有关规定签订含质量条款在内的销售合同，认真审核、登记、传递、汇总、分析，并按合同要求开单销售。开展市场预测和销售活动分析，包括收集、通报各时期相关地区的疫情、灾情、气象、突发事件，并及时作出用药需求和趋势的预测，销售对象、品种的重点分析，药品市场的占有率分析，经济指标与质量指标的综合分析等。根据预测分析结果，合理调整库存，优化品种结构，增加销售，扩大市场占有率。

三、药品销售管理

（一）药品批发企业销售规范

药品批发企业在销售药品时，要注意规范以下影响质量的关键环节。

小试牛刀

挂靠经营是指药品经营企业为其他无证单位或个人提供药品经营场地、资质证明以及票据等条件，以使挂靠经营者得以从事药品经营活动。对于药品经营企业，接受挂靠的性质是出租、出借证照；对于挂靠经营者，进行挂靠的性质是无证经营。挂靠经营具有隐蔽性、诈骗性。难以确定销售人员的企业员工身份，药品购销凭证与物流凭证不符，往来资金不使用企业统一账户，非企业人员利用企业的场地和设施销售非企业购进的药品，扰乱药品市场流通秩序，为假劣药流入市场提供了机会。

谈谈合法经营的必要性，如何做到合法经营？

技能点
销售行为合法性判断

1. 销售行为的合法性

药品批发企业销售药品时，应严格遵守国家有关法律、法规，依法规范经营，严禁销售假药、劣药，确保药品经营行为的合法性和所经营药品的质量。对销售药品应如实开具发票并做到票、账、货、款一致，销售票据应按规定保存。销售活动中应遵循的基本原则如下：

① 严格遵守国家有关法律、法规，依法规范经营；
② 严格按照《药品经营许可证》、营业执照核准的经营方式和经营范围开展药品经营活动；
③ 不得将药品销售给未取得《药品经营（生产）许可证》《医疗机构执业许可证》及营业执照的单位或个人；
④ 不得将药品销售给直接的使用者和患者；
⑤ 不得参与非法药品市场或其他违法的药品推销或推介活动；
⑥ 不得冒用其他企业名义销售药品；
⑦ 正确介绍药品，不得虚假夸大、误导用户；
⑧ 不有意隐瞒存在的毒副作用或不良反应等相关警示用语。

拓展方舟

假药和劣药

有下列情形之一的，为假药：
- 药品所含成分与国家药品标准规定的成分不符；
- 以非药品冒充药品或者以他种药品冒充此种药品；
- 变质的药品；
- 药品所标明的适应症或者功能主治超出规定范围。

有下列情形之一的，为劣药：
- 药品成分的含量不符合国家药品标准；
- 被污染的药品；
- 未标明或者更改有效期的药品；
- 未注明或者更改产品批号的药品；

- 超过有效期的药品；
- 擅自添加防腐剂、辅料的药品；
- 其他不符合药品标准的药品。

2. 销售对象合法性

药品批发企业应依法将药品销售给合法的购货单位，严格审核购货单位的生产范围、经营范围或诊疗范围，并按相应范围销售药品，不得向证照不全的单位或个人销售药品，保证药品销售流向真实、合法。

（1）职责分工　由业务销售部门负责收集购货单位合法资质证明，质量管理部门负责审核购货单位及其采购人员的合法性。

（2）审核依据　销售客户的合法证照、有关合法资质证明及其他有效的信息资料。

（3）审核内容

① 审核《药品经营（生产）许可证》与营业执照的合法性及有效性，证照复印件应加盖持证单位公章原印章；

② 审核购货方证照核准项目与其实际经营行为是否相符；药品批发企业不得将处方药销售给非药品经营企业（如超市、商店）和无处方药经营范围的药品经营企业；

③ 对各级医疗机构，审核其是否取得《医疗机构执业许可证》；军队所属医疗机构，审核是否具有军队主管部门批准的对外服务证明，各证明的复印件应加盖持证单位公章原印章；

④ 药品生产企业、科研机构因科研需要购药的，应提供相关审核证明；

⑤ 核实药品采购人员及上门自行提货人员的合法资格及身份证明。

（4）相关记录　药品销售部门应填写"首营客户审核表"，建立合法销售客户档案。

（二）药品零售企业和零售连锁企业门店的销售规范

1. 营业场所要求

（1）在营业场所的显著位置悬挂《药品经营许可证》、营业执照、执业药师注册证等。

（2）在营业场所公布药品监督管理部门的监督电话，悬挂在醒目、易见的地方，方便群众举报、投诉和监督。

（3）设置顾客意见簿，对顾客反映的药品质量问题详细记录、及时处理。

（4）对营业场所温度进行监测和调控，以使营业场所的温度符合常温（10～30℃）要求。明确监测时间、次数、人员以及监测发现问题后应采取的措施。

（5）建立卫生制度，定期进行卫生检查，保持环境整洁。存放、陈列药品的设备应当保持清洁卫生，不得放置与销售活动无关的物品，并采取防虫、防鼠等措施，防止污染药品。

> **技能点**
> 销售对象合法性判断

> **注意**
> 索取医疗机构的许可证有时可以不必盖公章，通过在卫健部门网站查询，有资质的即可。某些医疗机构如乡镇卫生所、卫生室为非营利性机构，无公章或其他章，由法人或负责人签字可以认可。

2. 人员要求

（1）营业人员应当佩戴有照片、姓名、岗位等内容的工作牌。执业药师和药学技术人员的工作牌还应当标明执业资格或者药学专业技术职称。

（2）在岗执业的执业药师应当挂牌明示。

（3）经营处方药、甲类非处方药的药品零售企业应当按照规定配备执业药师或者其他依法经过资格认定的药学技术人员，负责药品质量管理、处方审核和调配、合理用药指导以及不良反应信息收集与报告等工作，并能保证其在营业时间正常履职。

（4）营业时间内，执业药师或者其他依法经过资格认定的药学技术人员不在岗时，应当挂牌告知；未经执业药师或者其他依法经过资格认定的药学技术人员审核处方，不得销售处方药。

3. 药品陈列要求

药品陈列

（1）按剂型、用途以及储存要求分类陈列，并设置醒目标志，类别标签字迹清晰、放置准确。

（2）药品放置于货架（柜），摆放整齐有序，避免阳光直射。

（3）处方药、非处方药分区陈列，并有处方药、非处方药专用标识。

（4）处方药不得采用开架自选的方式陈列。

（5）外用药与其他药品分开摆放。

（6）拆零销售的药品集中存放于拆零专柜或者专区。

（7）第二类精神药品、毒性中药品种和罂粟壳不得陈列。

药品陈列

（8）冷藏药品放置在冷藏设备中，按规定对温度进行监测和记录，并保证存放温度符合要求。

（9）经营非药品应当设置专区，与药品区域明显隔离，并有醒目标志。

4. 处方药销售规定

（1）处方经执业药师审核后方可调配；对处方所列药品不得擅自更改或者代用，对有配伍禁忌或者超剂量的处方，应当拒绝调配，但经处方医师更正或者重新签字确认的，可以调配；调配处方后经过核对方可销售。处方审核、调配、核对人员应当在处方上签字或者盖章，处方或者其复印件必须保留不少于5年。

（2）不得经营疫苗、中药配方颗粒等国家禁止药品经营企业经营的药品。不得销售麻醉药品、第一类精神药品、放射性药品、药品类易制毒化学品、蛋白同化制剂、肽类激素（胰岛素除外）、终止妊娠药品。

案例
未凭处方销售
处方药行为

（3）必须凭处方销售的药品：注射剂、医疗用毒性药品、第二类精神药品、九大类药店不得经营的药品以外其他按兴奋剂管理的药品、精神障碍治疗药（抗精神病、抗焦虑、抗躁狂、抗抑郁药）、抗病毒药（逆转录酶抑制剂和蛋白酶抑制剂）、肿瘤治疗药、含麻醉药品的复方口服溶液和曲马多制剂、未列入非处方药目录的抗菌药和激素，以及国家药品监督管理部门公布的其他必须凭处方销售的药品。

（4）药品零售企业对上述规定以外的处方药可暂实行凭处方销售或登记销售

制度，须经药师审核、登记、签字后方可销售，要认真填写"处方药登记销售记录表"（表 9-1），处方药登记销售记录表应至少保留 5 年。

（5）处方药不应采用开架自选的销售方式。

表 9-1 处方药登记销售记录表

编号：

购药日期	药品名称、规格	批号	数量	患者姓名	性别	年龄	联系方式（地址或电话或单位）	诊断结论或病情主述	使用风险告知确认	审方人	配方人	复核人	备注

技能点
记录填制

5. 中药饮片销售规定

（1）中药饮片柜斗谱的书写应当正名正字；装斗前应当复核，防止错斗、串斗；应当定期清斗，防止饮片生虫、发霉、变质；不同批号的饮片装斗前应当清斗并记录。

（2）销售中药饮片做到计量准确，并告知煎服方法及注意事项；提供中药饮片代煎服务，应当符合国家有关规定。

6. 效期管理

（1）销售近效期药品应当向顾客告知有效期。

（2）企业应当对药品的有效期进行跟踪管理，防止近效期药品售出后可能发生的过期使用。

7. 其他方面要求

（1）企业应当将销售的药品核验无误后直接交付给购买者。确需配送的，应当保证药品配送全过程符合药品储存和运输要求，配送过程可追溯。配送记录与药品销售记录一同留存，配送记录应包含配送药品的时间、药品名称、批号、数量、接收的时间，冷藏、冷冻药品应当提供配送过程的温度记录。

（2）销售药品时，应当开具标明药品通用名称、上市许可持有人（中药饮片标明生产企业、产地）、批号、剂型、规格、销售数量、销售价格、销售日期、销售企业名称等内容的凭证。

（3）企业应当定期对陈列、存放的药品进行检查，重点检查拆零药品和易变质、近效期、摆放时间较长的药品以及中药饮片。发现有质量疑问的药品应当及时撤柜，停止销售，由质量管理人员确认和处理，并保留相关记录。

（4）企业发现已售出药品有严重质量问题，应当及时采取措施追回药品并做好记录，同时向药品监督管理部门报告。

（5）除药品质量原因外，药品一经售出，不得退换。

（6）不得以买药品赠药品或者买商品赠药品等方式向公众赠送处方药、甲类非处方药。

（7）非本企业在职人员不得在营业场所内从事药品销售相关活动。

案例
买药品赠商品
促销案

四、销售凭证管理

为了规范企业药品经营行为,加强对药品销售活动的监督管理,对售出药品进行有效的质量追踪,药品批发企业销售部门负责建立药品的销售记录。销售记录应保存至少 5 年。销售记录内容见表 9-2。

技能点
记录填制

表 9-2 药品销售记录

编号:　　　　　　　　　　　　　　　　　　　　业务员:

销售日期	通用名称	商品名称	剂型	规格	批号	有效期	销售数量	上市许可持有人	生产企业	购货单位	单价	金额合计	备注

进行药品直调的,应当建立专门的销售记录。

中药材销售记录应当包括品名、规格、产地、购货单位、销售数量、单价、金额、销售日期等内容;中药饮片销售记录应当包括品名、规格、批号、产地、生产厂商、购货单位、销售数量、单价、金额、销售日期等内容。

在药品销售过程中伴随着大量凭证和记录的流转,作为 GSP 软件管理的一部分,药品经营企业应加强销售凭证管理,建立明确规定销售凭证的流转程序与交接手续制度并严格执行,使凭证的管理规范化、制度化,确保凭证迅速、准确、畅通地传递,防止凭证的流散和丢失。

销售凭证的填制必须项目清楚,内容完整,销售凭证和记录应便于质量跟踪,同一药品的名称及计量单位必须统一,不得任意涂改。

单元二　拆零及特殊管理药品的销售

一、药品拆零销售

重点与难点
拆零销售、特管药销售

1. 药品拆零的情况

药品拆零是指零售药店在销售中,将最小销售单元拆开以便于销售,而且拆开的包装已不能完整反映药品的名称、规格、用法、用量、有效期等全部内容。通常情况下,药品拆零应主要根据药品最小包装单元的情况来决定。

药品的包装通常有大包装或称外包装、中包装、小包装。直接接触药品的叫最小包装,如瓶、复合膜袋、安瓿、铝塑泡罩板等。药品的最小包装单元一般是瓶、盒、袋等。药品的最小销售单元,是指最小包装中含有完整的药品标签和说明书的药品,有两种不同的情况。

第一种情况,如果销售的药品是以瓶、盒、袋为单位销售的,且包装上按规定印有或贴有标签并附有说明书的，应不属拆零。包装盒（袋）内按每次或每日剂量分包（袋）包装者，且每小包（袋）印有或贴有使用说明，可以以小包（袋）为销售单元销售的，亦可不算拆零。

例如罗红霉素胶囊，其规格为150毫克×6粒×1板，内包装为铝塑泡罩板，外包装为纸盒，内附药品说明书。如以盒为最小包装单元销售，已能完整反映药品的名称、规格、用法、用量、有效期等全部内容，应不属拆零。

第二种情况，即破坏以瓶、盒、袋包装，以片、粒、支为单位进行销售，此类情况，以片剂、胶囊最为多见，已不能完整反映药品的名称、规格、用法、用量、有效期等全部内容，则必须按药品拆零进行管理。

同样以罗红霉素胶囊为例，其规格为150毫克×6粒×1板，如在销售时，取其1～5粒，以粒为单位进行销售，破坏了其最小包装单元，已不能完整反映药品的名称、规格、用法、用量、有效期等全部内容，则必须按药品拆零进行管理。

2. 药品拆零的原则

药品拆零应在保证药品质量的前提下，方便人民群众用药，方可拆零销售。一般情况下，无论是瓶装、铝塑泡罩板装、袋装的片剂、胶囊，在遵循以上原则的基础上是可以进行拆零销售的。而颗粒剂、液体制剂类，其最小包装是不允许破坏而拆零销售的。

> **技能点**
> 药品拆零

丸剂、安瓿或塑料管装的口服液，在用量和最小包装的装量上，一般以1日至3日用量为多见，通常情况是以盒为单位销售，不会破坏其最小包装单元。

软膏类通常以支为单位，外面有纸盒包装，内附说明书。销售时也不存在破坏最小包装单元的情况，均以支为单位进行销售，不属拆零药品的范畴。

注射剂多数是以5～10支为计量单位用瓦楞纸盒包装的，内附说明书，如果以盒为单位销售，没有破坏其最小包装单元，则不属拆零。如果取其中几支销售，则应属拆零销售的范畴。

个别药品则以支为单位，外面用纸盒包装，内附说明书，此类情况一般是以支为单位进行销售的，不会破坏其最小包装单元，不属拆零销售范畴。

50毫升以上的瓶装注射液，通常情况下，没有中包装，而是以15～20瓶用纸箱进行大包装的。一般是以瓶为单位进行销售，此类情况，其标签上的内容，符合《药品说明书和标签管理规定》，而且在包装箱内附有等量的药品说明书，能完整反映药品的名称、规格、用法、用量、有效期等全部内容，亦可不按拆零药品销售管理。

3. 药品拆零的质量管理

（1）拆零药品的储存环境，必须设立药品拆零销售专柜，拆零药品集中存放，并由经过专门培训的人员管理。备好销售必备的拆零工作台及工具，如药匙、包装袋等，并保持清洁卫生，防止交叉污染。

（2）破坏最小包装单元的拆零药品应集中存放于药品拆零专柜，保留最小包装单元的包装，至销售完为止。

（3）在药品拆零销售时，应使用洁净、卫生的包装，包装上写明药品名称、批号、规格、数量、用法、用量、有效期以及药店名称等内容，并向顾客提供药品说明书原件或者复印件。

> 议一议
> 药品拆零销售应如何管理？

（4）拆零销售期间，保留原包装和说明书。

（5）拆零药品应做好拆零记录，一般包括：拆零起止日期、药品的通用名称、规格、批号、有效期、销售数量、销售日期、生产企业、分拆及复核人员等。从开始拆零至销售完毕或有质量问题撤柜。表格见表9-3。

> 技能点
> 记录填制

表 9-3 拆零销售记录表

编号：
类别：处方药□　　OTC□

药品通用名			商品名		规格		批号	
上市许可持有人			生产企业		单位		有效期	
日期		数量		质量状况	病人信息	病情主述	剩余数量	分拆人	复核人	备注
拆零日期	销售日期	拆零数量	销售数量							

注：OTC类药品病人信息和病情主述项可不填。

（6）建立养护检查制度，防止拆零药品因光线、空气、湿度、温度等引起药品变质。对拆零药品至少每半个月要检查一次，并做好检查记录。如有变质现象发生，立即撤柜，按相关管理程序予以处理。

二、特殊管理药品的销售

案例
非法购销精神药品案

特殊管理药品是指国家制定法律制度，实行比其他药品更加严格的管制的药品，包括麻醉药品、精神药品、医疗用毒性药品、放射性药品。

（1）麻醉药品和第一类精神药品不得零售。

（2）经所在地设区的市级药品监督管理部门批准，零售连锁企业可以零售第二类精神药品，必须凭执业医师处方、按规定剂量销售，处方保存2年。处方应经执业药师或其他依法经过资格认定的药学技术人员复核。第二类精神药品一般每张处方不得超过7日常用量。禁止超剂量或者无处方销售第二类精神药品。

> 注意
> 对含特殊管理的药品的复方制剂，主要控制：一是客户采购数量和次数；二是不允许现金往来；三是送货签收。

（3）零售企业不得向未成年人销售第二类精神药品，在难以确定购药者是否为未成年人的情况下，可查验购药者身份证明。

（4）麻醉药品目录中的罂粟壳必须凭盖有乡镇卫生院以上医疗机构公章的医生处方配方使用，不准生用，严禁单味零售，处方保存3年。

（5）禁止使用现金进行麻醉药品和精神药品交易，但是个人合法购买麻醉药品和精神药品的除外。

（6）全国性批发企业和区域性批发企业向医疗机构销售麻醉药品和第一类精神药品，应当将药品送至医疗机构。医疗机构不得自行提货。

单元三 售后管理

药品经营企业应建立访问用户或定期联系制度，通过多种形式，对药品质量开展调查研究，广泛收集并重视用户对药品质量的评价意见，搞好用户意见的反馈和处理，定期汇总分析，向有关部门通报情况。

企业对在查询、投诉、抽查和销售过程中发现的质量问题要查明原因，分清责任，采取有效的处理措施，并做好处理记录。对已售出的药品如发现质量问题，应及时向药品监督管理部门报告，并及时、完整地追回所销售药品，做好售出药品的追回记录。

> **重点与难点**
> 质量投诉

一、质量查询

质量查询是企业在正常的业务经营活动中，针对药品质量问题的信息检索、问题咨询、质量确认等内容，向药品的购销业务单位、药品监督管理部门提出的核实性要求。一般采用书面信函、电话查询、电子信息传递等方式。

质量查询既可以是本企业向外部单位提出，也可由外部环境向本企业提出。企业应对各种质量查询进行分类管理，并做好记录。记录格式参见表9-4。

表9-4 药品质量查询记录表

编号：

序号	日期	查询单位	文件编号	查询内容	情况核实	处理结果	责任人	记录人	备注

二、质量投诉

质量投诉分为企业内部工作质量投诉和企业外部投诉。内部工作质量投诉主要指企业内部质量管理活动中，相关环节对协作部门工作质量、服务质量内容，向质量管理机构或最高领导者提出的事实反映及权益保障要求。企业外部投诉分为药品质量投诉和服务质量投诉，即客户针对企业所提供的服务内容及药品质量，向企业内设的客户服务部门或向药品监督管理部门、主管部门提出的权益申诉及要求。

> **技能点**
> 投诉处理

企业应制定投诉管理操作规程，内容包括投诉渠道及方式、档案记录、调查与评估、处理措施、反馈和事后跟踪等，并配备专职或者兼职人员负责售后投诉管理。

企业应认真对待各类质量投诉，对质量投诉的内容和问题进行分析，查明原因，提出明确的反馈意见及有效的处理措施。属于药品本身的质量问题，要根据实际情况，按照有关规定，承担应该承担的质量责任，造成经济损失的还应负责赔偿实际经济损失。必要时应当通知供货单位及药品生产企业。属用户储运或保管不当而造成

如何处理顾客投诉

三、用户访问

为了完善和提高企业的经营服务质量水平，企业应定期或不定期地广泛征求用户对药品质量和服务质量的意见和建议，可采取书面征询、会议座谈、上门调查等方式。

每次访问应事先做好充分准备，明确访问目的，拟订调查提纲，组织好访问人员，注重工作效果，并做好访问记录，建立用户访问工作档案。企业对用户反映的意见和提出的问题必须跟踪了解，研究整改措施，做到件件有交代、桩桩有答复。据此也可以了解企业质量管理的薄弱环节，为强化管理提供有效的参考依据。

单元四　其他相关要求

一、药品不良反应报告

> **重点与难点**
> ADR 报告、药品广告

我国实行药品不良反应（ADR）报告制度。药品生产企业、药品经营企业和医疗机构必须经常考察本单位所生产、经营、使用的药品质量、疗效和反应。发现可能与用药有关的严重不良反应，必须及时向当地省、自治区、直辖市人民政府药品监督管理部门和卫生行政部门报告。

1. 药品不良反应监测报告制度的意义

药品不良反应监测报告制度的目的就是为了更科学地指导合理用药，保障上市药品的安全有效。通过药品不良反应监测制度的实施，可以防止历史上药害事件的重演，为新药评审、上市药品的监测和再评价提供服务，为整顿和淘汰药品提供依据。开展药品不良反应监测报告，可以促进新药研制，促进合理用药，促进临床药学研究和药物流行病学研究。实行此制度也有利于开展国际药品信息交流，利用世界各国的信息为我国药品安全监测服务，提高我国药品质量和药物治疗水平。

2. 药品不良反应监测报告范围

> **技能点**
> ADR 报告范围识别

药品不良反应（ADR），是指合格药品在正常用法、用量下出现的与用药目的无关的或意外的有害反应。对那些有意或无意的超剂量、错误用药，或者管理差错产生的后果，都不属于药品不良反应，都不在监测范围之内。

除了所有危及生命、致残直至丧失劳动能力或死亡等严重不良反应外，我国要求报告的范围还包括：

（1）对人体有害的副作用，是治疗剂量的药物所产生的某些与治疗目的无关的作用。

（2）毒性反应，虽然也是常规使用剂量，但由于使用者的年龄、体质状况而造成相对药物剂量过大或用药时间过长引起的反应，这类反应对人体危害较大。临床常见的毒性反应有中枢神经反应，如头痛、眩晕、失眠、耳鸣、耳聋等；造血系统反应，如再生障碍性贫血、粒细胞减少等；肝肾损害，如肝肿大、肝痛、肝肾功能减退、黄疸、血尿、蛋白尿等；心血管系统反应，如血压下降或升高、心律失常等。

（3）各种类型的过敏反应，也称变态反应，只有特异性体质的病人才能出现，与药物剂量无关。临床常见的过敏反应有全身性反应、皮肤反应等。

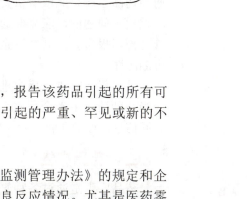

（4）新药投产使用后发生的各种不良反应。

（5）疑为药品所致的突变、癌变、畸形。

（6）非麻醉药品产生的药物依赖性。

（7）疑为药品间相互作用导致的不良反应。

（8）其他一切意外的不良反应。

上市 5 年以内的药品和列为国家重点监测的药品，报告该药品引起的所有可疑不良反应；上市 5 年以上的药品，主要报告该药品引起的严重、罕见或新的不良反应。

3. 药品经营企业的药品不良反应报告

药品经营企业应按照国家《药品不良反应报告和监测管理办法》的规定和企业的相关制度，注意收集并记录本企业售出药品的不良反应情况。尤其是医药零售企业，直接与消费者接触，对于消费者在使用过程中出现的质量问题和不良反应，应及时向质量管理部门汇报，经质量管理部门调查汇总后，向当地药品监督管理部门报告。国家对药品不良反应实行逐级、定期报告制度。严重或罕见的药品不良反应须随时报告，必要时可以越级报告。

药品不良反应/事件报告表

药品经营企业要建立药品不良反应报告的管理制度或程序，质量管理部门配备专职或者兼职人员负责本单位药品不良反应的情况收集、报告和管理工作。在各类与质量管理相关的人员岗位职责中要明确其不良反应报告的责任，并严格按制度和要求执行。

二、药品召回

药品召回是指药品生产企业，包括进口药品的境外制药厂商，按照规定程序收回已上市销售的存在安全隐患的药品。安全隐患，是指由于研发、生产等原因可能使药品具有的危及人体健康和生命安全的不合理危险。对发现有可能对健康带来危害的药品及时采取召回措施，有利于保护公众用药安全。已经确认为假药、劣药的，不适用召回程序。

药品召回分两类、三级，有利于风险控制。两类即主动召回和责令召回。责令召回是指药品监管部门经过调查评估，认为存在安全隐患，药品生产企业应当召回药品而未主动召回的，应当责令药品生产企业召回药品。三级是根据药品安全隐患的严重程度来区分的，一级召回是针对使用该药品可能引起严重健康危害的；二级召回是针对使用该药品可能引起暂时的或者可逆的健康危害的；三级召回是针对使用该药品一般不会引起健康危害,但由于其他原因需要收回的。药品生产企业在作出药品召回决定后,应当制订召回计划并组织实施。见表9-5。

表9-5 药品主动召回有关时限规定

时限规定 \ 分级	一级召回	二级召回	三级召回
通知停售停用期限	24小时	48小时	72小时
提交评估报告及召回计划时限	1日	3日	7日
报告药品召回进展时限	每日	每3日	每7日

药品经营企业发现其经营的药品存在安全隐患的,应当立即停止销售该药品,通知药品生产企业或者供货商,并向药品监督管理部门报告;发现已售出药品有严重质量问题的,应立即通知购货单位停售、追回并做好记录,同时向药品监督管理部门报告。药品经营企业应当建立和保存完整的购销记录,保证销售药品的可溯源性。

进口药品需要在境内进行召回的,由进口单位负责具体实施。药品经营企业应当协助药品生产企业履行召回义务,按照召回计划的要求及时传达、反馈药品召回信息,控制和收回存在安全隐患的药品,并建立药品召回记录。

三、药品广告

药品广告是通过各种媒体宣传药品和药品生产、经营企业形象的一种商业广告。药品广告的社会效益是提供药品信息,指导广大消费者合理用药,促进医药卫生事业的健康发展。药品生产、经营企业及其销售人员应正确介绍药品,不得虚假夸大和误导用户。药品营销宣传应严格执行国家有关广告管理的法律、法规,宣传的内容必须以国家药品监督管理部门批准的药品说明书为准,不得含有虚假的内容。

> 点滴
> 土扶可城墙
> 积德为厚地

处方药可以在国务院卫生行政部门和国务院药品监督管理部门共同指定的医学、药学专业刊物上介绍,但不得在大众传播媒介发布广告或者以其他方式进行以公众为对象的广告宣传。

1. 药品广告审查机关和审查依据

药品广告必须经企业所在地省、自治区、直辖市市场监督管理部门、药品监督管理部门审查批准,并取得广告批准文号,才能发布。未经审查不得发布药品广告。

药品广告应当真实、合法,不得含有虚假或者引人误解的内容。药品广告的内容应当以国务院药品监督管理部门核准的说明书为准。药品广告涉及药品名称、药品适应症或者功能主治、药理作用等内容的,不得超出说明书范围。在零售店堂内外进行药品广告宣传时,应符合国家有关药品广告的法律规定。所有店堂内外的药品灯箱广告均须依法进行审批。

2. 禁止发布广告的药品品种

(1)麻醉药品、精神药品、医疗用毒性药品、放射性药品、药品类易制毒化学品,以及戒毒治疗的药品;

(2)军队特需药品、军队医疗机构配制的制剂;

（3）医疗机构配制的制剂；

（4）依法停止或者禁止生产、销售或者使用的药品；

（5）法律、行政法规禁止发布广告的情形。

3. 药品广告中禁止出现的用语和内容

药品广告不得包含下列情形：

（1）使用或者变相使用国家机关、国家机关工作人员、军队单位或者军队人员的名义或者形象，或者利用军队装备、设施等从事广告宣传；

▶ 技能点
违法广告识别

（2）使用科研单位、学术机构、行业协会或者专家、学者、医师、药师、临床营养师、患者等的名义或者形象作推荐、证明；

（3）违反科学规律，明示或者暗示可以治疗所有疾病、适应所有症状、适应所有人群，或者正常生活和治疗病症所必需等内容；

（4）引起公众对所处健康状况和所患疾病产生不必要的担忧和恐惧，或者使公众误解不使用该产品会患某种疾病或者加重病情的内容；

（5）含有"安全""安全无毒副作用""毒副作用小"；明示或者暗示成分为"天然"，因而安全性有保证等内容；

（6）含有"热销、抢购、试用""家庭必备、免费治疗、免费赠送"等诱导性内容，"评比、排序、推荐、指定、选用、获奖"等综合性评价内容，"无效退款、保险公司保险"等保证性内容，怂恿消费者任意、过量使用药品、保健食品和特殊医学用途配方食品的内容；

（7）含有医疗机构的名称、地址、联系方式、诊疗项目、诊疗方法以及有关义诊、医疗咨询电话、开设特约门诊等医疗服务的内容；

（8）法律、行政法规规定不得含有的其他内容。

小试牛刀

1. 某药业有限公司生产的"茸杞补肾健脾茶"，其批准的药品功能主治为"补肾助阳，益气健脾。适用于肾阳虚证所致的腰膝酸软，畏寒肢冷，精神不振，气短，夜尿频多，大便溏薄等症"。该药品为非处方药，在媒体发布的广告宣称"有清肾毒和排腺毒，双洗双排，肾腺同治同养的特殊功效；每天只需3杯，起到清洗肾毒腺毒作用；服用一盒见效"等。

2. 某药业有限责任公司生产的"十八味杜鹃丸"，其批准的药品功能主治为"祛风通络，活血。用于血脉病引起的四肢麻木，震颤，肌肉萎缩，筋腱拘挛，口眼歪斜等症"。该药品为处方药，在大众媒体发布的广告宣称"首次实现药性转换，突破血脑屏障，激活大脑细胞，让中风偏瘫一次治好；中风偏瘫要复原，就用母地0.3"等。

分析以上案例，讨论在生活中遇到的违法药品广告。

> 点滴
>
> 力学如力耕
> 勤惰尔自知
> 但使书种多
> 会有岁稔时

一、单项选择

1. 药品经营企业在营业场所内的行为不正确的是（　　）。
   A. 公布企业投诉电话，未公布药品监督管理部门的监督电话
   B. 设置顾客意见簿
   C. 设置饮水机和电子体重秤
   D. 免费测量血压

2. 药品批发企业审核购货单位合法资格的内容可以不包括（　　）。
   A. 药品生产企业的生产范围　　　B. 药品经营企业的经营范围
   C. 医疗机构的诊疗范围　　　　　D. 购药企业无违法违规行为记录证明

3. 以下药品零售企业经营行为错误的是（　　）。
   A. 处方药在营业店堂内进行广告宣传
   B. 应按国家有关药品不良反应报告制度，做好药品不良反应报告工作
   C. 正确介绍药品，不得虚假夸大、误导用户
   D. 销售中药饮片应符合炮制规范，并做到计量准确

4. 以下关于药品零售企业管理说法不正确的是（　　）。
   A. 处方药与非处方药应分区陈列　　　B. 陈列处方药和非处方药应有专用标识
   C. 药品零售企业不可以设置库房　　　D. 非药品区应有醒目标志

5. 以下药品批发企业销售行为错误的是（　　）。
   A. 销售药品如实开具发票，做到票、账、货、款一致
   B. 因需求多元化，将药品销售给直接的使用者和患者
   C. 正确介绍药品，不虚假夸大、误导用户
   D. 严格遵守国家有关法律、法规，依法规范经营

6. 药品批发企业销售记录的内容可以不包括（　　）。
   A. 药品的通用名称、规格、批号　　　B. 生产厂商、购货单位
   C. 供货单位、采购员　　　　　　　　D. 销售数量、金额

7. 药品经营企业发现已售出药品有严重质量问题，应当采取的措施可以不包括（　　）。
   A. 立即通知购货单位停售　　　B. 向药品监督管理部门报告
   C. 追回售出的药品并做好记录　D. 将追回药品抽样送药品检验机构检验

8. 药品经营企业针对药品不良反应监测和报告，不正确的做法是（　　）。
   A. 明确销售部门承担药品不良反应监测和报告工作
   B. 配备专职或者兼职人员具体负责
   C. 与质量管理相关人员的岗位职责中要明确其不良反应报告的责任
   D. 对相关人员进行药品不良反应知识的培训和考核

二、多项选择

1 以下属于药品陈列要求的是（   ）。
A. 处方药可以采用开架自选的方式陈列
B. 外用药与其他药品应分开摆放
C. 拆零销售的药品集中应存放于拆零专柜或者专区
D. 第二类精神药品、毒性中药品种和罂粟壳不得陈列
E. 冷藏药品应放置在冷藏设备中

2. 药品零售企业对陈列、存放的药品重点进行检查的是（   ）。
A. 拆零药品　　B. 易变质药品　　C. 近效期药品
D. 摆放时间较长的药品　　E. 中药饮片

3. 药品批发企业销售药品时要做到（   ）。
A. 将药品销售给合法的购货单位　　B. 核实购货单位的合法证明文件
C. 核实采购人员身份证明　　D. 核实提货人员的身份证明
E. 证明文件复印件需要加盖购货单位公章原印章

4. 药品经营企业，销售处方药时要做到（   ）。
A. 处方经执业药师审核后方可调配
B. 对处方所列药品不得擅自更改或者代用
C. 对有配伍禁忌或者超剂量的处方，应当拒绝调配
D. 调配处方后经过核对方可销售
E. 处方保存需用原件，不可用复印件代替

5. 关于药品零售企业销售规范，以下哪些是正确的。（   ）
A. 营业场所悬挂《药品经营许可证》和营业执照
B. 药品如有质量问题，售出后可以退换
C. 药品生产企业可以派人在零售企业营业场所内从事本企业药品促销活动
D. 销售药品应当开具销售凭证
E. 零售企业不需要做销售记录

6. 关于中药饮片的陈列与储存说法正确的是（   ）。
A. 中药饮片柜斗谱的书写应当正名正字
B. 装斗前应当复核，防止错斗、串斗
C. 应当定期清斗
D. 不同生产企业的相同饮片可以装入同一个药斗
E. 不同批号的饮片装斗前应当清斗并记录

7. 关于药品拆零销售，以下哪些内容是正确的。（   ）
A. 在方便人民群众用药的前提下，可以对所有药品进行拆零销售
B. 负责拆零销售的人员应经过专门培训
C. 拆零销售期间，不必保留原包装
D. 颗粒剂、液体制剂类，其最小包装不允许破坏，不能拆零销售
E. 药品拆零销售应提供药品说明书原件或者复印件

8. 药品零售企业对营业场所的管理要求包括（　　）。
A. 营业场所应进行温度监测和调控
B. 营业场所的温度应当符合阴凉温度要求
C. 定期检查营业场所卫生，保持环境整洁
D. 营业场所应采取防虫、防鼠措施
E. 营业场所不得放置与销售活动无关的物品

三、简答题

1. 药品拆零销售应该如何管理？
2. 药品经营企业如何做好售后管理？
3. 简述特殊管理药品的种类及管理要求。
4. 简述药店营业员的工作规范及其质量职责。
5. 简述药品销售人员的素质要求及其质量职责。

温故知新 9

学以致用

1. 设计一份中药饮片销售记录。
2. 绘制一份零售药房药品陈列平面布局图。

实训项目七　药品陈列

一、实训目的

1. 熟悉营业员岗位职责。
2. 掌握药品陈列要求，能进行药品陈列。
3. 培养严谨、认真负责的工作态度和良好的职业素养。

二、实训内容

1. 将商品按照 GSP 要求进行分类。
2. 将商品摆放在货架（柜）上，并设置标志。

三、实训步骤

1. 根据模拟药房空间位置和货架（柜）的规格数量，规划好相应的商品分类。
2. 将药品与非药品分开。
3. 将药品中的内服药与外用药分开。
4. 将内服药中的处方药与非处方药分开。
5. 将外用药中的处方药与非处方药分开。
6. 按剂型、用途及储存要求整齐摆放于货架（柜），避免阳光直射，并设置醒目标志。
7. 处方药不得采用开架自选方式陈列。
8. 第二类精神药品不得陈列。
9. 冷藏药品放置在冷藏柜中。
10. 拆零销售的药品集中存放于拆零专柜或专区。

点滴

奋斗是青春最亮丽的底色

11. 处方药与非处方药分区陈列，设置处方药与非处方药专用标志。
12. 外用药与其他药品分开摆放。
13. 非药品设置专区，与药品区域明显隔离，设置醒目标志。

四、实训组织

1. 班级学生分成几个小组，每组 4～5 人。
2. 每组领取 20～30 种商品，包含药品、非药品、医疗器械等（均可用空包装）。
3. 每组学生将分类后的商品摆放在货架（柜）上，组长检查陈列情况。
4. 小组间进行互评，各组组长汇报互评情况。
5. 教师检查药品陈列情况，进行答疑和总结。

五、实训报告

1. 归纳药品分类原则和陈列要求。
2. 总结本次实训的收获与不足。

学习评价

职业核心能力与道德素质测评表

（在□中打√，A 良好，B 一般，C 较差）

职业核心能力与道德素质	评估标准	评价结果
自我学习	1. 有学习计划 2. 会管理时间 3. 关注药理学、药剂学与 GSP 知识的关联 4. 有适合自己的学习方式和方法	□A □B □C □A □B □C □A □B □C □A □B □C
信息处理	1. 有多种获取信息的途径和方法 2. 会进行信息的梳理、筛选、分析 3. 能使用多媒体手段展示信息	□A □B □C □A □B □C □A □B □C
与人交流	1. 会选择交流的时机、方式 2. 能把握交流的主题 3. 能准确理解对方的意思，会表达自己的观点	□A □B □C □A □B □C □A □B □C
与人合作	1. 善于寻找和把握合作的契机 2. 明白各自在合作中的作用和优势 3. 会换位思考，能接受不同的意见和观点 4. 能控制自己的情绪	□A □B □C □A □B □C □A □B □C □A □B □C
解决问题	1. 能纵观全局，抓住问题的关键 2. 能做出解决问题的方案，并组织实施 3. 分析问题解决的效果，及时改进不足之处	□A □B □C □A □B □C □A □B □C
革新创新	1. 关注药品网络销售问题 2. 能提出创新的想法和见解 3. 改进方案实施效果好	□A □B □C □A □B □C □A □B □C
职业道德素质	1. 熟悉药品管理法及实施条例等 2. 实事求是，不虚假宣传 3. 有规则意识，自我控制能力强	□A □B □C □A □B □C □A □B □C

专业能力测评表

（在□中打√，A 具备，B 基本具备，C 未具备）

专业能力	评价标准	评价结果
正确销售药品	1. 依据药品说明书介绍药品 2. 识别需凭处方销售的药品 3. 进行用药指导	□ A □ B □ C □ A □ B □ C □ A □ B □ C
合法经营	1. 按照批准的经营方式和经营范围经营药品 2. 能够识别批发企业销售对象的合法性 3. 对药品进行分类陈列	□ A □ B □ C □ A □ B □ C □ A □ B □ C
药品拆零管理	1. 熟悉药品拆零的原则 2. 熟悉拆零药品销售方式 3. 对拆零药品进行质量管理	□ A □ B □ C □ A □ B □ C □ A □ B □ C
药品不良反应报告	1. 熟悉药品不良反应报告的范围和时限 2. 熟悉药品不良反应/事件报告表的填写方法 3. 汇总和上报药品不良反应	□ A □ B □ C □ A □ B □ C □ A □ B □ C
质量投诉处理	1. 熟悉药品质量投诉的常见情况 2. 熟悉药品质量投诉的处理方法 3. 初步处理药品质量投诉	□ A □ B □ C □ A □ B □ C □ A □ B □ C

项目十

出库与运输

知识点

药品出库原则　出库复核要点　直调药品概念　药品运输方式
危险品运输要求　特殊管理药品的运输要求　冷链药品运输规定
委托运输承运方审计内容

技能点

出库复核　运输方式选择　冷链药品运输　承运方质量保证能力审计

职业能力目标

专业能力　药品出库　冷链药品运输　特殊管理药品运输
委托运输

职业核心能力　自我学习　信息处理　与人交流　与人合作
解决问题　革新创新

思政育人目标

1. 认识药品储运的重要性，树立从业人员的责任感和使命感，恪守职业道德，增强服务意识，提升服务水平和能力。
2. 通过剖析药品物流管理中降低成本、提升效率等相关案例，培养岗位创新意识。

知识导图

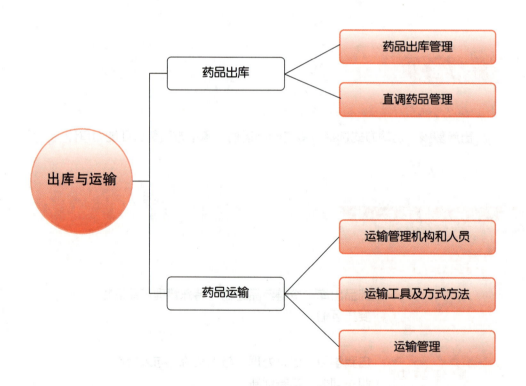

> **引例**

2015年4月28日,济南市公安局食药环侦支队会同济南市食药监局食品药品稽查支队,一举捣毁一处位于偏僻厂房内的仓库,现场查获大批预防流行性乙型脑炎等人用疫苗,价值近70万元,并将犯罪嫌疑人庞某某及其女儿孙某抓获。两人经营的疫苗及生物制品虽为正规厂家生产,但由于未按规定进行冷链运输、保存,其部分属于临期疫苗,流通过程中存在过期、变质的风险。脱离了2~8℃的恒温冷链,疫苗已难以保证质量和使用效果,注射后甚至可能产生副作用。两名主犯分别获刑19年及6年。此案入选2015年度公安部打击食品药品犯罪十大典型案例。

药品的出库是药品仓库业务的最后一个环节,是防止不合格药品进入市场的重要关卡。药品运输是关系到药品质量的一个不可忽视的重要环节,药品经营企业要严格把好药品出库运输质量关,做好药品的出库与运输管理。

开宗明义10

单元一 药品出库

一、药品出库管理

> **重点与难点**
> 出库复核、冷链运输、委托运输审计

药品经营企业要制定药品出库检查与复核的管理制度,对药品出库的原则、药品出库的质量检查与核对的内容、出库复核记录及其管理、相关人员的责任等都要明确下来。

1. 药品出库原则

药品出库应遵循"先产先出""近期先出"和按批号发货的原则。先产先出、近期先出以保证药品在有效期内使用;按批号发货以保证出库药品有可追踪性,便于药品的质量追踪。在遵循出库原则时,也应遵循商品物流的商业规则,考虑客户的需求,做到所发出药品的批号相对集中,尽量减少同一品种在同一笔发货中的批号数,最大限度地为客户提供有效的质量保证。

2. 药品出库质量检查与复核

药品出库时,应按销售记录或配送凭证对实物进行质量检查和数量、项目的核对,做到出库药品质量合格且货单相符。麻醉药品、一类精神药品、医疗用毒性药品等特殊药品出库时应双人复核。

> **技能点**
> 出库复核

(1) 出库复核要点

① 整件药品检查包装的完好性;

② 拼箱药品应逐品种、逐批号对照销售记录进行复核,复核无误后,在拼箱内附随货同行票据并封箱;

③ 药品拼箱应有醒目的拼箱标记,防止发运差错。

(2) 质量问题处理 药品出库时,如发现以下问题应停止发货,并由复核员报质量管理部门处理:①药品包装内有异常响动或者液体渗漏;②药品包装出现破损、污染、封口不牢、衬垫不实、封条损坏等现象;③标签脱落、字迹模糊不清或者标识内容与实物不符；④药品已超出有效期。

3. 出库记录

药品批发企业在药品出库复核时，为保证能快速、准确地进行药品质量跟踪，必须做好药品质量跟踪记录，即出库检查与复核记录。所做记录应包括购货单位、品名、剂型、规格、批号、有效期、生产厂商、数量、出库日期、质量状况和复核人员等项目。

药品零售连锁企业配送出库时，也应做好质量检查和复核。其复核记录包括药品的品名、剂型、规格、批号、有效期、生产厂商、数量、出库日期，以及药品送至门店的名称和复核人员等项目。出库检查与复核记录应保存不少于5年。

4. 随货同行单

药品出库时，应当附随货同行单（票），随货同行单（票）应当包括供货单位、药品的通用名称、剂型、规格、批号、数量、生产厂商、收货单位、收货地址、发货日期等内容，并加盖供货单位药品出库专用章原印章。

全自动立体冷藏库药品出入库

二、直调药品管理

1. 直调药品概念

直调药品是指将已购进的药品不入本企业仓库，从供货单位直接发送到向本企业购买同一药品的购货单位。

2. 直调药品的方式

直调药品分为"厂商直调"和"商商直调"两种。厂商直调即本企业将经营药品从药品生产厂家直接发运至药品购进单位的经营形式；商商直调即本企业将经营药品从药品经营企业直接发运至药品购进单位的经营形式。

3. 直调药品的管理与控制

直调药品的供货企业，必须是列入本企业合格供货方目录的药品生产或药品批发企业。收货单位应是具备合法资格的药品生产、经营、使用单位。

直调药品的销售过程应具有完整性、可追溯性，应明确质量责任，一般直调药品多为本企业总代理的药品品种。

只有在发生灾情、疫情、突发事件或者临床紧急救治等特殊情况，以及其他符合国家有关规定的情形时，方可采用直调方式购销药品。直调药品须建立专门的购销记录，保证有效的质量跟踪和追溯。

4. 出库要求

直调药品出库时，由供货单位开具两份随货同行单（票），分别发往直调企业和购货单位。随货同行单（票）应当包括供货单位、生产企业、药品的通用名称、剂型、规格、批号、数量、收货单位、收货地址、发货日期及直调企业名称等内容，并加盖供货单位药品出库专用章原印章。

5. 质量验收要求

直调药品时，可委托购货单位进行药品验收。购货单位应当严格按照GSP的要求验收药品和进行药品追溯码的扫码与数据上传，并建立专门的直调药品验收记录。验收当日应当将验收记录相关信息传递给直调企业。

小试牛刀

在药品流通的物流管理方面，直调药品具有减少环节、降低成本、缩短时间、提高效率等特点，从而在药品质量的维护上也有其实际意义。然而受市场条件、企业管理等因素的制约和影响，直调药品行为也存在着许多问题，比如出现了一些借直调药品之名，进行出租证照、出租柜台、代开发票、串货易货等违法经营行为，因此，对直调药品行为应严格控制。

为防范并最大限度地降低质量安全风险，直调企业应采取什么措施？（　　）
A. 质量管理应始终贯穿于直调全过程
B. 建立药品直调的内部管理和控制制度
C. 分别从文件、验收、记录等角度对直调进行管理
D. 委托购货单位验收
E. 严格审核供货单位资质
F. 严格审核购货单位资质

单元二　药品运输

> **重点与难点**
> 特殊管理药品运输、委托运输

药品运输应遵循"及时、准确、安全、经济"的原则，遵照国家有关商品运输的各项规定，规范药品运输行为，合理的组织运输工具和力量，实现物流的畅通，确保药品运输质量，把药品安全及时的运达目的地。企业应制定药品运输质量管理制度和运输操作规程。实行连锁经营的药品零售企业，其总部及配送中心的管理应符合 GSP 批发企业相关规定。

一、运输管理机构和人员

药品经营企业运输管理机构应设置合理，人员分工科学，职责分明，全体运输人员认真履行职责。

1. 运输管理机构

主要指负责办理本单位药品运输的专业机构。从事药品运输的工作人员，必须在一定组织形式下开展这项工作。药品经营企业应按照自己的供应、调拨业务状况及区域大小，设立与本企业业务相适应的运输管理机构，为本企业药品流通服务。

2. 运输管理人员

主要指运输管理机构的领导者和职能部门的工作人员。基本职责如下。

（1）认真贯彻国家在交通运输工作上的各项法律法规和方针政策，遵守公安交通部门有关规定和本企业的经营管理制度、岗位责任制度，特别是质量责任制度，并认真组织实施；

（2）组织本单位药品合理运输，编报运输计划；

> **议一议**
> 作为一名药品运输管理人员应掌握哪些专业知识？

(3) 检查运输管理中存在的问题，研究改进提高的措施，促进和提高管理水平，按时报送所规定的各项经济指标、统计资料和运输过程中的质量情况；

(4) 开展业务技术教育，加强经济核算，努力完成运输工作。

3. 运输业务人员

主要指参加药品运输业务的工作人员，是药品运输的执行者，分为内勤与外勤两类。

内勤人员主要指在室内办理有关运输业务、计划统计、票据结算的工作人员。

外勤人员主要指组织运输货源、托运发货、接车收货、监装监卸、车站码头接单、理货等室外操作人员。

二、运输工具及方式方法

> **技能点**
> 运输方式选择

运输药品应当根据药品的包装、质量特性并针对车况、道路、天气等因素，选用适宜的运输工具，采取相应措施防止出现破损、污染等问题。并根据运输路途的距离，规定相应的运输时间、运输方式及防护措施。

1. 运输工具

运输药品应当使用封闭式货物运输工具。根据需要可以实行 GPS 定位跟踪。对储存、运输设施设备要定期检查、清洁和维护，应当由专人负责，并建立记录和档案。

运输冷藏、冷冻药品的冷藏车及车载冷藏箱、保温箱应符合药品运输过程中对温度控制的要求。冷藏车具有自动调控温度、显示温度、存储和读取温度检测数据的功能。冷藏箱及保温箱具有外部显示和采集箱体内温度数据的功能。冷藏运输设施设备应进行使用前验证、定期验证及停用时间超过规定时限的验证。

2. 运输方式和方法

（1）运输方式　运输方式主要有铁路、水路、公路和航空。方式选择关系到药品运输的成本和时间。

铁路运输能力强、速度快，准确性和连续性强，运费低廉，适合大批量、远程的运输。

水路运输运费低廉，载运量大，但速度慢，药品在途时间长。

公路运输在运输时间和空间上都有较大机动性，运输方便迅速，但运量小，成本相对较高，不宜用于大批量的跨省市调拨药品运输。

航空运输速度快，成本高，适合在特殊情况下对贵重药品、抢救、抢险、救灾或政府指令的药品运输。

（2）运输方法　一般有自运和托运两种。市内送货、区域性运输、车站码头集散以自运为主。长途大批量的调拨运输以托运为主。

三、运输管理

> **技能点**
> 冷链药品运输

1. 冷链药品运输

根据冷链药品的温度控制要求，在运输过程中采取保温或冷藏、冷冻措施。

药品不得直接接触冰袋、冰排等蓄冷剂,防止对药品质量造成影响。运输途中,实时监测并记录冷藏车、冷藏箱或者保温箱内的温度数据。制定运输应急预案,对途中可能发生的设备故障、异常天气影响、交通拥堵等突发事件,采取应对措施。

2. 危险药品运输

危险药品除按一般药品运输要求办理外,还必须严格遵守国家《危险货物道路运输安全管理办法》的各项规定。危险药品发运前,应检查箱外有无危险货物包装标志。装车、装船时,不能摔碰、拖拉、摩擦、翻滚,

搬运时要轻拿轻放,严防包装破损。汽车运输必须按当地公安部门指定的路线、时间行驶,保持一定车距,严禁超速、超车和抢行会车。

3. 特殊管理药品运输

(1)运输方式 麻醉药品和第一类精神药品,通过铁路运输时应当使用集装箱或者铁路行李车;通过道路运输必须采用封闭式车辆,有专人押运,中途不应停车过夜;通过水路运输时应有专人押运。

(2)运输证明 托运或自行运输麻醉药品和第一类精神药品要向所在地省、自治区、直辖市药品监督管理部门申领《麻醉药品、第一类精神药品运输证明》;运输第二类精神药品无需办理运输证明。

(3)邮寄证明 邮寄麻醉药品和精神药品要事先向所在地省、自治区、直辖市药品监督管理部门申请办理《麻醉药品、精神药品邮寄证明》。

(4)运单填写 办理托运(包括邮寄)麻醉药品、精神药品应在运单货物名称栏内填"麻醉药品""精神药品"字样,运单上加盖托运(或寄件)单位公章或运输专用章。收货人必须是单位,不得为个人。

(5)异常处理 运输(包括邮寄)途中发生被盗、被抢、丢失的,立即报告当地公安机关和药品监督管理部门。

4. 委托运输

委托其他单位运输药品,应当对承运方运输药品的质量保证能力进行审计,索取运输车辆的相关资料。签订运输协议,明确药品质量责任、遵守运输操作规程和在途时限等内容。做好委托运输记录,实现运输过程的质量追溯。记录至少包括发货时间、发货地址、收货单位、收货地址、货单号、药品件数、运输方式、委托经办人、承运单位,采用车辆运输的还应当载明车牌号,并留存驾驶人员的驾驶证复印件。记录应当至少保存5年。

5. 运输注意事项

(1)运输方式选择 根据药品流向、运输线路条件和运输工具状况、时间长短及运输费用高低,在保障药品安全前提下,选择最快、最好、最省的运输方式。

(2)发运前检查 检查药品名称、规格、单位、数量是否与随货同行单(票)

> **技能点**
> 承运方质量保证能力审计
>
> **注意**
> 承运方质量保证能力审计内容包括:运输过程的质量控制,赔付能力、规模、信誉、运输工具、运输过程的温度控制,司乘人员的保证能力等。冷链设备需要经过验证。

相符；有无液体、固体药品合并装箱的情况，包装是否牢固和有无破漏；衬垫是否妥实，包装大小重量等是否符合运输部门规定。发运药品应货单同行，不能随货同行的单据，应附在银行托收单据内或于承运日邮寄给收货单位。

（3）运输单据填制　字迹清楚，项目齐全。按每个到站（港）和每个收货单位分别填写运输交接单，也可用发货票的随货同行联代替。拼装整车必须分别给各收货单位填写运输交接单，在药品包装上应做明显标志以示区别。

（4）装车前核对　按发运单核对发送标志和药品标志有无错漏，件数有无差错，运输标志选用是否正确，办好运输交接手续，详细记录，并向运输人员讲清该批药品搬运装卸的注意事项。

（5）搬运装卸要求　轻拿轻放，按照外包装图示标志要求（见图10-1）堆放和采取保护措施。液体药品不得倒置。如发现药品包装破损、污染或影响运输安全时，不得发运。

图 10-1　包装储运图示标志

（6）在途管理　药品在途中运输和站台堆放时，应防止日晒雨淋，以免药品受潮湿、光、热的影响而变质。

（7）日常管理　定期检查发运情况和待运药品情况，防止漏运、漏托、错托，保持单据完备。对规定发运期限的药品，单据上要做明显的标志。

小试牛刀

下面是某医药公司与承运方签订的委托运输合同，请思考一下，该合同是否符合 GSP 规定？

药品委托运输合同

甲方（托运方）： 乙方（承运方）：

为了严格执行国家药监部门的相关规定，严格规范 GSP 管理，确保药品物流安全。经过对乙方运输资质的认定，甲乙双方友好协商，就甲方委托乙方向客户运送药品事宜，双方达成以下一致意见，签署本合同以资共同遵守：

1. 乙方按照甲方要求，自甲方仓库提取药品或由甲方运送至乙方指定物流收货地点，在一定期限内送至甲方指定客户所在地。每次承运药品的数量、目的地等内容，以发运前甲方填写的物流快递单为准，甲方要求托运后，乙方不得以任何理由拒绝、拖延承运工作；如有特殊情况不能或延后承运的应提前通知甲方。

2. 提货时，甲乙双方应共同检查药品外观，确保甲方托运的药品外观包装完整，无破损、受潮等问题。如客户收货后提出药品外包装受损等问题，视为乙方运输途中产生的问题，由乙方最终承担损害赔偿责任。损害赔偿以所托运货品的货值为限，具体计算以甲方含税开票价格为准。

3. 提货后，乙方应严格按照药品外包装箱上图示方法进行存储、运输，确保药品安全送达。其中要求阴凉的药品应在整个存储、运输途中保持 20℃ 以下的温度，运输装卸过程中均不得将药品置于阳光下暴晒；要求冷藏存储的药品除了满足上述要求之外，还应使用有资质的冷藏设施的运输车辆，在整个存储、运输途中保持 2～10℃ 的温度。凡甲方委托运输的液体注射剂产品，乙方必须保证运输全程温度控制在 5～20℃ 之间。

如因运输不当导致客户拒收药品，或药品损坏、灭失等情况，乙方应按照该批药品发票含税金额向甲方支付损害赔偿金；如因运输不当导致行政部门对甲方进行处罚，或甲方因此丧失各种经营资质、代理资格，甲方有权解除合同，取消乙方承运资格，并向乙方追偿所受到的损失。

4. 提货后，乙方应及时将货物发往甲方指定地点，根据收货地区路途差异，乙方应在附件约定天数（此天数以工作日计，法定假日不计）内送达货物。药检报告及药品出库复核跟踪记录表必须随货同行。

逾期送达货物的，乙方应及时与甲方沟通，说明情况，双方积极寻求解决方案，避免扩大损失。送达货物的日期以收货人签收日为准，每超过一天扣除 1/5 的运输费用，以此类推。逾期 5 日以上仍无法送达的，甲方有权取消乙方全部或部分省份的承运资格。甲方将定期或不定期征询客户关于运输质量问题的意见，并根据反馈意见（包括客户投诉），甲方有权取消乙方全部或部分省份的承运资格。

5. 药品送达客户后，乙方应取得有客户真实有效签章的《出库跟踪复核记录表》（即送货回单，一式三联），并在送达货物日起 30 日内将上述回单的第一联交回甲方。

如回单未取得客户真实有效签章，或无法在 30 日内将回单交回甲方，则乙方应向甲方支付等同于该批药品发票含税金额的违约金，且由此产生的甲方与客户之间的争议对甲方所造成的全部损失由乙方向甲方承担。

第二类精神药品的运输，乙方应严格执行国家相关规定及法规进行运输，按照甲方提供的样式将客户签收凭证带回，如未执行国家相关规定及法规，甲方有权解除本合同，取消乙方承运资格，且甲方由此遭受的全部损失由乙方负责赔偿，触及法规的由乙方承担责任。

6. 甲方托运的货物仅限于附件所列地区，超出所列区域的，乙方可拒绝承运，未经甲方同意，不得以任何理由将货物发往其他地域。运输价格（包括提货费、市内运输费、保险费及其他各种费用）详见附件。

7. 乙方应根据甲方要求将收货单位需要退回甲方的药品及时运送至甲方指定的地点，本项产生的费用参照本合同第 6 条标准结算。

8. 甲方委托运输货物中，有部分为医院紧缺、供应紧张的紧俏药品。为确保人民群众的基本用药需求，对于这部分紧俏药品，乙方在此承诺严格做到零破损送货。

甲方将在紧俏药品外包装上张贴黄色警示标志，提醒乙方谨慎运输。凡乙方未能履行前述承诺，出现破损的，应按照破损药品货值 10 倍向甲方支付赔偿金。一经出现紧俏药品运输破损的，甲方有权取消乙方全部或部分省份的承运资格。

9. 乙方完成每次运输业务后应将运输费发票与送货回单（出库跟踪记录复核表，第一联）交予甲方，在甲方核对客户签章并确认有效后，甲方应在该业务发生当月后的第三个自然月内付款（例：1 月 1 日～31 日发生的业务于 4 月 30 日前付款）。

为确保运输质量，自本协议签订起 10 日内，乙方应向甲方支付_____万元保证金，此保证金甲方应在双方终止合作后三个月内退还乙方。

甲方承诺，向乙方支付的款项中现金比例不低于 50%（包括电汇等形式支付的现金）。甲方逾期付款，应按所逾期金额万分之三的标准乘以逾期天数向乙方支付违约金，逾期付款 30 日以上，乙方有权单方面解除本合同并要求甲方支付上述违约金。

10. 本合同自____年____月____日至____年____月____日有效，到期后双方可以以书面方式续签本合同，本协议相关附件应一并加盖双方骑缝章。

11. 本合同一式两份，如发生争议，双方应友好协商解决，协商不成则交由甲方所在地人民法院管辖。

甲方（盖章）：　　　　　　　　乙方（盖章）：
经办人：　　　　　　　　　　　经办人：
签订日期：　　年　月　日　　　签订日期：　　年　月　日

附件：

承运省份地区	承运期限（工作日）	承运价格/（元/箱）

稳扎稳打

一、单项选择

1. 药品出库复核时应当对照的记录是（   ）。
   A. 收货记录　　　　　　　　B. 验收记录
   C. 养护记录　　　　　　　　D. 销售记录

2. 对特殊管理的药品出库复核，应实行（   ）。
   A. 一人验收、一人复核　　　B. 一人复核
   C. 双人验收　　　　　　　　D. 双人复核

3. 企业委托运输药品与承运方签订运输协议的内容可以不包括（   ）。
   A. 药品质量责任　　　　　　B. 遵守运输操作规程
   C. 药品名称、规格　　　　　D. 在途时限

4. 以下关于药品运输管理的表述，不正确的是（   ）。
   A. 运输过程中药品不得直接接触冰袋
   B. 搬运、装卸药品应轻拿轻放，严格按照外包装图示标志
   C. 药品是特殊商品，为保证质量不可以委托运输
   D. 在药品能安全到达的前提下，应选择最快、最好、最省的运输办法

5. 发现不得出库的情况，应报告哪个部门处理。（   ）
   A. 采购部门　　　　　　　　B. 财务部门
   C. 销售部门　　　　　　　　D. 质量管理部门

6. 药品出库复核记录的内容不包括（   ）。
   A. 购货单位　　　　　　　　B. 生产厂商
   C. 验收人员　　　　　　　　D. 复核人员

7. 关于危险药品的运输，以下哪项是错误的。（   ）
   A. 箱外应有危险货物包装标志
   B. 运输危险药品时，如果使用 GPS 定位，则可自行选择人流量、车流量少的路线行驶

> 点滴
> 学向勤中得
> 萤窗万卷书
> 三冬今足用
> 谁笑腹空虚

C. 应严格按危险货物配装表规定的要求办理
D. 运输危险药品时，必须按公安部门指定的路线、时间行驶

8. 药品出库时，所附随货同行单（票）应加盖下列哪个原印章。（　　）

A. 质量管理专用章　　　　　　　B. 药品出库专用章
C. 发票专用章　　　　　　　　　D. 企业公章

二、多项选择

1. 药品出库应遵循的原则包括（　　）。

A. 先产先出　　B. 近期先出　　C. 按批号发货
D. 先进先出　　E. 零散货先出

2. 药品出库应双人复核的是（　　）。

A. 外用药品　　B. 精神药品　　C. 医疗用毒性药品
D. 麻醉药品　　E. 处方药品

3. 冷藏、冷冻药品的装箱、装车等项作业，应当符合的要求包括（　　）。

A. 车载冷藏箱或者保温箱在使用前应当达到相应的温度要求
B. 应当在冷藏环境下完成冷藏、冷冻药品的装箱、封箱工作
C. 装车前应当检查冷藏车辆的启动、运行状态，达到规定温度后方可装车
D. 启运时应当做好运输记录，内容包括运输工具和启运时间等
E. 由专人负责

4. 药品运输选用运输工具时应考虑的因素包括（　　）。

A. 药品的包装　　B. 药品的质量特性　　C. 车况
D. 道路　　　　　E. 天气

5. 关于委托运输药品的说法正确的是（　　）。

A. 应当对承运方运输药品的质量保障能力进行审计
B. 应当索取运输车辆的相关资料
C. 应当与承运方签订运输协议
D. 应当在当地药品监督管理部门备案
E. 企业委托运输药品应当有记录

6. 以下哪些属于出库复核应把握的要点。（　　）

A. 整件药品的复核，应注意包装的完好性
B. 出库复核记录必须标明质量状况
C. 拼箱药品应逐品种、逐批号对照销售记录复核
D. 药品拼箱应有醒目的拼箱标记
E. 复核人应在出库复核记录上签章

7. 关于冷藏、冷冻药品的运输说法正确的是（　　）。

A. 根据药品的温度控制要求，在运输过程中采取必要的保温或者冷藏、冷冻措施
B. 运输过程中，药品可以直接接触冰袋、冰排等蓄冷剂
C. 运输途中应实时监测并记录冷藏车、冷藏箱或者保温箱内的温度数据
D. 制定冷藏、冷冻药品运输应急预案
E. 运输途中应实时监测并记录冷藏车、冷藏箱外的温度数据

8. 药品出库复核的内容包括（　　）。
A. 购货单位　　B. 药品的通用名称、剂型、规格、批号、有效期、数量
C. 生产厂商　　D. 质量状况　　E. 出库日期

三、简答题

1. 简述如何进行冷链药品的运输管理。
2. 出库复核的具体内容有哪些？
3. 如何进行委托运输管理？
4. 如何做好特殊管理药品的运输？

学以致用

1. 根据 GSP 要求，设计出库复核记录。
2. 参观药品批发企业，学习药品出库与运输相关管理制度，探讨改进方案。

温故知新 10

学习评价

职业核心能力与道德素质测评表

（在□中打 √，A 良好，B 一般，C 较差）

职业核心能力与道德素质	评估标准	评价结果
自我学习	1. 有学习计划 2. 会管理时间 3. 关注相关课程知识的关联 4. 有适合自己的学习方式和方法	□ A □ B □ C □ A □ B □ C □ A □ B □ C □ A □ B □ C
信息处理	1. 有多种获取信息的途径和方法 2. 会进行信息的梳理、筛选、分析 3. 能使用多媒体手段展示信息	□ A □ B □ C □ A □ B □ C □ A □ B □ C
与人交流	1. 会选择交流的时机、方式 2. 能把握交流的主题 3. 能准确理解对方的意思，会表达自己的观点	□ A □ B □ C □ A □ B □ C □ A □ B □ C
与人合作	1. 善于寻找和把握合作的契机 2. 明白各自在合作中的作用和优势 3. 会换位思考，能接受不同的意见和观点 4. 能控制自己的情绪	□ A □ B □ C □ A □ B □ C □ A □ B □ C □ A □ B □ C
解决问题	1. 能纵观全局，抓住问题的关键 2. 能做出解决问题的方案，并组织实施 3. 分析问题解决的效果，及时改进不足之处	□ A □ B □ C □ A □ B □ C □ A □ B □ C
革新创新	1. 关注物联网技术在药品运输中的应用 2. 能提出创新的想法和见解 3. 改进方案实施效果好	□ A □ B □ C □ A □ B □ C □ A □ B □ C
职业道德素质	1. 熟悉《危险货物道路运输安全管理办法》 2. 能辨析是非，有良好行为习惯 3. 自我控制能力强	□ A □ B □ C □ A □ B □ C □ A □ B □ C

专业能力测评表

(在□中打√，A 具备，B 基本具备，C 未具备)

专业能力	评价标准	评价结果
药品出库	1. 熟悉保管员职责 2. 熟悉药品出库复核要点 3. 进行药品发货	□A □B □C □A □B □C □A □B □C
冷链药品运输	1. 熟悉冷链药品特点 2. 熟悉冷链药品运输要求 3. 识别冷链药品运输规范与否	□A □B □C □A □B □C □A □B □C
特殊管理药品运输	1. 熟悉特殊管理药品的范围 2. 熟悉特殊管理药品运输法律规定 3. 识别特殊管理药品运输规范与否	□A □B □C □A □B □C □A □B □C
委托运输	1. 熟知委托运输的含义 2. 熟悉委托运输承运方质保能力审计的内容 3. 起草药品委托运输协议	□A □B □C □A □B □C □A □B □C

模块六

系统管理

项目十一

质量管理体系文件

知识点

文件类型　建立原则　批发企业质量管理制度内容　零售企业质量管理制度内容　文件编码方法　文件编写步骤　文件审批程序

技能点

文件类型识别　文件编码　文件发放　文件保管　文件解读　记录填制与保存

职业能力目标

专业能力　编制质量管理体系文件目录　制定文件格式　文件使用管理　解读文件

职业核心能力　自我学习　信息处理　与人交流　与人合作　解决问题　革新创新

思政育人目标

1. 管理文件的制定要以调查研究为前提，没有调查就没有发言权。养成具体问题具体分析、理论联系实际、求真务实、与时俱进的思维方式和工作习惯。
2. 无规矩，不成方圆。树立规则意识，学会敬畏规则，成为有修养的人。

知识导图

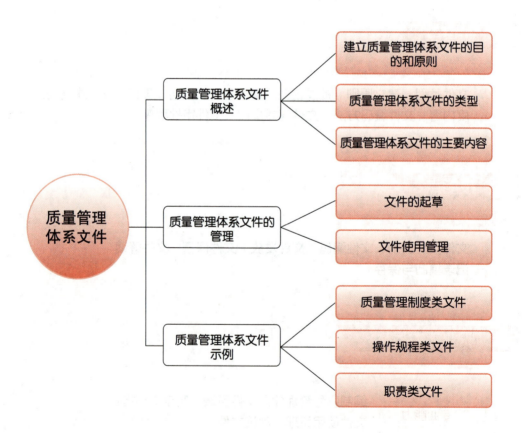

> 引例

F省X市药监部门于2016年6月14日对辖区某药业有限公司进行了飞行检查，检查发现的主要问题包括：药品经营无相关记录或记录不完整、不可追溯，未诚实守信；未根据药品经营实际开展继续培训，未能采取有效措施确保各岗位人员正确理解质量管理文件的内容、保证质量管理文件有效执行；上次检查发现的缺陷未整改到位；部分首营企业资质采购部门未审核。检查结果为不符合GSP，收回GSP证书并命其立即停止经营。

开宗明义 11

质量体系是为了保证产品过程或服务质量满足规定的或潜在的要求，由组织机构、职责、程序、活动、能力和资源等构成的有机整体。在药品经营企业建立健全完善的质量体系，是使其所经营药品的质量、工作与服务质量达到最优化的重要手段。质量体系一般包括质量管理体系与质量保证体系。质量管理体系是指企业为了实施内部质量管理而建立的质量体系。为实施外部质量保证而建立的质量体系，即为质量保证体系。药品经营企业质量体系的重点在于建立和健全质量管理体系。

质量管理体系文件是指用于保证药品经营质量的文件管理系统。它是由一切涉及药品经营质量管理的书面标准和实施过程中的记录结果组成的、贯穿药品质量管理全过程的连贯有序的系列管理文件。包括企业的质量管理制度、各有关组织部门和工作岗位的质量职责、操作规程、档案、记录和凭证等。

单元一　质量管理体系文件概述

一、建立质量管理体系文件的目的和原则

1. 目的

建立质量管理文件是质量管理的目的，也是一项规范行为的活动，在整个质量管理体系的运作中，其中心任务是建立并实施文件化的质量体系，使质量管理活动有章可循、有据可依、有凭可查。以有效开展和考核各项质量活动，实现企业的质量方针目标。因此，建立以制度、程序、职责和记录为代表的完善的质量管理文件系统的根本目的，是保证GSP的有效实施。

> 重点与难点
> 文件类型、编制原则

GSP要求药品的进、存、销各个环节都应有可追溯的原始记录，并保证真实、完整、准确、有效，能充分体现所载内容的质量责任。例如，购进记录应由业务采购部门填制，以购进信息为核心，为确保企业购进行为的合法性和有效性提供证明；验收记录应由质量验收人员填制，可真实反映对到货药品实物质量的验收情况。在GSP监督检查中，企业提供给检查组的主要资料就是全套的质量管理体系文件，文件资料是先导，现场是基础，工作是实质。

2. 原则

（1）合法性原则　质量管理体系文件要符合国家相关法律、法规，并与之保持同步变动，充分一致。

（2）实用性原则　质量管理体系文件必须实事求是，既要与有关法规、标准

的要求相衔接，又要与企业药品经营与质量管理的实际紧密结合。不能简单地照搬、照抄其他企业的文件。

（3）先进性原则　质量管理体系文件的编制既来源于实际，又要适当高于实际。具有一定前瞻性。在编制文件时，应注意学习和借鉴外部的先进管理经验，通过文件的编制和使用不断提高企业管理水平，用质量管理的先进方法促使企业经营管理活动更加科学、规范。但是，要做到先进性原则与实用性原则相统一。

（4）指令性原则　质量管理体系文件在行文中必须明确指出企业、部门、岗位应该做什么，不可以做什么，该做的要在文件中给予明确详细的规定。活动的过程和结果应有记录（资料）证实。

（5）系统性原则　编制的文件既要层次清晰，又要前后协调，各部门质量管理程序、职责应紧密衔接。

（6）可操作性原则　质量管理体系文件必须具有可操作性，文件的所有规定都是实际工作中能够达到和实现的。

（7）可检查性原则　质量管理体系文件对各部门、各环节的质量职责和工作要求应明确具体，质量活动的时限要求尽可能给予量化，以便于监督和检查、审核。

二、质量管理体系文件的类型

> 技能点
> 文件类型识别

药品批发企业所建立的用于保证药品经营质量的文件管理系统应包括企业的质量管理制度，各有关组织、部门以及工作岗位的质量责任和质量工作操作规程，同时包括各质量管理环节所需的质量记录。

（1）质量管理制度　质量管理制度是企业根据 GSP 要求和企业质量管理工作的实际需要而制定的质量规则，是对企业各部门和各业务环节如何实施质量管理作出的明确的规定。

质量管理制度在企业管理中具有权威性和约束力，是 GSP 的首要支持性文件，其规定内容的特征为做什么（What）。

（2）质量管理操作规程　操作规程是为进行某项质量活动或过程所规定的途径（方法），是对各项质量活动采取方法的具体描述，也是 GSP 的支持性文件。操作规程中通常包括活动的目的和范围，明确规定何时（When）、何地（Where）以及如何做（How），应采用什么材料、设备，应用哪些质量管理文件，如何对活动进行控制和记录等。

（3）质量管理职责　质量职责是根据 GSP 的要求和企业质量管理工作的需要，对质量管理的各相关部门和岗位的工作内容、工作目标、工作结果等提出的明确要求，即对于相关的质量管理工作明确规定了由谁来做（Who）。

（4）质量管理记录　质量记录是阐明所取得的结果或提供所完成活动的证据性文件。记录是工作过程的真实记载，反映工作的质和量，为工作的有效性提供客观证据，在需要追溯质量相关信息时提供证据。在药品流通过程中，伴随大量记录的流转，记载着药品流向的时间、地点、品名、规格、数量、生产企业、供货企业、价格、金额等，工作人员可以依据记录了解、追溯控制药品流转的情况。因此，GSP 要求企业在药品流通过程的进、存、销各环节，应建立各种质量记录，并在质量记录中载明有关药品质量信息,能做到按批号进行追踪。

三、质量管理体系文件的主要内容

(一)药品批发企业质量管理体系文件

1. 质量管理制度包括的主要内容

药品批发企业质量管理制度至少应当包括以下内容:

① 质量管理体系内审的规定;

② 质量否决权的规定;

③ 质量管理文件的管理;

④ 质量信息的管理;

⑤ 供货单位、购货单位、供货单位销售人员及购货单位采购人员等资格审核的规定;

⑥ 药品采购、收货、验收、储存、养护、销售、出库、运输的管理;

⑦ 特殊管理的药品的规定;

⑧ 药品有效期的管理;

⑨ 不合格药品、药品销毁的管理;

⑩ 药品退货的管理;

⑪ 药品召回的管理;

⑫ 质量查询的管理;

⑬ 质量事故、质量投诉的管理;

⑭ 药品不良反应报告的规定;

⑮ 环境卫生、人员健康的规定;

⑯ 质量方面的教育、培训及考核的规定;

⑰ 设施设备保管和维护的管理;

⑱ 设施设备验证和校准的管理;

⑲ 记录和凭证的管理;

⑳ 计算机系统的管理;

㉑ 药品追溯的规定;

㉒ 其他应当规定的内容。

> **点滴**
> 敬畏规则,世界才会对你温柔以待。

2. 部门及岗位质量职责的内容

① 质量管理、采购、储存、销售、运输、财务和信息管理等部门职责;

② 企业负责人、质量负责人及质量管理、采购、储存、销售、运输、财务和信息管理等部门负责人的岗位职责;

③ 质量管理、采购、收货、验收、储存、养护、销售、出库复核、运输、财务、信息管理等岗位职责;

④ 与药品经营相关的其他岗位职责。

3. 操作规程的内容

企业应当制定药品采购、收货、验收、储存、养护、销售、出库复核、运输等环节及计算机系统的操作规程。

4. 质量记录的内容

企业应当建立药品采购、验收、养护、销售、出库复核、销后退回和购进退出、运输、储运温湿度监测、不合格药品处理等相关记录,做到真实、完整、准确、有效和可追溯。

通过计算机系统记录数据时,有关人员应当按照操作规程,通过授权及密码登录后方可进行数据的录入或者复核;数据的更改应当经质量管理部门审核并在其监督下进行,更改过程应当留有记录。

> **技能点**
> 记录填制与保存

书面记录及凭证应当及时填写,并做到字迹清晰,不得随意涂改,不得撕毁。更改记录的,应当注明理由、日期并签名,保持原有信息清晰可辨。记录及凭证应当至少保存5年。疫苗、特殊管理的药品的记录及凭证按相关规定保存(疫苗记录保存时限为超过有效期2年。麻醉药品和精神药品记录保存时限为自药品有效期期满之日起不少于5年。易制毒化学品记录保存时限为自有效期期满之日起不少于2年)。

(二)药品零售企业质量管理体系文件

1. 质量管理制度包括的主要内容

药品零售企业质量管理制度至少应当包括以下内容:

① 药品采购、验收、陈列、销售等环节的管理,设置库房的还应当包括储存、养护的管理;

② 供货单位和采购品种的审核;

③ 处方药销售的管理;

④ 药品拆零的管理;

⑤ 特殊管理的药品和国家有专门管理要求的药品的管理;

⑥ 记录和凭证的管理;

⑦ 收集和查询质量信息的管理;

⑧ 质量事故、质量投诉的管理;

⑨ 中药饮片处方审核、调配、核对的管理;

⑩ 药品有效期的管理;

⑪ 不合格药品、药品销毁的管理;

⑫ 环境卫生、人员健康的规定;

⑬ 提供用药咨询、指导合理用药等药学服务的管理;

⑭ 人员培训及考核的规定;

⑮ 药品不良反应报告的规定;

⑯ 计算机系统的管理;

⑰ 执行药品电子监管的规定;

⑱ 其他应当规定的内容。

> **议一议**
> 批发与零售质量管理制度主要内容的异同有哪些?

2. 岗位质量职责的内容

企业负责人、质量管理、采购、验收、营业员以及处方审核、调配等岗位的职责,设置库房的还应当包括储存、养护等岗位职责。质量管理岗位、处方审核岗位的职责不得由其他岗位人员代为履行。

3. 操作规程的内容

① 药品采购、验收、销售；
② 处方审核、调配、核对；
③ 中药饮片处方审核、调配、核对；
④ 药品拆零销售；
⑤ 特殊管理的药品和国家有专门管理要求的药品的销售；
⑥ 营业场所药品陈列及检查；
⑦ 营业场所冷藏药品的存放；
⑧ 计算机系统的操作和管理；
⑨ 设置库房的还应当包括储存和养护的操作规程。

4. 质量记录的内容

企业应当建立药品采购、验收、销售、陈列检查、温湿度监测、不合格药品处理等相关记录，记录填制要求和保存时间与批发企业相同。电子记录数据应当以安全、可靠的方式定期备份。质量记录见各章节。

以上只列出了药品批发和零售企业应该制定的质量管理文件的基本内容，药品零售连锁门店的质量管理制度，除不包括购进、储存等方面的规定外，应与药品零售企业有关制度相同。企业还应按照有关法律、法规的要求，结合本企业实际，在此基础上进一步充实、完善，建立起适合本企业的质量管理体系文件。

单元二 质量管理体系文件的管理

> **重点与难点**
> 文件编码、使用管理

文件管理是指文件的起草、修订、审核、批准、分发、保管，以及修改、撤销、替换、销毁等一系列过程的管理活动，企业应制定文件管理制度。在文件形成后，所有文件必须有系统的编码及修订号，以便于识别、控制及追踪，同时可避免使用或发放过时的文件。文件应统一分类、统一编码，并做好记录。对各类不同的文件分别制定统一的文件编号方法，便于文件的区分和管理。根据文件编码系统的规定，可任意调出文件，亦可随时查询文件变更的历史。

文件管理应不断持续改进，其改进的方向一是简化，即简化工作流程，减少中间环节；二是计算机化，即实现文件管理无纸化。另外要建立档案工作领导体制，即确定档案分管的领导，建立工作机构，认真落实档案管理制度，建立和健全档案文件材料的形成、积累、归档的控制体系。

一、文件的起草

1. 建立文件起草领导机构

药品经营企业要建立一个由质量负责人、质量管理负责人或其他负责人组成的文件起草组织机构，成立常设或临时的文件制定小组，完成企业质量管理体系文件系统的建立。起草文件的领导小组成立后，要从企业实际出发，确定文件制定的运作程序，挑选合格的人员及相关部门负责人负责文件的起草、修订、审核、批准、管理等，并提出编制文件的相关规定和要求。

2. 确定文件编码

要建立规范的文件系统，首先要确定文件编码。在编写文件前，根据 GSP 要求和企业内部实际管理情况，统一确定文件编号方法，分部门或分类别地列出文件目录。文件的编号、标题应体现文件的性质。

（1）编码的基本原则

① 系统性　统一分类、编码；

② 准确性　文件应与编码一一对应，一旦某一文件终止使用，此文件编码应立即作废，并不得再次使用；

③ 可追溯性　根据文件编码系统规定，可随时查找某一文件或查询某文件的变更历史；

④ 一致性　文件一旦修订，必须给定新的编码，同时对其相关文件中出现的该文件号进行修正；

⑤ 稳定性　文件编号系统一旦确定，不得随意变动，应保证系统的稳定性，以防止文件管理的混乱；

⑥ 识别性　编码能便于识别文件文本和类别；

⑦ 发展性　制定编码系统规定时，要考虑企业将来的发展及管理手段的改进。

文件编码登记表见表 11-1。

表 11-1　文件编码登记表

页码：

序号	文件类别	文件编码	文件名称	总页数	版别	控制范围	对应 GSP 条目号	实施日期	备注

（2）编码方法　常用编码方法采用文件类别代码、流水号、版本号相结合的方法。

① 文件类别代码　质量管理制度的文件类别代码，用英文字母"QM"表示。质量职责的文件类别代码，用英文字母"QD"表示。质量管理操作规程的文件类别代码，用英文字母"QP"表示。质量记录类文件类别代码，用英文字母"QR"表示。

② 流水号　指文件序列号，由 001～999 组成。

③ 版本号　由 00～99 组成。如首版为 00，第二版为 01。

文件编码举例：

QM001-00 质量管理制度第 001 号第一版文件

QP002-01 质量管理操作规程第 002 号第二版文件

3. 确定文件格式

药品经营企业的文件系统中，各类文件应有统一的格式，文件的格式应在质量管理文件的管理制度中明确规定。

> 技能点
> 文件编码

▶ **范例 11-1　文件眉头和正文格式**

（1）文件眉头　文件眉头应包含文件标题、文件编号、起草人及部门、审核人、批准人、日期、分发部门等内容，格式如下：

标　题					编　号	
起草人		审核人		批准人	执行日期	
日　期		日　期		日　期	修订日期	
起草部门			颁发部门			
分发部门						

如果文件超过一页，后续页眉头只需体现文件标题及编号，其他项可省略。

（2）正文内容　正文内容在文件眉头下方编写。

标　题					编　号	
起草人		审核人		批准人	执行日期	
日　期		日　期		日　期	修订日期	
起草部门			颁发部门			
分发部门						

1. 制定目的：
2. 制定依据或引用标准：
3. 适用范围：
4. 相关术语与定义：
5. 责任人：
6. 文件内容
6.1
6.2
6.3

质量管理体系文件的建立与管控

4. 文件编写内容

在制定了文件编码、确定文件格式后，需对文件的内容进行组织编写。

（1）文件编写的基本原则　根据 GSP 要求，结合企业实际情况编写文件；一类工作制定一个管理及操作规程，不同情况分段叙述，按操作步骤顺序叙述；文件标题、类型、目的、范围、责任应有清楚的陈述；条理清晰，层次分明；文件用语确切、语句通顺、容易理解；文件内容准确，有量化的概念，具有可操作性；文件如需记录，栏目要齐全、有足够书写空间；文件的格式、所用纸张的质量与大小力求统一，便于印刷、复制与填写。

（2）文件编写步骤

① 在文件起草领导机构的统一领导和协调下，由文件使用部门挑选有相应的学历和资历、对文件相应岗位工作有深刻研究的人员起草，以保证文件内容的准确性、可操作性。

② 起草工作完成以后，由文件起草或颁发部门组织文件使用人员及管理人员进行审稿，以保证文件内容的全面性，审稿部门和人员应包括文件相关使用人员及管理人员。

③ 根据审稿所提出的意见和建议，文件起草人进行修订。

④ 修改后的文件由文件起草部门负责人审阅，再交质量管理负责人审核。文件审核参照文件编写的基本原则，做到文件内容之间不相悖或不冲突。

⑤ 部门内部文件由部门负责人批准，不同部门使用的文件由企业负责人批准（或其授权委托人）批准，按规定的日期宣布生效。

⑥ 在修订文件时，不论内容如何变化文件题目不变；无论是修改或是废除都必须执行与起草过程相同的程序，指定专人负责将修订后的文件发送至有关部门，并收回被废除的文件。

二、文件使用管理

文件使用管理包括文件的批准、分发、培训、执行、修订与变更、保管与归档、撤销及销毁等。

1. 文件的批准

批准人一般为企业的主管负责人或企业负责人。批准人对文件的内容、编码、格式、编订程序等进行复审时，应对该文件及相关文件的统一性、各部门之间的协调性、文件内容的先进性、合理性及可操作性等进行把关，在文件符合要求后，批准文件颁发，确定生效日期或执行日期。文件批准后即颁布发放。

2. 文件分发

> **技能点**
> 文件发放

文件不宜多印，应控制数量。文件经批准人签字后方可颁发，并在执行之日前发至有关人员或部门。所有文件均应由企业负责档案的人员或指定专人负责分发，分发文件时必须进行登记（文件发放、回收记录见表11-2）。文件应分发至其所涉及的每一部门、岗位。文件分发时，收发双方须在"文件发放、回收记录"上签字，并注明文件名称、文件编码、复印份数、分发部门、分发份数、分发人、签收人、发送日期等。一旦新文件生效，旧版文件必须交回。分发使用的文件为批准的现行文本，已撤销和过时的文件除留档备查外，不得在工作现场出现。

表 11-2　文件发放、回收记录

编号：

序号	文件名称	编号	版别	发放记录				回收记录		
				部门	签字	日期	份数	签字	日期	份数

> **注意**
> 文件正式生效之前，文件使用者要根据文件内容经过一周以上时间的培训，经考核合格后，文件才可正式按生效日期生效使用。所有文件应定期复核，如果文件采用自动控制和管理系统，只能允许经授权的人员操作。

3. 文件培训

文件执行之日前应对文件使用者进行专题培训，可由文件编制人、审定人、批准人之一进行培训，以保证所有使用者掌握如何使用文件。培训可采用传阅、开会宣读、学习班等形式。一般情况下，文件批准后 7～10 个工作日后才正式执行文件，以便于培训、学习和掌握。

4. 文件执行

新文件开始执行阶段，相关管理人员应特别注意监督检查执行情况，以保证文件执行的有效性。任何人不得随意改动文件，对文件的任何改动必须经批准人批准，并签字。

5. 文件修订与变更

药品经营企业应定期组织质量管理、采购、仓储运输、销售、人事、财务、信息等部门复审文件，大约每 2 年复审文件 1 次，并做好记录。文件管理部门应负责检查文件修订后是否引起其他相关文件的变更，并进行及时修订。任何文件修订或变更，必须详细记录，以便追踪检查。任何人均可以提出修订文件的申请（文件修订审批表见表 11-3）。由原文件批准人评价变更文件的必要性与可能性，若同意变更，则可启动文件修订程序，修订程序与文件制定程序相同。

表 11-3　文件修订审批表

编号：					
文件名称		编号		版别	
修订位置及原因：					
修订后内容：					
受此影响引起变动的其他文件名称：					
			申请人：		日期：
所在部门意见：					
			签名：		日期：
审批部门意见：					
			签名：		日期：

> **注意**
> 企业冷库、储运温湿度监测系统以及冷藏运输等设施设备发生重大变化时，需先进行验证。

6. 文件保管与归档

文件持有者或部门应按文件类别及编码顺序把文件存放于规定的文件夹内，进行登记；应妥善保管文件，不得丢失、撕毁或涂改，并保持文件清洁、整齐及完整。若需保密的文件，应按有关保密制度管理，严格遵守借阅制度，文件借阅要做好记录（文件借阅记录表见表 11-4），并不得随便复印文件。如果文件采用自控系统或管理系统记录，应仅允许受权人操作。文件的归档包括现行文件归档和各种记录归档。文件管理部门应有一套现行文件原件（或样本），并视情况随时更新，记录在案。各种记录一旦填写完成，应按档案管理办法分类归档，并保存至规定日期。

> **技能点**
> 文件保管

表 11-4　文件借阅记录表

编号：									
时间	文件名称	文件编号	版别	受控状态	原因	借阅份数	签名	归还时间	备注

文件制定与管理要点

7. 文件撤销及销毁

一旦修订文件生效，原文件应自动失效。文件管理部门应定期公布撤销文件名单。修订生效之日，必须由文件分发者根据文件分发登记表，向持有原文件的人员或部门收回过时的文件。在工作现场不允许同时有2个或2个以上版本的文件。收回的文件，档案室必须留存1～2份备查，必要时，质量管理部门也可考虑留档1份，其余文件在清点数量后应全部销毁，由监销人监督并做销毁记录。如文件发现错误，对经营药品的质量及业务活动产生不良影响，必须立即废止、及时回收。文件回收时必须在"文件发放、回收记录"上签字，填明收回日期、收回人，并在回收的文件上加盖"回收文件"印章，以表示回收的文件。

文化与素养

英国政府的困惑

18世纪末期，英国政府决定把犯了罪的英国人统统发配到澳洲去。一些私人船主承包了从英国往澳洲大规模运送犯人的工作。英国政府实行的办法是以上船的犯人数支付船主费用。当时那些运送犯人的船只大多是由一些很破旧的货船改装的，船上设备简陋，没有什么医疗药品，更没有医生。船主为了牟取暴利，尽可能地多装人，使得船上条件更加恶劣。一旦船只离了岸，船主按人数拿到了政府的钱，对于这些人是否能远涉重洋活着到达澳洲就不管不问了。有些船主为了降低费用，甚至故意断水断食。3年以后，英国政府发现：运往澳洲的犯人在船上的死亡率达12%，其中最严重的一艘船上424个犯人中死了158人，死亡率高达37%。英国政府花费了大笔资金，却没达到大批移民的目的。

英国政府想了很多办法。每艘船上都派一名政府官员监督，再派一名医生负责犯人的医疗卫生，同时对犯人在船上的生活标准做了硬性规定。但是，死亡率不仅没有降下来，有的船上的监督官员和医生也不明不白地死了。原来一些船主为了贪图暴利，贿赂官员，如果官员不同流合污就被扔到大海里喂鱼了。政府支出了监督费用，却照常死人。

英国政府又采取了新办法。把船主都召集起来进行教育培训，教育他们要珍惜生命，要理解去澳洲去开发是为了英国的长远大计，不要把金钱看得比生命还重要。但是情况依然没有好转，死亡率一直居高不下。

一位英国议员认为是那些私人船主钻了制度的空子，他提出改变制度，政府以到澳洲上岸的人数为准计算报酬，不论你在英国上船装多少人，到了澳洲上岸的时候清点人数后再支付报酬。问题迎刃而解。船主主动请医生跟船，在船上准备药品、改善生活，尽可能地让每一个上船的人都健康地到达澳洲。因为一个人就意味着一份收入。

自从实行上岸计数的办法后，船上的死亡率降到了1%以下。有些运载几百人的船只，经过几个月的航行竟然没有一个人死亡。

这就是合理规章制度的作用。没有规矩不成方圆，真正起到作用的规矩也需要实践的证明，在实践中不断改进和完善。

单元三　质量管理体系文件示例

一、质量管理制度类文件

▶ 范例 11-2　某企业特殊管理的药品管理制度

标　题	特殊管理的药品管理制度		编　号	
起草人		审核人		批准人		执行日期	
日　期		日　期		日　期		修订日期	
起草部门			颁发部门		
分发部门					

重点与难点
各类文件解读

技能点
文件解读

1. 制定目的：为保证特殊管理的药品在经营中安全、规范，保障人民健康。
2. 适用范围：特殊管理的药品的采购、收货验收、储存养护和销售。
3. 制定依据：根据《药品管理法》《药品经营质量管理规范》《精神药品管理办法》《麻醉药品管理办法》及《医疗用毒性药品管理办法》等相关法规法律，制定本制度。
4. 责任人：质量管理部、业务部、仓储部
5. 文件内容
5.1　进货与销售
5.1.1　医疗用毒性药品
5.1.1.1　医疗用毒性药品必须从具有该类具体品种生产经营资格的生产企业或经营单位采购进货；
5.1.1.2　该类药品的销售供应须按国家的规定限量供应；
5.1.1.3　该类药品的进货与销售必须做好相关记录，存档备查。
5.1.2　麻醉药品（在零售企业只有一个品种：罂粟壳）
5.1.2.1　购进麻醉药品，必须严格按照药品监督管理部门审核的计划进行，不得随意扩大品种或增加数量、超计划采购；
5.1.2.2　麻醉药品必须从具有该类具体品种生产经营的生产企业或经营单位采购进货；
5.1.2.3　麻醉药品的销售供应，必须凭处方限售二日量；
5.1.2.4　麻醉药品的购进与销售，应做好相关记录、存档备查。
5.1.3　精神药品
5.1.3.1　购进第二类精神药品制剂，应严格按照计划进行，不得随意超计划采购；
5.1.3.2　第二类精神药品制剂，必须从具有该类具体品种精神药品经营资格的经营单位购进；
5.1.3.3　第二类精神药品制剂只能凭处方限售七日量；
5.1.3.4　购进与销售精神药品，应按规定做好相关记录，存档备查。
5.2　收货与验收
5.2.1　医疗用毒性药品
5.2.1.1　根据出厂检验报告及产品合格证进行收货与验收，双人收货，双人开箱，双人验收，双人签字，并做好验收记录。
5.2.1.2　外观检查验收可从塑料袋或瓶外查看，不得随意拆开容器；
5.2.1.3　医疗用毒性药品外包装必须印有规定的标志；

5.2.1.4　医疗用毒性中药饮片要检查其质量。
5.2.2　麻醉药品
5.2.2.1　成批进货时，在原包装箱外包装完好的前提下应双人收货，双人开箱查验、双人签字入库，并做好进货验收记录；
5.2.2.2　麻醉药品外包装必须印有规定标志。
5.2.3　精神药品
5.2.3.1　第一类精神药品的收货与验收同麻醉药品；
5.2.3.2　第二类精神药品的验收与保管同普通药品，验收合格后可储存普通药品库内；
5.2.3.3　精神药品的外包装必须印有规定标志。

5.3　储存与养护
5.3.1　医疗用毒性药品
5.3.1.1　医疗用毒性药品必须储存于专用仓库或专柜加锁，并由专人保管，每月检查质量；
5.3.1.2　专库要有安全措施，如报警器、监控器，并实行双人双锁管理制度；
5.3.1.3　建立医疗用毒性药品收支专账，定期盘点，做到账物相符；若发现差错问题应立即报告当地药品监督管理部门；
5.3.1.4　不可供药用的该类药品，经公司领导审核，报当地药品监督管理部门批准后方可销毁。销毁该类药品时，单位质量管理部必须亲临现场监督，并负责做好销毁记录，记录应包括销毁日期、时间、地点、品名、数量、方法等。销毁批准人及销毁执行人员、销毁监督人员均应签字盖章。

5.3.2　麻醉药品
5.3.2.1　麻醉药品必须严格实行专库（或专柜）保管，每月检查质量；
5.3.2.2　麻醉药品必须实行双人双锁保管制度，库内需有安全措施，如报警器、监控器；
5.3.2.3　专库（柜）应注意避光，采取适当的遮光措施；
5.3.2.4　建立麻醉药品收支专账，专人登记，定期盘点，做到账物相符；若发现差错问题，应立即报告当地药品监督管理部门；
5.3.2.5　由于破损、变质、过期失效而不可供药用的品种，应双人清点登记，单独妥善保管并列表上报药品监督管理部门，听候处理意见。如决定销毁，必须由药品监督管理部门批准，并派人监督销毁，单位质量管理部做好销毁记录，记录内容应包括销毁日期、时间、地点、品名、规格、方法等；销毁执行人员及销毁监督人员均应签字盖章。

5.3.3　精神药品
由于破损、变质、过期失效而不可供药用的精神药品，应清点登记，单独妥善保管，并列表上报药品监督管理部门，听候处理意见。如销毁，则必须经药品监督管理部门批准，监督销毁，单位质量管理部应亲临现场，做好销毁记录，并由监销人员签字，存档备查，不得随意处理。

5.4　出库与运输
特殊管理的药品在出库复核时要有双人对品种、数量等进行复查核对，并做好出库复核记录。
5.5　建立特殊管理的药品收支账目，按月盘点，做到账物相符。
5.6　保管人员如工作调动，应及时办理交接手续，并由部门负责人签字无误后方可调离。

> **范例 11-3**　某企业药品效期管理制度

标　题		药品效期管理制度		编　号	
起草人		审核人		执行日期	
日　期		日　期		修订日期	

> **议一议**
> 专库配置报警器、监控器，为什么还需要双人双锁管理？

续表

起草部门		颁发部门	
分发部门			

1. 制定目的：为合理控制药品的过程管理，防止药品的过期失效，确保药品的储存养护质量。
2. 适用范围：适用于在库储存近效期药品的管理。
3. 制定依据：根据《药品管理法》及《药品经营质量管理规范》等法律、法规制定本制度。
4. 责任人：质量管理部、业务部、仓储部。
5. 文件内容

5.1 药品应标明有效期，未标明有效期或更改有效期的按劣药处理。

5.2 药品应按批号进行储存养护，根据药品的有效期相对集中存放，按效期远近依次堆码。

5.3 未标明有效期的药品，入库质量验收时应判定为不合格药品，拒绝入库。

5.4 本企业规定药品近效期含义为：距药品有效期截止日期不足×个月的药品。

5.5 近效期药品在货位上应有近效期标志或标牌。

5.6 原则上有效期不到 6 个月的药品不得购进，不得验收入库。

5.7 仓库负责按月填报"近效期药品催销表"，分别上报给质量管理部及采购部、销售部。

5.8 销售部门、采购部门应按"近效期药品催销表"所列内容，及时组织销售或退换货，以避免药品过期造成经济损失。

5.9 及时处理过期失效品种，杜绝过期失效药品发出。

> **议一议**
> 每月填报的"近效期药品催销表"如果出现连续三个月表内信息完全一致，可能出现了什么问题？如何处理？

▶ **范例 11-4　某企业质量事故报告制度**

标　题	质量事故报告制度		编　号	
起草人		审核人	批准人	执行日期
日　期		日　期	日　期	修订日期
起草部门			颁发部门	
分发部门				

1. 制定目的：为避免因药品质量问题而发生的危及人身健康安全或导致经济损失的异常情况。
2. 适用范围：适用于各个业务环节发生的质量事故。
3. 制定依据：根据《药品管理法》及《药品经营质量管理规范》等法律、法规制定本制度。
4. 责任人：质量管理部、业务部、仓储部。
5. 文件内容

5.1 因采购、经营假冒伪劣药品，不严格进行质量验收造成医疗事故、经营损失和经营影响的；因玩忽职守，使效期药品过期失效的；因管理不善，使整批药品霉烂、变质造成经济损失较大的，均属质量事故。

5.2 出现质量事故时，相关部门立即以书面形式报告公司主要领导和质量管理部门，下列情况的当事人和部门负责人负相应的责任：

5.2.1 因采购、经营假冒、伪劣药品；因盲目购进而使药品积压失效从而造成经济损失的，由业务部负责本品种采购的计划人员负具体责任，业务部门负责人负领导责任；

5.2.2 因不严格进行质量验收，造成质量事故的，由验收人员负具体责任，质量管理部门负责人负领导责任；

5.2.3 因保管不善,造成质量事故,由负责保管本药品的保管员负具体责任,仓储部门负责人负领导责任。

5.3 发生事故后,发生单位或个人要及时通知各有关部门采取必要的制止、补救措施,以免造成更大的损失和后果。

5.4 质量管理部根据查明的事故原因,及时召开事故分析会,坚持"三不放过"原则,即事故原因不查清不放过;事故责任者和群众没有受到教育不放过;没有防范措施不放过。

5.5 对造成质量事故的部门和人员,根据情节轻重给予处罚。

二、操作规程类文件

▶ 范例 11-5 某企业药品质量检查验收操作规程

标 题	药品质量检查验收操作规程			编 号	
起草人		审核人		批准人		执行日期	
日 期		日 期		日 期		修订日期	
起草部门			颁发部门		
分发部门			仓储部门、质量管理部门		

> **议一议**
> 作为药品验收员,如何避免验收环节发生质量事故?

1. 目的:建立药品验收工作程序,规范药品验收工作,确保验收药品符合法定标准和有关规定的要求。
2. 依据:《药品管理法》《药品经营质量管理规范》。
3. 范围:适用于公司采购和销后退回药品的验收工作。
4. 职责:药品质量验收员、保管员对本规程的实施负责。
5. 内容

5.1 保管员收货

5.1.1 保管员依据采购员开出的药品入库通知单和供货单位随货同行单对照实物进行核对后收货,并在供货单位收货单上签章。所收货的药品为进口药品时,应同时对照实物收取加盖有供货单位质量管理部门原印章的该批号药品的《进口药品检验报告书》和《进口药品注册证》(或《生物制品进口批件》《进口药材批件》)的复印件。

5.1.2 保管员根据各门店所开具的药品退货通知单对照实物对销后退回药品进行核对后收货,并在退货单位的退货单上签章。

5.1.3 药品保管员应将所采购的药品放置于待验区域;将销后退回药品放置于退货区域,做好退货记录并通知验收员到场进行验收。

5.2 药品验收

5.2.1 验收的内容:药品质量验收包括药品外观性状的检查和药品包装、标签、说明书及标识的检查。

5.2.2 验收的标准

5.2.2.1 验收员依据本公司《药品质量验收细则》,抽取规定数量的药品进行外观性状的检查和包装、标签、说明书及标识的检查。

5.2.2.2 验收员依据药品采购合同所规定的质量条款进行逐批验收。

5.2.3 验收的场所、步骤与方法

验收员在待验区域内首先检查药品外包装是否符合《药品质量验收细则》的规定;符合规定的,予以记录并开箱检查药品内包装和说明书是否符合《药品质量验收细则》的规定;符合规定的,予以记录并根据来货数量抽取规定数量的样品到验收养护室进行外观性状的检查,同时做好检查记录;符合《药品质量验收细则》的全部要求后,对已开箱药品进行复原,并用本公司封签封箱；填写验收质量状况和验收结论并签章，将验收记录交质量管理员归档；同时通知保管员办理药品入库手续。凡发现有不符合规定情况时，应停止下一步骤的验收工作并填写商品拒收单交质量管理员处理。

  5.2.4 药品包装、标识主要检查内容

  5.2.4.1 药品的每一件包装中，应有产品合格证。

  5.2.4.2 药品包装的标签或说明书上，应有药品的通用名称、成分、规格、上市许可持有人、生产企业、批准文号、产品批号、生产日期、有效期、适应症或功能主治、用法、用量、禁忌、不良反应、注意事项以及贮藏条件。

  5.2.4.3 验收药品应当按照药品批号检查同批号的药品检验合格报告书。

  5.2.4.4 特殊管理药品、外用药品包装的标签或说明书上应有规定的标识和警示说明。处方药和非处方药的标签和说明书上应有相应的警示语或忠告语；非处方药的包装应有国家规定的专有标识。

  5.2.4.5 进口药品，其包装的标签应以中文注明药品的名称、主要成分以及注册证号，并有中文说明书。

  5.2.4.6 中药材和中药饮片应有包装，并附有质量合格的标志。每一件包装上，中药材应标明药品名称、产地、发货日期、供货单位；中药饮片应标明药品名称、生产企业、生产日期。实施批准文号管理的中药材和中药饮片，在其包装上还应标明批准文号。

  5.2.5 抽样的原则与方法

  5.2.5.1 验收抽样的原则：验收所抽取的样品必须具有代表性。

  5.2.5.2 验收抽样的方法

  5.2.5.2.1 一般药品的抽样方法

  整件数量在 2 件及以下的应当全部抽样检查，整件数量在 2 件以上至 50 件的至少抽样检查 3 件，整件数量在 50 件以上的每增加 50 件，至少增加抽样检查 1 件，不足 50 件的按 50 件计。在每件包装中从上、中、下不同部位抽取 3 个以上小包装进行检查。凡需进行药品外观性状检查时，检查样品的具体数量（支、瓶、片或粒等）应符合《中华人民共和国药典》关于检验抽样数量的要求。

  5.2.5.2.2 中药材的抽样方法：药材总件数在 100 件以下的，取样 5 件；100～1000 件，按 5% 取样；超过 1000 件的，超过部分按 1% 取样；不足 5 件的，逐件取样；贵重药材，不论件数多少均逐件取样。

  5.2.6 验收时限：购进药品和销后退回药品均应在一个工作日内验收完毕。

  5.2.7 特殊管理药品的验收：对特殊管理药品必须由两位验收员在场进行验收，并验收至每一最小包装。有温度控制要求的药品，需要在相应温度下及时验收。

  5.2.8 验收记录

  5.2.8.1 验收记录的内容应包括药品通用名称、剂型、规格、批号、有效期、批准文号、上市许可持有人、生产企业、生产日期、供货单位、供货数量、到货日期、质量状况、验收结论和验收员签章。

  5.2.8.2 药品验收记录由专职验收员按日或月顺序装订，保存 5 年。

  5.3 药品入库

  5.3.1 验收完毕后，验收员在药品入库通知单上注明药品质量状况、签章并交保管员；保管员根据验收合格结论和验收员的签章将药品放置于相应的合格品库，并做好记录。

  5.3.2 保管员如发现药品有货与单不符、包装不牢或破损、标志模糊等质量异常情况时，有权拒收并按规定上报质量管理员处理。

  5.4 有关问题的处理

  5.4.1 验收员发现不合格药品时，按《不合格药品的确认和处理程序》报质量管理员处理。

> 议一议
> 到货 130 件药品，应抽取多少件进行验收？

5.4.2 验收员发现本程序未明确的问题时，应立即报告质量管理员，由质量管理员联系采购员或销售员予以处理。

▶ 范例 11-6 某企业药品在库养护操作规程

标　题	药品在库养护操作规程			编　号	
起草人		审核人		批准人	执行日期
日　期		日　期		日　期	修订日期
起草部门			颁发部门		
分发部门		仓储部、药品养护组、质量管理部			

1. 目的：建立药品养护程序，规范养护工作，避免造成损失，实现科学养护，确保在库药品质量。

2. 依据：《药品管理法》及《药品经营质量管理规范》。

3. 适用范围：在库药品的质量养护工作。

4. 职责：仓储部的养护员对本操作规程的实施负责。

5. 内容

5.1 养护品种的分类

5.1.1 重点养护品种至少包括：

5.1.1.1 易变质的药品；

5.1.1.2 储存时间长的药品；

5.1.1.3 近效期的药品；

5.1.1.4 已发现质量问题药品的相邻产品批号的药品；

5.1.1.5 首营品种。

5.1.2 一般养护品种包括除重点养护品种之外的其他在库药品。

5.2 药品养护的方法

5.2.1 药品养护员根据在库药品的流动情况，制订养护检查计划并按计划进行循环质量检查。

5.2.2 每三个月为一个循环周期，在一个循环周期内，在库的药品均应进行质量检查；并在商品盘存表中注明质量状况。

5.2.3 在质量养护检查中，应根据在库药品的外观质量变化情况，抽样到验收养护室进行外观质量的检查。

5.2.4 中药材、中药饮片的特殊养护方法执行本公司的《中药材、中药饮片养护方法》规定。

5.3 养护检查的内容

5.3.1 检查在库药品的外观质量是否发生变化或是否存在异常情况；

5.3.2 检查在库重点养护品种的外观质量是否符合法定质量标准规定；

5.3.3 检查库房温湿度是否符合规定要求，以及所有在库药品的储存是否符合其包装标示的要求；

5.3.4 检查库房是否满足防尘、防潮、防霉、防污染以及防虫、防鼠、防鸟等要求。

5.4 药品养护记录

5.4.1 养护检查工作应有记录，包括养护检查记录、外观质量检查记录、养护仪器的使用记录以及养护仪器的检查、维修、保养、计量检定记录；

5.4.2 养护检查记录的内容包括检查的时间、库房名称、药品货位、药品通用名称、剂型、规格、产品批号、生产日期、上市许可持有人、生产企业、供货单位、药品入库时间、检查内容、

> **练一练**
> 根据养护检查记录的内容要求，设计一份养护检查记录。

检查结果与处理、检查人员等；

5.4.3　当需要抽取样品进行外观质量检查时，应建立药品外观质量检查记录；

5.4.4　凡进行外观质量检查时，均应同时做好养护仪器的使用记录；

5.4.5　养护仪器在检查、维修、保养及计量检定时，应做好相应记录。

5.5　药品养护档案

5.5.1　在库药品均应建立药品养护档案，主要应建立重点养护品种的档案；

5.5.2　药品养护档案的内容应包括药品通用名称、规格、剂型、产品批号、供货单位、上市许可持有人、生产企业、生产日期、检查时间、检查项目及结果、检查人等。

5.6　养护检查中质量异常问题的处理

在库养护检查中发现药品有质量异常时，应放置"暂停发货"的黄色标志牌于货位上，并在计算机系统中锁定，尽快报告质量管理部门复查处理。

5.7　药品养护人员应定期分析、每季度汇总并向质量管理部门上报药品养护检查情况和重点养护品种的质量信息。

5.8　药品的养护检查记录、外观质量检查记录、养护仪器使用记录及养护档案等的填写、归档等应符合本公司《记录和凭证的管理制度》规定。

三、职责类文件

范例11-7　某公司各级质量职责（节选）

标　题		××药品有限公司各级质量职责		编　号	
起草人		审核人	批准人		执行日期
日　期		日　期	日　期		修订日期
起草部门		质管部	颁发部门		
分发部门		公司各部门			

1. 总则

1.1　目的：为确保公司所经营药品的质量，保障人民群众用药安全有效。

1.2　依据：《中华人民共和国药品管理法》《药品经营质量管理规范》。

1.3　适用范围：适用于公司各岗位工作人员。

2. 总经理岗位质量责任

2.1　领导和组织全体员工认真执行《中华人民共和国药品管理法》《药品经营质量管理规范》和相关法规。坚持质量第一，实行科学管理，做到依法经营。

2.2　对本公司经营的药品质量负全面责任。

2.3　建立以总经理为组长的质量管理领导小组，认真执行国家各项政策、法规。负责企业质量方针目标的实施和质量管理制度的执行，解决质量管理工作中出现的重大问题。

2.4　主持和领导企业开展全面质量管理工作，使企业的质量管理工作落到实处。

2.5　对药品质量问题的处理进行最后决定。

3. 分管质量副总经理的岗位质量责任

3.1　在总经理的领导下，负责公司的药品质量管理工作，对公司所经营的药品质量负主要责任，对药品经营过程中的药品质量具有裁决权。

3.2　认真贯彻落实国家和上级主管部门下发的有关质量管理工作的通知、政策，推行先进的质量管理方法。

3.3　建立以质量副总为组长的质量管理制度检查小组，组织日常质量管理制度的检查和每年

> 点滴
>
> 时间不会辜负你的努力，梦想也不会遗忘你的付出。

对质量管理制度执行情况进行内部评审。

3.4 对在质量管理工作中出现的违章行为，敢于坚持原则，做出处理意见，防止质量事故的发生。

3.5 负责组织公司每年的 GSP 内部评审，评审结果存档备查。

3.6 负责组织每年对进货情况进行质量评审，评审结果存档。

3.7 定期向总经理汇报各部门的工作。

4. 质量管理部经理岗位质量责任

4.1 在质量副总经理的领导下，负责公司经营过程的日常管理工作，遵守公司的质量管理制度。

4.2 对在质量管理工作中出现的违章行为，敢于坚持原则，提出处理意见，防止质量事故的发生。

4.3 定期组织库存药品的质量检查，发现问题及时向主管领导汇报并尽快解决。

4.4 不定期组织对公司质量管理制度执行情况的检查，检查结果存档。

4.5 协助公司人事部，做好公司对员工的培训工作，提高全体员工的质量管理意识。

4.6 协助质量副总经理，做好公司总经理安排的其他工作。

5. 质量管理人员岗位质量责任

5.1 严格执行国家有关法律、法规和质量管理方面的制度，对自己所在部门的药品质量工作负直接责任。

5.2 负责监督检查储运部门对贮藏有严格要求的药品储存保管工作。

5.3 在质量管理工作中严格执行"首营企业、首营品种的审批制度"。对包括产品改型、更换包装在内的首营品种，要进行合法性和质量情况的审核，严格按照 GSP 内容要求逐项审核，缺一不可，否则不得同意进货。

5.4 对更换包装、改变剂型的，必须向厂方索取《药品检验报告书》及有关法定资格证明，必要时可送当地药检所进行检验。

5.5 当发生质量事故、临床不良反应等重大问题时，应及时做出正确判断。

5.6 负责本公司所经营药品质量问题的查询处理；并做好记录，记录要妥善保存。

5.7 负责收集药品质量信息，并向有关部门报告。

5.8 负责建立健全药品质量档案。

6. 药品验收员岗位质量责任

6.1 认真学习《中华人民共和国药品管理法》及相关的法律法规和《药品经营质量管理规范》及相关验收知识，严格按照验收操作规程验收、对药品质量验收负全部责任。

6.2 严格按照公司的验收工作程序对购进药品的质量进行逐批验收并作记录。

6.3 验收时要同时对药品的包装、标签、说明书及有关文件进行逐一检查，验收后填写药品验收单，凭药品验收单办理交接手续。

6.4 验收进口药品要有符合规定的《进口药品注册证》和《进口药品检验报告书》或注明"已抽样"字样的《进口药品通关单》复印件，血液制品还应有《生物制品进口批件》复印件，以上复印件应加盖供货单位质量管理专用章原印章。

6.5 验收第二类精神药品，其包装的标签或说明书上应有规定的标示和警示说明。处方药和非处方药的包装有国家规定的专有标示。

6.6 对销后退回的药品，要按进货验收的规定进行验收，必要时应抽样送当地药检部门检验。

6.7 验收药品要做好记录。

7. 药品保管员岗位质量责任

7.1 认真学习药品管理法律法规和药品储存管理技术知识，熟悉自己所保管药品的种类，按

> **议一议**
> 作为一名验收员应具备哪些知识和职业能力？

药品性能和储存要求分类储存和保管。

7.2 根据随货同行单和采购记录收货，放入待验区，然后通知验收组验收。

7.3 对出库药品严格按照销售单据发货，保证发货及时，数量准确，按照发货凭证及质量复核的规定逐项核对无误后，方可发货，并做好出库复核记录，记录保存五年。

7.4 对在库药品严格实行货位及色标管理，分类存放，合理堆码，无倒置。做到药品与非药品分开，外用药与其他药品分开，货垛之间按规定留出 5cm 的间距，库容库貌，卫生整洁。

7.5 药品应按批号集中堆放，按批号及效期远近依次分开堆码并有明显标志。

7.6 对在库药品每月盘点，账货相符，出现问题及时处理，对造成损失的，要分清责任，按公司有关规定执行。

7.7 对在库药品进行定期检查，发现有质量问题或到期药品，一律不准发货，配合养护人员做好质量检查工作。

7.8 对二类精神药品的管理，实行专区、专人、专账管理。

7.9 对销后退回的药品，凭退货凭证收货，存放于退货药品区，专人保管并做好退货记录，退货记录保存五年。

7.10 销后退回药品经验收合格的，记录后方可存入合格药品库，不合格的药品记录后存入不合格药品区。

8. 药品养护员岗位质量责任

8.1 指导保管员对药品进行合理储存，并做好仓库温湿度的监控管理，对药品的养护工作负具体责任。

8.2 检查改善在库药品的储存条件、防护措施、卫生环境。

8.3 对库存药品的质量情况按照计算机系统中的养护计划，每季循环检查一次，并做好记录。

8.4 对检查中发现的问题及时锁定和记录，并通知质量管理部复查处理。

8.5 定期汇总、分析并上报养护检查情况，近效期或长时间储存药品的质量信息。

8.6 负责所有设施设备的检测、维护、保养工作。

8.7 库存养护中如发现质量问题，应悬挂明显标志暂停发货并在计算机系统中锁定，尽快通知质量管理部确认。

8.8 每月按照系统中设定效期（距失效期 9 个月）打印效期预警表，提示业务部门及时销售或退换货，防止过期药品销售或给企业造成经济损失。

> 点滴
> 守护质量就是用心做好每一件事

一、单项选择

1. 药品经营企业记录及凭证应当至少保存（　　）。
   A. 5 年　　　　　　　　　B. 4 年
   C. 不少于 3 年　　　　　　D. 有效期后一年

2. 通过计算机系统记录的数据，更改时的审核部门是（　　）。
   A. 信息管理部门　　　　　B. 业务部门
   C. 质量管理部门　　　　　D. 财务部门

3. 关于质量管理体系文件说法正确的是（　　）。
   A 企业应当经常审核、修订文件
   B. 文件应当分类存放，便于查阅

> 点滴
> 读书之乐何处寻
> 数点梅花天地心

C. 企业使用的文件应当为现行有效的文本，已废止或者失效的文件可以在工作现场出现，但必须标明"失效"

D. 企业应当保证各岗位非常容易获得公司所有质量管理体系文件，以便严格按照规定开展工作

4. 药品批发和零售企业都应该制定的操作规程是（　　）。

A. 处方审核、调配、核对操作规程

B. 营业场所药品陈列及检查操作规程

C. 营业场所冷藏药品存放操作规程

D. 计算机系统操作和管理规程

5. 属于药品零售连锁门店质量管理制度的是（　　）。

A. 药品购进管理制度

B. 药品储存管理制度

C. 中药饮片处方审核、调配、核对管理制度

D. 药品运输管理制度

6. 以下哪项不属于药品批发和零售企业均应制定的管理制度。（　　）

A. 记录和凭证的管理制度　　　　B. 质量事故、质量投诉的管理制度

C. 药品有效期的管理制度　　　　D. 药品拆零管理制度

7. 企业通过计算机系统记录数据时，以下说法不正确的是（　　）。

A. 相关岗位人员应当执行操作规程

B. 通过授权及密码登录计算机系统

C. 数据录入时应有质量管理部门人员在场监督

D. 数据录入时应保证数据原始、真实、准确、安全和可追溯

8. 关于记录说法不正确的是（　　）。

A. 电子记录数据应当以安全、可靠方式定期备份

B. 记录及相关凭证应当至少保存 5 年

C. 记录应做到真实、完整、准确、有效和可追溯

D. 所有记录都应经过质量管理部门人员签字确认，归档保存

二、多项选择

1. 关于书面记录及凭证的填写应该做到（　　）。

A. 及时　　　　B. 字迹清晰　　　　C. 不随意涂改

D. 不撕毁　　　E. 准确

2. 填写书面记录及凭证，需要更改时应做到（　　）。

A. 注明理由　　B. 标明日期　　　　C. 更改者签名

D. 保持原有信息清晰可辨　　　　E. 领导签名

3. 药品经营企业应当制定操作规程的环节包括（　　）。

A. 药品采购　　B. 收货、验收　　　C. 储存、养护

D. 销售　　　　E. 出库复核、运输

4. 应该制定岗位职责的岗位包括（　　）。

A. 企业负责人

B. 质量负责人

C. 质量管理部门负责人

D. 采购、储存、销售、运输、财务部门负责人

E. 信息管理部门负责人

5. 药品批发企业应该建立的质量管理制度包括（　　）。

A. 环境卫生和人员健康管理制度　　B. 药品退货管理制度

C. 计算机系统管理制度　　　　　　D. 药品召回管理制度

E. 药品采购管理制度

6. 质量管理体系文件应当标明（　　）。

A. 文件题目　　B. 文件种类　　C. 文件制定的目的

D. 文件编号　　E. 文件版本号

7. 下列哪些部门应该制定部门职责。（　　）

A. 质量管理部门　B. 采购、销售部门　C. 财务部门

D. 信息管理部门　E. 储存、运输部门

8. 药品零售企业应当建立的记录包括（　　）。

A. 药品采购记录　B. 药品销售记录　C. 温湿度监测记录

D. 不合格药品处理记录　　　　　　E. 药品验收记录

三、简答题

1. 编制质量管理体系文件应遵循哪些原则？

2. 质量管理体系文件包括哪些类型？

3. 简述质量管理体系文件编制的程序。

学以致用

1. 阅读范例11-7中保管员岗位质量责任，归纳出保管员必须具备的岗位技能。

2. 阅读范例11-2特殊管理的药品管理制度，叙述如何对第二类精神药品进行采购、验收、储存及销售。

温故知新11

学习评价

职业核心能力与道德素质测评表

（在□中打√，A 良好，B 一般，C 较差）

职业核心能力与道德素质	评估标准	评价结果
自我学习	1. 有学习计划 2. 会管理时间 3. 关注相关课程知识的关联 4. 有适合自己的学习方式和方法	□A　□B　□C □A　□B　□C □A　□B　□C □A　□B　□C
信息处理	1. 有多种获取信息的途径和方法 2. 会进行信息的梳理、筛选、分析 3. 能使用多媒体手段展示信息	□A　□B　□C □A　□B　□C □A　□B　□C

续表

职业核心能力与道德素质	评估标准	评价结果
与人交流	1. 会选择交流的时机、方式 2. 能把握交流的主题 3. 能准确理解对方的意思，会表达自己的观点	□A □B □C □A □B □C □A □B □C
与人合作	1. 善于寻找和把握合作的契机 2. 明白各自在合作中的作用和优势 3. 会换位思考，能接受不同的意见和观点 4. 能控制自己的情绪	□A □B □C □A □B □C □A □B □C □A □B □C
解决问题	1. 能纵观全局，抓住问题的关键 2. 能做出解决问题的方案，并组织实施 3. 分析问题解决的效果，及时改进不足之处	□A □B □C □A □B □C □A □B □C
革新创新	1. 关注医药领域新技术、新方法以及新法规 2. 能提出创新的想法和见解 3. 改进方案实施效果好	□A □B □C □A □B □C □A □B □C
职业道德素质	1. 熟悉药事管理法规、职业道德标准等 2. 能理论联系实际、求真务实、与时俱进 3. 敬畏规则，自我控制能力强	□A □B □C □A □B □C □A □B □C

专业能力测评表

（在□中打√，A 具备，B 基本具备，C 未具备）

专业能力	评价标准	评价结果
编制质量管理体系文件目录	1. 熟悉文件类型 2. 熟悉质量管理体系文件内容 3. 初步编制质量管理体系文件目录	□A □B □C □A □B □C □A □B □C
制定文件格式	1. 熟悉文件编码原则 2. 熟悉文件编码方法 3. 制定文件格式	□A □B □C □A □B □C □A □B □C
文件使用管理	1. 熟悉文件发放、回收流程 2. 熟悉文件保管与归档要求 3. 对批准的文件进行管理	□A □B □C □A □B □C □A □B □C
解读文件	1. 熟悉文件的受控状态 2. 辨析文件类型 3. 正确理解文件规定的内容	□A □B □C □A □B □C □A □B □C

项目十二

计算机管理信息系统

知识点

计算机系统的组成　计算机系统的作用　硬件要求　人员职责
基础数据库内容　计算机系统的业务功能　数据备份与保存

技能点

计算机系统功能识别　供货单位数据库内容识别　品种基础数据库内容识别
购销人员数据库内容识别　承运单位数据库内容识别　基础数据关联性识别
对照系统信息进行验收

职业能力目标

专业能力	建立供货单位数据库　建立品种数据库 建立购销人员数据库　建立承运单位数据库　药品验收
职业核心能力	自我学习　信息处理　与人交流　与人合作 解决问题　革新创新

思政育人目标

1. 科技提升效能，科技创新服务，持续学习，忠于职守，乐于奉献。
2. 新技术带来技术变革和效能提升的同时，也存在着信息系统不稳定、不安全等新问题，勇于开拓，勤于实践，提升服务质量水平。

知识导图

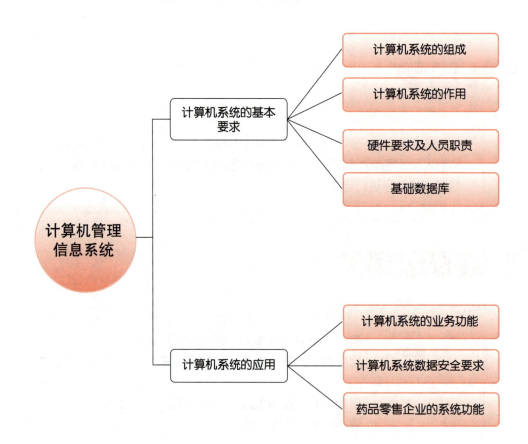

> 引例

某日 M 市药品监督管理部门组织对该市某药品经营企业进行 GSP 常规检查，发现该企业未将供货单位相关信息录入计算机管理信息系统。根据 GSP 要求"质量管理基础数据包括供货单位、购货单位、经营品种、供货单位销售人员资质等相关内容"，检查人员责令该企业限期整改。

计算机信息化可以帮助企业有效地掌握有关业务信息，提高劳动生产率，改进工作质量，使工作更简单，改善组织管理，降低人工成本。药品经营企业应当建立与经营范围和经营规模相适应的计算机系统，能够实时控制并记录药品经营各环节和质量管理全过程。在系统中设置各经营流程的质量控制功能，与采购、销售以及收货、验收、储存、养护、出库复核、运输等系统功能形成内嵌式结构，对各项经营活动进行判断，对不符合药品监督管理法律法规以及 GSP 的行为进行识别及控制，确保各项质量控制功能的实时和有效。企业应当及时进行系统升级及功能完善。

开宗明义 12

单元一　计算机系统的基本要求

一、计算机系统的组成

计算机系统由计算机硬件系统和计算机软件系统两部分组成。硬件是计算机的实体，又称为硬设备，是所有固定装置的总称，它是计算机实现其功能的物质基础，软件是指挥计算机运行的程序集，按功能分为系统软件和应用软件（见图 12-1）。企业通过局域网，实现各部门信息共享和数据实时传输，实现后台全面数据管理和账务管理。

> 重点与难点

基础数据库的内容

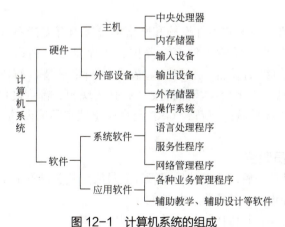

图 12-1　计算机系统的组成

二、计算机系统的作用

计算机系统是从事药品经营活动和质量管理活动的物质载体，是企业质量管理体系的重要组成部分。企业通过计算机系统能够对药品经营管理活动进行全过程控制和药品运动轨迹的完全掌握，实现药品追溯无死角，保证药品质量管理活动有序高效运行。计算机系统包括采购管理、仓储管理、销售管理、运输管理、质量管理、财务管理等，涵盖了药品经营管理全过程。能对药品的购进、储存和销售等质量控制环节进行全面规范管理，能对购进产品合法性、购货单位资质审核、首营企业审核、首营品种审核、销售人员资格审核、收货验收、储存、养护、效期、出库、销售、运输、退回、召回、追溯等过程或行为进行有效管理。

> **拓展方舟**
>
> ### 计算机系统内嵌式结构
>
> 内嵌式结构是指在药品经营企业采购、收货、验收、储存、销售、运输这些环节的管理软件是一体化的，不能分拆，前后环节之间，数据是自动流转的，有严格的钩稽关系（相互之间可检查验证）。
>
> 采购收货：【采购订单】是采购收货的"供应商、品种、数量"控制依据，没有采购订单，软件不允许进行收货操作。
>
> 销售退回验收：【销售退回申请】生成的【销售退回验收通知单】是销售退回收货的"客户、品种、数量、批号"的控制依据，销售退回验收通知单中没有列出的品种及批号数量，软件不允许进行销售退回验收操作。
>
> 采购发票：严格钩稽采购入库单，没有入库单，不能形成采购发票。
>
> 业务 ERP 数据能够与"财务软件"无缝对接，数据有严格钩稽关系。
>
> 非内嵌式结构的表现为模块之间独立、系统外挂、数据分离、没有数据间的钩稽控制关系。

三、硬件要求及人员职责

1. 硬件

计算机管理信息系统的硬件设施和网络环境应当有支持系统正常运行的服务器；药品采购、收货、验收、储存、养护、出库复核、销售以及质量管理等岗位应当配备专用的终端设备；有稳定、安全的网络环境，有固定接入互联网的方式和可靠的信息安全平台；药品批发企业有实现相关部门之间、岗位之间信息传输和数据共享的局域网；有符合 GSP 及企业管理实际需要的应用软件和相关数据库。

2. 部门及人员职责

药品经营企业质量管理部门或质量管理人员应当负责以下工作：

（1）负责指导设定系统质量控制功能；

（2）负责系统操作权限的审核，并定期跟踪检查；

（3）监督各岗位人员严格按规定流程及要求操作系统；

（4）对质量管理基础数据的审核、确认生效及锁定；

（5）对业务经营数据修改申请进行审核，符合规定要求的方可按程序修改；

（6）负责处理系统中涉及药品质量的有关问题。

药品批发企业负责信息管理的部门或人员应当履行以下职责：

如果你是质管员，如何履行职责？

(1) 系统硬件和软件的安装、测试及网络维护；
(2) 系统数据库管理和数据备份；
(3) 负责培训、指导相关岗位人员使用系统；
(4) 负责系统程序的运行及维护管理；
(5) 负责系统网络以及数据的安全管理；
(6) 保证系统日志的完整性；
(7) 建立系统硬件和软件管理档案。

3. 权限控制

计算机管理信息系统必须具备的基本功能：权限控制具有排他性和多级性，上级权限含下级权限操作功能。企业最高管理者拥有最高权限。赋予相应权限的岗位人员只能做指定的系统操作工作。未经授权，不能操作本权限以外的系统功能。

药品经营企业应当严格按照相应的操作规程和管理制度进行系统各类数据的录入、修改和保存，以保证记录的原始、真实、准确、安全和可追溯。各操作岗位应当通过输入用户名及密码等身份确认方式登录后，方可在权限范围内录入、查询数据，未经批准不得修改数据信息；修改各类业务经营数据时，操作人员应当在职责范围内提出申请，经质量管理人员审核批准后方可修改，修改的原因和过程应当在系统中记录；系统对各岗位操作人员姓名的记录，应当根据专有的用户名及密码自动生成，不得采用手工编辑或菜单选择等方式录入；系统操作、数据记录的日期和时间应当由系统自动生成，不得采用手工编辑、菜单选择等方式录入。

计算机系统管理

四、基础数据库

（一）基础数据库内容

1. 数据库的基本要求

企业应当将审核合格的供货单位、购货单位及采购品种等信息录入系统，建立质量管理基础数据库并有效运用。

(1) 质量管理基础数据包括供货单位及购货单位、经营品种、供货单位销售人员资质等相关内容；

(2) 质量管理基础数据应当与对应的供货单位、购货单位以及购销药品或产品的合法性、有效性相关联，与供货单位或购货单位的经营范围相对应，由系统进行自动跟踪、识别与控制；

(3) 系统应当对接近失效的质量管理基础数据进行提示、预警，提醒相关部门及岗位及时索取、更新相关资料；任何质量管理基础数据失效时，系统都应当对与该数据相关的业务功能自动锁定，直至该数据更新和生效后相关功能方可恢复；

（4）质量管理基础数据是企业合法经营的基本保障，应当由专职质量管理人员对相关资料审核合格后据实录入和更新，录入和更新的时间由系统自动生成；其他岗位只能按规定权限查询、使用质量管理基础数据，不能修改数据的任何内容。

2. 数据库的内容

（1）供货单位数据库内容

> **技能点**
> 供货单位数据库内容识别

① 《药品生产许可证》或者《药品经营许可证》；
② 营业执照及企业年度报告公示；
③ 相关印章、随货同行单（票）样式；
④ 开户户名、开户银行及账号。

对于批发企业，系统应能根据经营范围自动识别经营品种类别，拒绝超范围供应品种；对于生产企业，系统应能根据生产范围自动识别品种类别，拒绝超范围供应品种；系统应能关联供应商业务员信息，自动锁定；实行定期提示、超期锁定。

（2）购销人员数据库内容　业务员的基本信息（授权书内容）；业务员历史代理信息查询；核实客户单位；自动控制授权有效期限；自动控制代理授权区域、品种及其他权限；与所代理供应商合法资质有效期关联，超期锁定。

（3）品种基础数据库内容　品种范围（包括：成药、中药材及中药饮片）；相关合法证明材料及有效期限；与经营范围相对应的类别；生产范围、诊疗范围；与供应商、业务员有关信息关联，自动锁定；储存类别（特殊、冷藏、阴凉、常温等）；管理级别（特药、普药、冷链等）。

（4）购货单位数据库内容　客户类别：生产、经营（批发、零售）、使用（医院、诊所、社区医疗机构）。系统根据客户资质情况授权，超范围销售品种自动拒绝，系统自动控制客户合法资质的有效期，提示更新，超期锁定。系统能够对对方采购人员及提货人员进行管理。

（5）承运单位基础数据库内容　承运商的信息（资质）；承运审计内容（能力情况及相关条件）；承运协议内容（协议时限、运输时限等）；承运药品类别（管理级别、储存温度、路途时限）。

（二）基础数据库要求

1. 关联要求

> **技能点**
> 基础数据关联性识别

质量管理基础数据应当与对应的企业或产品的合法性、有效性相关联。系统进行自动跟踪、识别与控制。

在药品采购环节，经营品种与供货单位、供货单位销售人员相关联。
在药品储存环节，经营品种与库房的条件相关联。
在药品销售环节，经营品种与购货单位的生产范围、经营范围或者诊疗范围相关联。
在药品运输环节，经营品种与运输方式、条件和时间相关联。

2. 安全要求

质量管理部门和人员负责基础数据审核、更新、确认生效及锁定。各操作岗位只能按照规定权限查询、应用质量管理基础数据，不能修改数据的任何内容。质量管理基础数据是合法经营的基本保障，当任一质量管理基础数据失效，系统对与该数据相关业务功能应自动锁定。

单元二 计算机系统的应用

一、计算机系统的业务功能

1. 采购

药品的采购订单依据计算机管理信息系统建立的质量管理基础数据制定。系统对各供货单位的法定资质能够自动识别、审核，拒绝无质量管理基础数据支持的任何采购订单的生成。对各供货单位的法定资质自动审核，拒绝超出经营方式、经营范围的采购行为发生。

采购员凭密码登录、系统自动控制权限。采购订单的实现受控于质量管理基础数据库，并匹配自身的经营范围。采购订单确认后，自动生成采购记录，并支持收货人员查询采购订单。没有有效质量保证协议的不能生成采购计划；系统拒绝生成计划时能显示原因；特殊管理药品采购，实行渠道控制。

> **重点与难点**
> 系统功能

医药批发管理软件——药品采购

2. 收货

药品到货时，系统支持收货人员查询采购订单，对照实物确认相关信息无误后，进行收货。系统支持收货人员查询到货品种和供应商的基础信息，支持收货人员记录相关到货信息（冷链品种）。核对确认到货信息后，提交验收组验收。

3. 验收

验收人员对照系统信息提示进行药品实物验收，对照药品实物在系统采购记录的基础上录入药品的批号、生产日期、有效期、到货数量、验收合格数量、验收结果等内容，系统自动显示验收记录及验收员姓名。确认后，系统生成验收记录。根据不同的验收结论，系统支持对采购记录的拆分。验收结束后系统可打印或传输入库指令，通知仓库入库。系统根据基础数据库（药品的管理类别及储存特性），自动分配储存库区。

4. 养护

系统依据质量管理基础数据和养护制度及验收记录，对库存药品按期自动生成养护工作计划，提示养护人员对库存药品进行有序、合理的养护，系统自动提示养护工作进度。

5. 效期管理

系统对库存药品的有效期进行自动跟踪和控制，具备近效期预警提示、超有效期自动锁定及停售等功能。

企业应建立"近效期停销制"，判断近效期销售的合理性和可预期的危害，近效期预警的期限可根据企业在供应链所处的位置、销售对象、药品正常使用完毕的合理期限来综合评估。

6. 销售

批发企业销售药品时，系统依据质量管理基础数据及库存记录生成销售订单，系统拒绝无质量管理基础数据或无有效库存数据支持的任何销售订单的生成。系统对各购货单位的法定资质能够自动识别并审核，防止超出经营方式或经营范围的销售行为的发生。销售订单确认后，系统自动生成销售记录。

系统可根据基础数据库自动识别客户类别，自动识别经营范围，拒绝超范围品种的销售；销售开票确认后，自动生成销售记录，生成出库指令，显示开票员的身份，并自动匹配己方的销售员。

7. 出库

> 技能点
> 计算机系统功能识别

系统将确认后的销售数据传输至仓储部门提示出库及复核。依据销售开票指令，系统自动生成出库指令，打印出库单或生成拣货任务；系统可自动分配拣货任务，跟踪拣货出库进程；复核人员在专用界面上进行复核操作，支持生成相应的质量复核结果，标明复核人员姓名，系统自动生成出库复核记录。

8. 退回

药品批发企业的系统对销后退回药品具备以下功能。

（1）处理销后退回药品时，能够调出原对应的销售、出库复核记录；依据原销售出库记录数据，生成销后退回申请单；在销后退回界面中，系统拒绝非本公司销售药品的退回；收货人员核对实物后，交由验收人员进行质量验收。

（2）对应的销售、出库复核记录与销后退回药品实物信息一致的方可验收，并依据原销售、出库复核记录数据以及验收情况生成销后退回验收记录。

（3）退回药品实物与原记录信息不符，或退回药品数量超出原销售数量时，系统拒绝药品退回操作；系统不支持对原始销售数据的任何更改。

对购进退出则根据原验收入库记录数据生成购进退出记录。

9. 有疑问药品控制

系统对经营过程中发现的质量有疑问的药品进行控制。

（1）各岗位发现质量有疑问药品，按照本岗位操作权限实施锁定，通知质量管理人员；

（2）被锁定药品由质量管理人员确认，不属于质量问题的只能由质量管理人员解除锁定；属于不合格药品的由系统生成不合格记录；实物转入不合格专区，其他任何人均无此操作权限；

（3）系统对质量不合格药品的处理过程、处理结果进行记录，跟踪处理结果。销毁时系统生成销毁记录，由有关责任人批准。

10. 运输

药品批发企业的系统能对药品运输的在途时间进行跟踪管理，记录发运信息，建立运输记录，内容包括运输工具和启运时间等；对有运输时限要求的应当提示、警示相关部门及岗位。系统对委托运输的支持生成药品委托运输记录。

二、计算机系统数据安全要求

企业根据计算机管理制度对系统各类记录和数据进行安全管理，采用安全、可靠的方式存储和备份各类记录和数据。

（1）计算机系统应能完成覆盖药品经营管理全过程的相关记录，并能打印。计算机系统数据应真实、完整、准确。

（2）计算机系统各种记录应与原始凭证的内容一致，操作人员与原始凭证上的签名应相同。

（3）系统模块操作及数据记录的日期和时间均应由系统自动生成，不得采用手工编辑、菜单选择等方式录入。

（4）修改痕迹可查，系统日志完整。

（5）数据按日备份。备份数据的介质应存放在安全场所，防止与服务器同时遭遇灾害造成损坏或丢失；记录及凭证至少保存 5 年。疫苗、特殊管理的药品按规定保存：疫苗，超过有效期 2 年；麻醉药品和精神药品，自药品有效期期满之日起不少于 5 年；易制毒化学品，有效期期满之日起不少于 2 年。

三、药品零售企业的系统功能

药品零售企业的系统除具备以上功能外，还具备以下功能：

（1）系统能依据质量管理基础数据，自动识别处方药、特殊管理的药品以及其他国家有专门管理要求的药品，保证合法、规范销售；

（2）系统能拒绝国家有专门管理要求的药品超数量销售行为的发生；

（3）系统能与结算系统、开票系统对接，对每笔销售自动打印销售票据，并自动生成销售记录；

（4）系统能对拆零药品单独建立销售记录，对拆零药品实施安全、合理的销售控制；

（5）系统能依据质量管理基础数据信息，定期自动生成陈列药品检查计划。

▶ 范例 12-1 药品经营计算机信息系统管理制度

1. 目的：为加强公司药品经营计算机信息系统的管理，特制定本制度。
2. 依据：《药品管理法》《药品经营质量管理规范》。
3. 适用范围：本制度适用于本公司的药品经营计算机信息系统管理。
4. 内容

4.1 计算机信息系统配置要求

4.1.1 行政部负责公司所有计算机设备、应用软件配置，出现故障能及时快速维修与排除，安全有效地做好公司网络系统的维护、改造工作，保证经营业务正常进行，为公司各部门提供方便实用的现代化计算机办公网络技术服务。

4.1.2 具有支持系统正常运行的服务器和终端机。

4.1.3 具有稳定、安全的网络环境，有固定接入互联网的方式和可靠的信息安全平台。

4.1.4 有实现相关部门和岗位信息传输和数据共享的局域网。

4.1.5 具有稳定、安全的网络环境，能够实现办公场所与仓库通过网络连接。

4.1.6 利用先进的计算机和网络技术手段，采用专业的医药信息软件系统，将 GSP 贯穿企业的药品经营质量管理过程，能够对在库药品的分类、存放和相关信息进行检索，能够对药品的购进、验收、养护、出库复核、销售等进行真实、完整、准确的记录和管理，具有接受药品监督管理部门监管的条件。

4.2 计算机信息系统操作管理

4.2.1 计算机信息系统各类数据的录入、修改、保存等操作均需要系统管理员授权后才能进行相应操作，以保证数据的原始性、真实性、准确性、安全性和可追溯性。除被允许操作系统的人员和系统管理员外，其他人未经允许不得使用公司各部门专用计算机信息系统，不得随

▶ 议一议

为保证企业计算机信息系统各类数据安全和可追溯，应采取哪些具体措施？

意操作录入数据，防止非授权操作可能。

4.2.2　各操作人员必须使用自己工号和密码进入电脑操作，不得窃取他人系统工号密码，同时防止密码泄漏，或经常更换密码，确保密码安全。

4.3　计算机信息系统记录数据管理

4.3.1　通过计算机信息系统记录数据时，有关人员必须通过授权及密码登录后方可进行数据的录入或复核；数据的更改应当经系统管理员审核并在其监督下进行，更改过程通过计算机信息系统留有记录。

4.3.2　对公司商业资料要保密，在未经部门负责人或主管领导同意许可之下，不得擅自从公司信息系统内复制或打印任何文件或资料。

4.4　计算机信息系统数据安全管理

计算机信息系统运行中涉及企业经营和管理的各类数据，系统管理员采用可靠的方式储存并定期备份，备份数据应当存放在安全场所，记录类数据的保存时限符合相关规定。

4.5　计算机信息系统在业务经营过程质量问题控制

4.5.1　对已建立的基础数据，已失效或需暂停使用时，质量管理部可通过计算机信息系统作锁定处理，可达到质量控制管理。

4.5.2　药品储存养护检查过程中，发现有问题的药品应当暂停发货，及时反馈质量管理部门，通过计算机系统进行锁定和记录。

4.5.3　对库存药品的有效期进行自动跟踪和控制，实施近效期预警及超有效期自动锁定及停售等措施，防止过期药品销售和出库。

4.5.4　对存在质量问题的药品进行控制性管理，对发现的质量有疑问药品及其他应当停售的药品，质量管理部及时采取停售措施，并在计算机系统中锁定。

4.6　计算机信息系统日常维护管理

4.6.1　系统管理员应定期对计算机的硬件进行检测，并对其数据、病毒进行检测和清理。

4.6.2　系统管理员应定期检查计算机信息系统和数据库安全性，一旦发现有不安全的现象时应立即清除，并对当事人严肃处理。

点滴

读书不觉已春深
一寸光阴一寸金

一、单项选择

1. 负责基础数据审核、更新、确认生效及锁定的是（　　）。
   A. 总经理　　　　　　　　　　B. 质量管理部门和人员
   C. 总经理授权人　　　　　　　D. 各操作岗位人员

2. 关于企业计算机系统运行中涉及企业经营和管理的数据，说法不正确的是（　　）。
   A. 应当采用安全、可靠的方式储存
   B. 应当按品种和剂型每年备份
   C. 备份数据应当存放在安全场所
   D. 记录类数据的保存时限应当符合 GSP 的要求

3. 关于药品经营企业各类数据的录入、修改、保存等操作，正确的说法是（　　）。
   A. 符合授权范围　　　　　　　B. 符合操作规程

C. 符合管理制度的要求　　　　　D. 以上说法都对

4. 针对药品效期管理,关于计算机管理信息系统应当具备的功能说法不正确的是(　　)。

A. 对库存药品的有效期进行人为跟踪和控制

B. 近效期预警提示

C. 超有效期自动锁定

D. 超有效期停售

5. 药品经营过程中各岗位发现质量有疑问药品,应当按照本岗位操作权限实施锁定后,通知并由下列哪类人员确认。(　　)

A. 质量管理人员　　　　　　　B. 保管人员

C. 养护人员　　　　　　　　　D. 验收人员

6. 药品批发企业的购货单位类别不包括(　　)。

A. 生产单位

B. 经营单位(批发、零售)

C. 使用单位(医院、诊所、社区医疗机构)

D. 消费者个人

7. 承运单位基础数据库内容包括(　　)。

A. 承运商的资质、能力情况及相关条件

B. 承运协议时限、运输时限

C. 承运药品管理级别、储存温度、路途时限

D. 以上全包括

8. 关于基础数据库的关联要求,不正确的是(　　)。

A. 在药品采购环节,经营品种与供货单位、供货单位销售人员相关联

B. 在药品储存环节,经营品种与购货单位的生产范围相关联

C. 在药品销售环节,经营品种与购货单位的生产范围、经营范围或者诊疗范围相关联

D. 在药品运输环节,经营品种与运输方式、条件和时间应相关联

二、多项选择

1. 药品批发企业的计算机系统应当符合的要求包括(　　)。

A. 有支持系统正常运行的服务器和终端机

B. 有固定接入互联网的方式和安全可靠的信息平台

C. 有实现部门之间、岗位之间信息传输和数据共享的局域网

D. 有药品经营业务票据生成、打印和管理功能

E. 有符合 GSP 要求及企业管理实际需要的应用软件和相关数据库

2. 应当制定授权范围的计算机操作包括(　　)。

A. 数据的录入　　B. 数据的修改　　C. 数据的保存

D. 数据的查询　　E. 数据的备份

3. 药品经营企业质量管理部门或质量管理人员应当负责的工作包括(　　)。

A. 负责指导设定系统质量控制功能

B. 负责系统操作权限的审核，并定期跟踪检查
C. 指导、监督各岗位人员严格按规定流程及要求操作系统
D. 对业务经营数据修改申请进行审核
E. 负责处理系统中涉及药品质量的有关问题

4. 计算机管理信息系统应当对库存药品按期自动生成养护工作计划，其依据是（　　）。
   A. 质量管理基础数据　　B. 养护制度　　C. 验收记录
   D. 年度养护工作计划　　E. 国家抽检计划

5. 验收人员对照药品实物在计算机管理信息系统采购记录的基础上录入哪些内容并确认后系统自动生成验收记录。（　　）
   A. 药品的批号　　B. 生产日期、有效期　　C. 到货数量
   D. 验收合格数量　　E. 验收结果

6. 药品批发企业计算机管理信息系统录入的质量管理基础数据包括（　　）。
   A. 供货单位信息　　B. 购货单位信息　　C. 经营品种信息
   D. 供货单位销售人员资质　　E. 委托运输信息

7. 药品零售企业的计算机管理信息系统应当具备的功能包括（　　）。
   A. 自动识别处方药、特殊管理的药品
   B. 允许国家有专门管理要求的药品超数量销售
   C. 对每笔销售自动打印销售票据，并自动生成销售记录
   D. 定期自动生成陈列药品检查计划
   E. 对拆零药品单独建立销售记录

8. 药品批发企业负责信息管理的部门或人员应当履行的职责包括（　　）。
   A. 系统硬件和软件的安装、测试及网络维护
   B. 系统数据库管理和数据备份
   C. 负责培训、指导相关岗位人员使用系统
   D. 负责系统程序的运行及维护管理
   E. 负责系统网络以及数据的安全管理，保证系统日志的完整性

三、简答题

1. 完整的计算机系统由哪两部分组成？
2. 药品经营企业计算机系统应当符合哪些要求？
3. 供货单位数据库内容有哪些？
4. 简述计算机系统对药品经营过程进行质量控制的主要功能。

温故知新 12

学以致用

扮演药品经营企业质管员、采购员、验收员、仓库保管员、收银员等角色，利用模拟药房计算机系统中设置的各经营流程的质量控制功能及采购、收货、验收、储存、养护、销售等系统功能，按照业务流程处理各个角色业务。

学习评价

职业核心能力与道德素质测评表

（在□中打√，A 良好，B 一般，C 较差）

职业核心能力与道德素质	评估标准	评价结果
自我学习	1. 有学习计划 2. 会管理时间 3. 关注相关课程知识的关联 4. 有适合自己的学习方式和方法	□A □B □C □A □B □C □A □B □C □A □B □C
信息处理	1. 有多种获取信息的途径和方法 2. 会进行信息的梳理、筛选、分析 3. 能使用多媒体手段展示信息	□A □B □C □A □B □C □A □B □C
与人交流	1. 会选择交流的时机、方式 2. 能把握交流的主题 3. 能准确理解对方的意思，会表达自己的观点	□A □B □C □A □B □C □A □B □C
与人合作	1. 善于寻找和把握合作的契机 2. 明白各自在合作中的作用和优势 3. 会换位思考，能接受不同的意见和观点 4. 能控制自己的情绪	□A □B □C □A □B □C □A □B □C □A □B □C
解决问题	1. 能纵观全局，抓住问题的关键 2. 能做出解决问题的方案，并组织实施 3. 分析问题解决的效果，及时改进不足之处	□A □B □C □A □B □C □A □B □C
革新创新	1. 关注计算机信息技术及信息系统安全问题 2. 能提出创新的想法和见解 3. 改进方案实施效果好	□A □B □C □A □B □C □A □B □C
职业道德素质	1. 熟悉药事法规、医药行业职业道德标准等 2. 持续学习，乐于奉献 3. 敬畏规则，自我控制能力强	□A □B □C □A □B □C □A □B □C

专业能力测评表

（在□中打√，A 具备，B 基本具备，C 未具备）

专业能力	评价标准	评价结果
建立供货单位数据库	1. 熟悉供货单位数据库的内容 2. 识别信息关联性 3. 识别供货单位基础数据库内容是否完整	□A □B □C □A □B □C □A □B □C
建立品种数据库	1. 熟悉经营品种基础数据库内容 2. 识别信息关联性 3. 识别经营品种基础数据库内容是否完整	□A □B □C □A □B □C □A □B □C
建立购销人员数据库	1. 熟悉购销人员数据库内容 2. 识别信息关联性 3. 识别购销人员基础数据库内容是否完整	□A □B □C □A □B □C □A □B □C
建立承运单位数据库	1. 熟悉承运单位基础数据库内容 2. 识别信息关联性 3. 识别供货单位基础数据库内容是否完整	□A □B □C □A □B □C □A □B □C
药品验收	1. 熟悉药品验收内容 2. 对照系统信息提示进行药品实物验收 3. 对照药品实物录入药品信息	□A □B □C □A □B □C □A □B □C

项目十三

质量风险管理

 知识点

药品质量风险管理的含义　风险管理程序　常用的风险分析工具
风险控制策略的步骤　关键控制点控制措施

 技能点

采购环节风险识别　验收环节风险识别　储存养护环节风险识别
销售环节风险识别　运输环节风险识别　风险分析工具的运用
风险评估　风险控制　风险沟通　风险识别

 职业能力目标

 采购环节质量风险评价与控制　验收环节质量风险评价与控制　储存养护环节质量风险评价与控制　销售环节质量风险评价与控制　运输环节质量风险评价与控制

 自我学习　信息处理　与人交流　与人合作　解决问题　革新创新

模块六 系统管理　227

  思政育人目标

1. 强化风险管控意识，做好充分应急预案，提高风险防御能力，确保百姓用药安全。
2. 培养沟通与协调能力，建立稳定的联动机制，增强处理风险突发事件的应急处理能力，提升服务水平和稳定性。

  知识导图

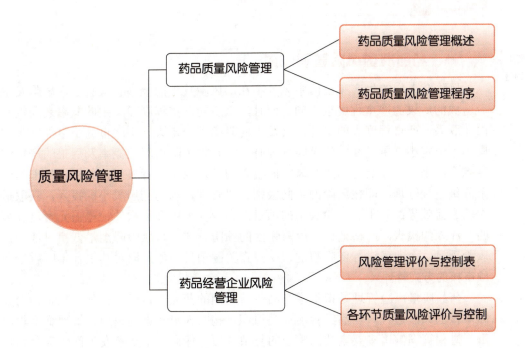

引例 S市药品监督管理部门2011年开始每年组织药品风险评估专家对辖区内药品经营环节进行安全风险评估。通过安全风险评估，可以预防并及时处置药品经营环节安全风险，保障公众用药安全。对于在评估中存在问题多的单位，药监部门将对其增加监管次数，督促其尽快达到要求。此外，S市药品监督管理部门还对药品经营环节建立了约谈申诫制度，对存在药品经营环节安全风险的药品经营企业法定代表人进行约谈申诫，约谈申诫内容也将存入诚信档案。如果约谈次数多，但经营企业仍不改进，相关部门就会通过整顿、责令整改等行政手段对企业进行处罚。

开宗明义13

在药品经营过程中，质量风险管理可以帮助企业对药品经营质量管理工作进行系统、规范的评价和科学决策，并提供有效的管理措施和规避质量风险的方法。质量风险管理不仅是药品经营企业贯彻落实GSP，全面质量管理过程的组成部分之一，也是企业质量管理体系的重要组成部分。同时质量风险管理也是药品经营企业执行GSP的有效工具，在实施GSP中发挥不可替代的巨大作用。

单元一 药品质量风险管理

重点与难点
药品质量风险管理程序

一、药品质量风险管理概述

风险在人们的生产和生活中无处不在，风险发生的概率有大有小，风险发生后造成的后果的严重程度也不同。而且，风险的严重程度和发生的概率之间没有内在联系，严重程度大的事件，其发生的概率不一定大；不严重的小事件发生的概率不一定小。所以在实施风险管理时，需要将风险出现的概率及后果的严重程度综合起来，将收益与为防范风险而投入的管理成本进行权衡，并根据权衡的结果分级进行管理，即按风险的不同级别分级管理，以达到用最小的投入，获取最大的利益效果：对于高风险级别的项目，企业要采用高频次的、覆盖元素足够多的、深入的检查，严格把控，用前瞻性的预防方式，将风险降至最低；对低级别风险项目，企业可进行低频次的、仅检查关键项目，如采取对其进行年度质量回顾审核的方式管理。

药品质量风险管理是指贯穿产品生命周期的药品质量风险评估、控制、沟通和审核的系统过程。药品经营活动是组织机构、人员、设备设施、管理制度与职责、过程管理等诸要素共同整合的复杂过程，任何一个要素发生问题都会影响所经营药品的质量，引发药品质量风险。建立一套有效的质量风险管理方法，通过预先主动地制定方法以识别和控制在药品研发、生产、流通、使用的过程中存在的潜在质量问题，达到防范风险、预防质量事故的目的。GSP的基本原则与药品质量风险管理的目标相一致。药品经营企业作为质量风险管理的主体，在药品经营环节实施GSP过程中，通过运用质量风险管理的方法，正确识别质量风险、评估质量风险，科学控制质量风险，达到降低质量风险危害程度的目的，从而发挥质量风险管理对企业GSP贯彻实施的保证作用，进一步确保所经营药品的质量，切实保障公众用药的安全有效。

二、药品质量风险管理程序

药品经营企业应首先结合药品经营企业质量管理实际，设计企业质量风险管理方案，经审核批准后，依据质量风险管理计划，启动企业质量风险管理程序，包括质量风险评价、风险控制、风险沟通和风险审核四个步骤。

（一）质量风险评价

风险评价是在一个风险管理过程中，对支持风险决策的资料进行组织的系统过程。它包括危害的确认以及对受害风险的分析和评估，是质量风险管理的首要步骤。分为三个阶段：风险识别、风险分析及风险评估。

> 技能点
>
> 风险识别

1. 风险识别

风险识别是系统地使用信息来寻找和识别所述风险疑问或问题的潜在根源。系统地利用各种信息和经验来确认药品、设备、系统、操作等使用及潜在的错误使用过程中存在的风险，指出将会出现的问题在哪里。包括识别可能的后果，为进一步质量风险管理进程的其他步骤提供基础。

药品在经营过程中，引起质量风险的关键影响因素，包括企业负责人的质量风险意识、组织机构、人员配置、管理职责与制度的制定、计算机信息系统质量控制、仓储运输设施设备和温湿度监测系统设施设备、过程管理（药品采购、收货、检查验收、储存与养护、药品销售、出库与复核、药品运输、售后服务）等多个环节和关键控制点，任何一个环节出错都将导致不同的危害事件，即每个环节都存在着不同的风险。药品风险来源复杂，有人为因素，也有药品本身的"两重性"因素。人为因素可导致假药、劣药经营、药品质量问题、标识缺陷和包装质量问题、用药差错问题等，多属可控制风险；药品属性因素包括药品天然风险，其中包括药品已知风险和未知风险。已知风险包括药品已知不良反应和已知药物相互作用等，属可控制风险；药品未知风险包括药品未知不良反应，非临床适应症患者使用，未试验人群的应用（如孕产妇、婴幼儿、老年人、肝肾功能障碍者等，他们一般被排除在临床试验入选标准之外），多属不可控制风险。

2. 风险分析

风险分析是用定性、定量的方法对已经被识别的风险及其问题进行分析，进而确认将会出现问题的可能性有多大，出现的问题是否能够被及时发现以及造成的后果。通过分析每个风险的严重性以及发生的可能性，对风险进行深入描述，然后在风险评估中综合上述因素确认一个风险的等级。在整个风险评价过程中，风险分析是最重要环节，需要有经验的技术人员及质量相关人员采用适宜的风险分析方法共同完成。药品经营企业常使用的风险分析工具是风险排序和过滤法、失败模式效果分析。

> 技能点
>
> 风险分析工具运用

风险排序和过滤法是将风险因素进行排列和比较，对每种风险因素做多重的定量和定性评价，权衡因素并确定风险得分。见表13-1和表13-2。

表 13-1 风险发生的可能性（频次）与风险得分

等级	等级名称	风险得分	频次
Ⅰ级	不太可能发生	1	不太可能发生（超过 5 年 1 次）
Ⅱ级	稀少	2	可能发生（每 3 年 1 次）
Ⅲ级	可能发生	3	很可能发生（每 2 年 1 次）
Ⅳ级	很可能发生	4	较常发生（每 2～3 个月 1 次）
Ⅴ级	经常发生	5	经常发生（几乎每次都可能发生）

表 13-2 风险严重性与风险得分

等级	等级名称	风险得分	严重性
1 级	可忽略	1	不产生危害
2 级	微小	2	危害轻微，不需要采取纠正措施
3 级	中等	3	产生危害，需要采取纠正措施
4 级	严重	4	危害严重，产品可能报废
5 级	非常严重	5	危害极为严重，产品报废

3. 风险评估

风险评估是根据预先确定的风险等级标准（表 13-3），对已经识别并分析的风险进行评价，即通过评价风险的严重性和可能性从而确定风险的等级。

表 13-3 风险等级标准

风险等级	风险描述	采取措施
高风险	严重影响药品内在质量，不符合国家质量标准或可能构成顾客受伤、严重伤害、生命垂危甚至死亡的风险	立即采取有效措施控制解决，在未得到有效解决前，不得继续操作
中风险	对药品质量有一定影响，构成顾客不满意的风险	加强日常管理，对员工进行培训等
低风险	对药品本身质量影响不大，为企业所能接受的风险	—

按照风险排序和过滤法，根据风险发生的可能性和严重性用风险指数矩阵图来确定风险得分（表 13-4）。

风险得分 = 风险严重性得分 × 风险可能性得分

表 13-4 风险综合得分

严重性	可能性（频次）				
	Ⅰ级	Ⅱ级	Ⅲ级	Ⅳ级	Ⅴ级
1	1	2	3	4	5
2	2	4	6	8	10
3	3	6	9	12	15
4	4	8	12	16	20
5	5	10	15	20	25

注：风险级别为，低级风险 1～5，中级风险 6～12，高级风险 15～25。

根据风险严重程度,确定风险可接受性。低级风险是可接受风险,可不必主动采取干预措施;中级风险是合理风险,通过实施风险控制措施得以降低,效益超过风险,达到接近可接受水平;高级风险是不可接受风险,可能导致严重伤害,必须采取有效干预措施,以规避风险。

(二)质量风险控制

1. 质量风险控制概述

质量风险控制是执行风险管理决定的措施。包括对降低和/或接受风险作出决策,其目的是将风险降低到一个可以接受的水平。针对上述步骤对药品经营过程各环节进行的质量风险评价,为减少人为因素引发的经营环节高风险,需要采取相应的质量风险控制措施。

> **技能点**
> 风险控制

2. 药品质量风险控制策略

质量风险控制策略包括事前控制、事中控制、事后反馈等步骤。

事前控制就是在质量风险发生前对其采取的预防性控制措施,以避免各种失误、浪费和损失的发生。具体措施包括风险避免、风险减弱、风险转移、风险自留等方法。

事中控制是指药品质量风险发生后,企业应主动运用质量风险管理方案,积极、科学、快速地采取应对措施,将损失降低至最小。

事后反馈是指药品质量事故发生后,对整个事件本身进行总结分析,并据此提出今后的改进方案,为今后质量安全防范措施的制定和实施提供科学依据。药品经营企业在药品经营全过程中,环节众多,过程复杂,因此必须加强预先防范、同步控制、重视事后反馈控制,从而将质量风险降至可接受的水平。有效发现和控制对质量有重大影响的关键控制点,从而降低质量管理中的漏洞或者盲点。

药品经营企业具体措施包括:

(1)加强企业负责人的质量风险意识,引进质量风险管理模式,确定质量风险领导责任人;

(2)建立质量风险管理组织机构,确立质量风险管理制度、程序和岗位职责,定期开展质量风险管理活动;

(3)加强全员质量风险管理制度、程序和岗位职责的培训,培养全员质量风险管理意识;

(4)确立并完善企业的计算机信息管理系统,支持质量风险管理对关键点的要求,支持药品追溯码系统等信息化管理工具;

(5)强化仓储运输设施设备升级改造,引进现代物流技术,建立存储高架库系统、仓库温湿度自动监测和调控系统;冷链药品储存运输全程自动温度调控、监测系统等;通过确认与验证手段管控质量风险;

(6)强化药品经营全过程管理;

(7)对变更、偏差进行风险评估,按照评估结果进行分级管理;

(8)适时启动药品应急预案,对不可控质量风险进行干预。

> **点滴**
> 居安思危,
> 思则有备,
> 有备无患。

（三）质量风险沟通

> **技能点**
> 风险沟通

质量风险沟通是指在决策者和其他涉险人员之间分享有关风险和风险管理的信息。各方可以在风险管理过程的任何阶段进行沟通。应当充分交流质量风险管理过程的结果并有文件和记录。在药品经营过程中，质量风险的确认、风险评估、严重程度、风险控制、处理等信息都需要充分交流，通过质量风险沟通的形式，完整记录书面结果。药品经营企业可以依据 GSP 的要求，对药品经营全过程包括药品采购、收货、检查验收、储存与养护、药品销售、出库与运输、售后服务等多个环节和关键控制点，以及组织机构、人员设置、管理制度与操作规程、计算机信息系统、仓储运输设施设备系统、变更管理等质量管理体系的其他关键因素，共同开展质量风险管理，并将质量风险管理实施过程通过文件的形式固定下来。

1. 沟通方式

（1）风险和风险管理信息在决策者和其他人之间的双向分享；
（2）在质量风险管理过程中任何阶段都交流；
（3）质量风险管理过程的结果的交流和文件化；
（4）不需要对每一个可接受的风险进行交流；
（5）使用法规、指南和 SOP 中的现有渠道进行交流；
（6）交换或分享信息；
（7）改进思考和交流方式，有时正式有时非正式；
（8）增加透明度。

2. 风险沟通的程序

（1）将风险识别的结果通过文件的形式固定下来，并得到质量负责人的批准；
（2）将得到的经过批准的文件对相关人员进行培训和考核，使其掌握经营过程中需要控制的关键环节；
（3）质量管理人员对经营过程中风险的控制情况进行监督，发现差错或异常进行及时的记录和处理；
（4）在确保识别出的风险环节全部得到控制的情况下，对经营过程中发生的差错或异常等信息进行分析，确认是否又发现了没有识别出的差错或异常，如果有，则进一步执行风险识别的过程。

（四）质量风险审核

质量风险审核是指根据风险相关的新的（适用性）知识和经验，对风险管理过程的结果进行审核或监控。所有的风险管理过程都是动态/反复的。需要使用质量风险管理时，每次进行决定都应采用新的知识，以此加强决策效应而获得持续的完善。

在药品经营过程中，可以结合企业质量管理工作中的质量管理体系审核和 GSP 内部评审，并引入新的知识和经验，适时开展质量风险管理的定期审核，从而检验和监控 GSP 实施的有效性、持续性。通过"药品经营过程的质量风险审核表"记录药品经营过程中的质量风险审核过程，监控实施质量风险管理的结果。

单元二 药品经营企业风险管理

一、风险管理评价与控制表

▶ **范例 13-1**　某企业质量风险管理评价与控制表（见表 13-5）

重点与难点
各环节风险评价与控制

表 13-5　药品经营质量风险管理评价与控制表

风险评价	
风险因素	1. 企业领导人的质量风险意识 2. 组织机构 3. 人员配置 4. 仓储设施，管理条件 5. 过程管理
缺陷原因	各项管理措施不到位
缺陷后果	1. 经营质量缺陷药品（质量问题、包装破损、短少等） 2. 发生假药、劣药经营行为 3. 变相协助贩毒或提供毒源 4. 所经营药品引发新的严重不良反应 5. 所经营药品引发致残致死个案
风险分析	1. 人为因素影响较大 2. 系统可控
风险评估	风险较高
风险控制	
管理措施	1. 加强企业领导人的质量风险意识，引进质量风险管理模式 2. 建立质量风险管理组织机构，确立质量风险管理制度、程序，定期开展质量风险管理活动 3. 加强全员质量风险管理制度、程序的培训，培养全员质量风险管理意识 4. 确立企业"进、存、销"的计算机信息管理系统，支持质量风险管理要求 5. 强化过程管理 6. 强化和规范企业质量管理系统
风险接受	风险减少、风险避免

二、各环节质量风险评价与控制

▶ **范例 13-2**　某企业药品经营各环节质量风险评价与控制

1. 药品采购环节

（1）风险评价

风险因素：供应商审核；供应产品审核；供货方销售人员资质审核。

缺陷原因：未审核；审核不到位；资质过期。

缺陷后果：购入假药或劣药。

风险分析：人为因素影响较大；系统可控。

风险评估：风险高，企业提供虚假证明材料；销售人员挂靠企业或未经授权代理其他企业产品或冒充药品的产品。

（2）风险控制

管理措施：①确立企业"进、存、销"的计算机信息管理系统，未经审核的供应商，计算

技能点
采购环节风险识别

机系统不能确认其为合格供应商；资质过期的供应商，系统将自动报警；非授权人不能在计算机系统内行使审批权力；②对审核人员加强药品购进管理制度、首营企业和首营品种审核制度及相关程序的培训；③通过年度药品质量进货评审，对质量信誉不好的企业退出合格供应商或不购进其产品。

风险接受：风险减少、风险避免。

2. 收货环节

（1）风险评价

风险因素：收货检查。

缺陷原因：检查不到位。

缺陷后果：①接收非本企业采购的商品；②接收假药或劣药；③接收的药品质量有明显缺陷（外观质量问题、包装破损、短少等）。

风险分析：人为因素影响较大；系统可控。

风险评估：风险适中，由于是中间环节，后期有质量检查验收环节控制。

（2）风险控制

管理措施：①确立企业"进、存、销"的计算机信息管理系统，未经采购人员制订采购计划，系统则无收货指令；收货需凭系统指令——"采购订单"执行；②对收货人员加强药品采购管理制度、收货程序的培训；③严格执行药品收货应遵循的拒收原则。

风险接受：风险避免。

3. 质量检查验收环节

（1）风险评价

风险因素：检查验收。

缺陷原因：①未验收；②检查验收不到位；③抽样不到位；④验收延误。

> **技能点**
> 验收环节风险识别

缺陷后果：①将假药或劣药验收合格；②将存在质量缺陷（外观质量问题、包装破损、短少等）药品验收合格；③验收延误（冷链运输药品），造成药品质量缺陷（内在质量）、药品失效。

风险分析：人为因素影响较大；系统可控。

风险评估：风险较高，验收环节是药品入库管理的关键环节，是质量管理的重点。

（2）风险控制

管理措施：①建立企业"进、存、销"的计算机信息管理系统，验收员凭收货员签发的验收指令——"验收通知单"执行验收；②对验收员加强药品质量检查验收管理制度、抽样程序、验收程序和进口药品管理制度的培训；③严格执行冷链药品管理要求；④验收不合格的药品，质量管理员要履行质量复核手续。

风险接受：风险减少、风险避免。

4. 储存养护环节

（1）风险评价

风险因素：储存管理、养护检查。

缺陷因素：①药品未按存储条件（常温库、阴凉库、冷库）分开存放；②仓库储存不合理（未做到"五分开"）；药品堆码不合理，未做到符合"六距"；③仓库"五防"设施不到位，未及时保养、更新，药品仓储环境卫生管理制度执行不到位；④仓库温湿度检测、调控设施、设备不到位，不能满足实时监测和自动调控（包括冷库）的要求；⑤药品存储未按"五区"分开存放，不合格药品未做到专人专区管理，实施色标管理不到位；⑥养护员检测温湿度、指导保管员调控温湿度设施执行不到位；⑦"药品催销月报表"执行不到位；⑧养护检查过程中，发现问题及时按程序处理不到位；⑨季度养护分析执行不到位；⑩保管员库房账务管理不到位。

缺陷后果：①储存不当，造成药品变质、失效（温湿度影响），成为假药；②储存药品过期或被污染成为劣药；③储存药品发生质量缺陷（储存造成外观质量问题、包装破损、短少等）；④药品储存批号、数量发生差错。

风险分析：①人为因素影响较大；②系统可控；③仓库设施、设备更新提高。

风险评估：风险高，储存环节保持药品质量稳定是药品经营企业最重要的质量管理环节，其中温湿度控制（特别是冷藏药品温湿度控制）是关键，直接影响药品质量。

（2）风险控制

管理措施：①加强人员培训，养护员、保管员积极履行岗位质量职责，严格执行药品养护管理制度、药品储存管理制度、仓库温湿度管理制度等相关制度和程序；②药品应按存储条件（常温库、阴凉库、冷库）分开存放，仓库合理储存做到"五分开"；药品堆码做到符合"六距"；③仓库"五防"设施要及时保养、更新，定期清洁药品储存区域；④仓库（包括冷库）温湿度检测及调控的设施、设备应满足时时检测和自动调控要求，并进行仓库温湿度变化的验证；⑤药品存储应按"五区"分开存放，不合格药品专人专区管理，并符合色标管理规定；⑥养护员检测温湿度，指导保管员调控温湿度设施需严格按制度执行；⑦"药品催销月报表"定期收集汇总，转发相关部门；⑧养护检查过程中，发现问题及时向质量管理部门上报，质量管理部门复核确认后，及时处理；⑨及时汇总分析季度养护情况，根据分析结果，制定相应措施；⑩保管员库房账务做到"日动碰，月盘点"，保证账、货、卡相符率100%；⑪确立企业"进、存、销"的计算机信息管理系统，包括仓储管理系统，满足药品存储条件系统控制，指定适宜仓库；满足药品质量状态由质量管理部门指定人员进行系统确定，仓储部门依据指令控制是否发出；满足按药品批号管理库房进出账目；⑫落实质量否决权管理制度，保管员发现药品污染、变质、失效、药品过期或药品质量缺陷，报质量管理部门，质量管理部门复核确认后，入不合格库，严禁销售；⑬仓储条件不能满足特殊储存条件的，可以通过药品直调方式，满足销售。

> 技能点
> 储存养护风险控制

风险接受：风险减少、风险避免、风险转移。

5. 销售环节（批发）

（1）风险评价

风险因素：销售客户选择、销售管理。

缺陷原因：①销售部门对客户选择管理不到位；未梳理客户渠道，盲目新开户；②质量管理人员未对客户资质进行审核；③由于仓储运输环节疏忽原因，造成销售假药、劣药；④销售人员操纵的挂靠销售、走票销售；⑤未按规定销售特殊管理的药品。

缺陷后果：①销售假药、劣药；②协助贩毒或提供毒源；③销售药品存在质量缺陷（质量问题、包装破损、短少等）。

风险分析：①人为因素影响较大；②系统可控。

风险评估：风险较高。

（2）风险控制

管理措施：①确立企业"进、存、销"的计算机信息管理系统，未经质量管理部门审核合格的客户，计算机系统不支持发出；存在质量问题的药品，计算机系统不支持付出；②规范销售人员销售行为；③对销售人员加强药品销售管理制度、销售程序的培训；④严格执行特殊管理的药品管理制度的要求。

风险接受：风险减少、风险避免。

6. 销售环节（零售）

（1）风险评价

风险因素：药品陈列、处方药销售。

缺陷原因：①药品陈列管理不到位，"七分开"未做到位；②销售过期药品、错发药品，销售药品数量超过安全规定，中药饮片调剂错误，引发致残致死个案；③处方药销售不规范，未

> 技能点
> 销售环节风险识别

凭处方销售，处方未审核，引发致残致死个案；④执业药师指导用药不到位，指导错误或盲目，引发严重药品不良反应；⑤超范围经营，如非法行医等；⑥未按规定销售特殊管理的药品、易制毒药品、含兴奋剂成分的药品等。

缺陷后果：①销售假药、劣药；②引发严重药品不良反应、致残致死个案；③协助贩毒或提供毒源；④药物依赖或药物滥用；⑤销售存在质量缺陷（质量问题、包装破损、短少等）药品。

风险分析：①人为因素影响较大；②系统可控。

风险评估：风险高。

（2）风险控制

管理措施：①确立企业"进、存、销"的计算机信息管理系统，对存在问题的药品，计算机系统不支持付出；超范围经营的药品，计算机系统不支持购进；药品销售数量超过安全规定，计算机系统不支持支付；处方药未经执业药师审核，计算机系统不支持销售；特殊管理的药品，计算机系统支持双人复核销售；②处方药销售，凭处方登记销售明细表，处方量、销售量与购进量一致；③对营业员、执业药师加强药品陈列管理制度、药品处方调配管理制度、中药饮片调剂管理制度和程序的培训，加强执业药师用药安全知识的培训；④严格执行特殊管理的药品管理制度。

风险接受：风险减少、风险避免。

7. 出库运输环节

（1）风险评价

技能点

运输风险识别

风险因素：出库复核、冷链药品运输。

缺陷原因：①保管员贯彻药品拆零拼装、药品出库复核管理制度不到位；②药品出库执行"先产先出，近期先出，按批号发货"原则不到位，质量不合格药品发出，过期药品发出；③出库复核员坚持"四不发"原则、强化药品外观质量复核的执行工作不到位；④药品搬运人员、运输人员贯彻药品运输管理制度不到位，搬运、堆码药品严格遵守药品外包装标识的要求规范操作不到位；⑤冷链药品运输遵守《冷链药品运输管理制度》不到位；⑥特殊管理的药品发出未执行双人发货，双人复核；⑦特殊管理的药品执行电子监管码系统指令执行不到位。

缺陷后果：①发出假药、劣药（发错药、发过期药）；②运输原因造成药品变质、药品失效等问题，形成假药；③存在质量问题的药品（药品质量缺陷等）发出；④发出药品批号错误，数量差错。

风险分析：①人为因素影响较大；②系统可控。

风险评估：风险较高，出库运输环节是药品从出厂到使用用户前的最后关键环节，是质量管理的重点。

（2）风险控制

管理措施：①保管员积极贯彻药品拆零拼装、药品出库复核管理制度，药品出库严格执行"先产先出，近期先出，按批号发货"原则；②出库复核坚持"四不发"原则，强化药品外观质量的复核；③药品搬运人员、运输人员贯彻药品运输管理制度，搬运、堆码药品严格遵守药品外包装标识的要求规范操作；④冷链药品运输严格遵守《冷链药品运输管理制度》，与承运方签订"药品运输质量保证协议"，确保药品运输的质量安全；⑤确立企业"进、存、销"的计算机信息管理系统，药品质量状态非"合格"及超过有效期的，计算机系统不能发出；计算机系统支持执行"先产先出，近期先出，按批号发货"原则；计算机系统满足特殊管理的药品执行电子监管码系统指令的要求。

风险接受：风险减少、风险避免。

8. 药品退货环节

（1）风险评价

风险因素：药品销后退回的验收、药品购进退出管理。

缺陷原因：①收货人员未凭销售负责人同意签发的"退货申请表"接收退货；②退货保管员未核实是否为原发出药品；③抽样不到位；④销后退回检查验收不到位（冷链保存药品退货未判定验收不合格）；⑤药品监督管理部门确认的假、劣药品执行了药品购进退出程序；药品监督管理部门确认的假药、劣药再次销售；⑥召回药品未经质量审核重新发出。

缺陷后果：①将销后退回的假药（变质、失效）或劣药验收合格；②将销后退回的存在质量缺陷（外观质量问题、包装破损、短少，存在严重不良反应等）的药品验收合格；③假药、劣药再次销售。

风险分析：①人为因素影响较大；②系统可控。

风险评估：风险高，药品销后退回验收环节是售出药品重新入库管理的关键环节，对药品质量验收合格与否是质量管理重点。

（2）风险控制

管理措施：①确立企业"进、存、销"的计算机信息管理系统，系统支持收货员凭销售负责人同意签发的"药品退货申请表"收货；支持退货保管员核实是否为原发出药品；支持验收员凭收货员签发的销后退回验收指令——"销后退回验收通知单"执行验收；支持销后退回验收判定质量不合格的药品不能出库；②对验收员加强药品质量检查验收管理制度、抽样程序、药品销后退回验收程序的培训；③对保管员加强药品销后退回、购进退出管理制度的培训；④严格执行冷链药品管理要求，退货的冷链药品应判为质量不合格；⑤验收不合格的药品，质量管理员要履行质量复核手续。

风险接受：风险减少、风险避免。

9. 售后服务环节

（1）风险评价

风险因素：质量信息、质量查询、质量投诉、用户访问、药品不良反应信息反馈、药品召回、质量事故调查。

缺陷原因：①对药品监督管理部门发布的假药或劣药信息收集遗漏、反馈不及时或未及时启动应急预案；②质量信息反馈延误；③药品不良反应信息收集不主动；④各类质量信息收集不全面，未做分析和汇总；⑤未及时启动应急预案（药品召回、质量事故调查）。

缺陷后果：①信息遗漏或反馈延误，造成致死致残个案；②信息遗漏，造成使用假药、劣药；③信息遗漏或反馈延误，引发新的严重不良反应；④信息遗漏或反馈延误，使用质量存在缺陷的药品。

风险分析：①人为因素影响较大；②系统可控；③发生新的严重不良反应（未知风险）。

风险评估：风险高，售后环节是药品质量服务最后环节，是质量信息收集、反馈的集散点，是管理重点。

（2）风险控制

管理措施：①确立企业"进、存、销"的计算机信息管理系统，支持质量管理人员确认的暂停发货指令；②对质量管理人员加强药品质量信息、质量查询、质量投诉及用户访问管理制度、程序的培训；③质量管理人员掌握药品不良反应监测和报告管理制度、药品召回管理制度、药品质量事故处理管理制度并熟练运用；熟悉各类应急预案的启动程序；④质量管理人员严格执行质量否决权赋予的责任。

风险接受：风险减少、风险避免。

> **点滴**
> 行动是治愈恐惧的良药，而犹豫拖延将不断滋养恐惧。

> **点滴**
> 少年易老学难成
> 一寸光阴不可轻
> 未觉池塘春草梦
> 阶前梧叶已秋声

稳扎稳打

一、单项选择

1. 药品经营企业负责风险评估的部门是（　　）。
   A. 采购部门　　　　　　　　B. 质量管理部门
   C. 销售部门　　　　　　　　D. 人力资源部门

2. 药品退货环节风险控制措施不包括（　　）。
   A. 验收不合格的药品，质量管理员要履行质量复核手续
   B. 验收员加强药品质量检查验收管理制度、抽样程序、药品销后退回验收程序的学习
   C. 保管员加强药品销后退回、购进退出管理制度的学习
   D. 严格审核供货企业合法资质

3. 药品经营企业售后服务环节缺陷原因不包括（　　）。
   A. 对药品监督管理部门发布的假药或劣药信息未及时启动应急预案
   B. 质量信息反馈延误
   C. 对药品夸大宣传
   D. 药品不良反应信息收集不主动

4. 药品经营企业储存养护环节缺陷原因不包括（　　）。
   A. 仓库保管员不具备大专以上学历
   B. 养护检查过程中发现的问题未及时按程序处理
   C. 药品未按存储条件分开存放，药品堆码未做到符合"六距"
   D. 仓库温湿度检测设施设备不能满足实时监测的要求

5. 药品经营企业售后服务环节风险控制管理措施不包括（　　）。
   A. 对质量管理人员加强药品质量信息、质量查询、质量投诉及用户访问管理制度、程序的培训
   B. 质量管理人员熟练掌握并运用药品召回管理制度、药品质量事故处理制度
   C. 质量管理人员严格审核销售对象的合法资格
   D. 质量管理人员严格执行质量否决权赋予的责任

二、多项选择

1. 药品经营企业实施质量风险管理的环节包括（　　）。
   A. 采购环节　　　B. 收货环节　　　C. 验收环节
   D. 储存养护环节　E. 销售环节

2. 药品出库运输环节缺陷原因包括（　　）。
   A. 特殊管理的药品发出未执行双人发货，双人复核
   B. 药品出库未执行"先产先出，近期先出，按批号发货"原则
   C. 质量不合格药品发出
   D. 过期药品发出
   E. 拼装药品未做标识

3. 药品退货环节缺陷原因包括（　　）。

A. 收货人员未凭销售负责人同意签发的"退货申请表"接收退货

B. 退货保管员未核实是否为原发出药品

C. 召回药品未经质量审核重新发出

D. 药品监督管理部门确认的假、劣药品执行了药品购进退出程序

E. 药品监督管理部门确认的假药、劣药再次销售

4. 药品储存养护环节缺陷后果包括（　　）。

A. 储存不当，造成药品污染、变质、失效

B. 储存药品过期成为劣药

C. 未经复核的药品出库

D. 药品储存批号发生差错

E. 药品储存数量发生差错

5. 药品批发企业销售环节缺陷原因包括（　　）。

A. 未向消费者个人正确介绍药品

B. 质量管理人员未对客户资质进行审核

C. 由于仓储运输环节疏忽原因，造成销售假药、劣药

D. 销售人员操纵的挂靠销售、走票销售

E. 未按规定销售特殊管理的药品

6. 以下属于药品经营企业质量风险因素的是（　　）。

A. 企业领导人的质量风险意识　　B. 组织机构　　C. 人员配置

D. 仓储设施，管理条件　　E. 过程管理

7. 以下属于药品经营企业质量检查验收环节缺陷原因的是（　　）。

A. 未验收　　B. 未逐批验收　　C. 未按抽样程序抽样

D. 未在规定时限内完成验收　　E. 验收时未作内在质量检验

8. 药品质量检查验收环节风险管理措施包括（　　）。

A. 验收员严格执行进口药品验收管理制度

B. 对验收员加强药品质量检查验收管理制度、抽样程序、验收程序的培训

C. 严格执行冷链药品管理制度

D. 验收不合格的药品，质量管理员要履行质量复核手续

E. 收货员凭验收员签发的"验收通知单"执行验收

三、简答题

1. 简述药品经营企业质量风险管理的程序。

2. 药品经营过程中的质量风险管理应从哪些环节着手评价与控制？

学以致用

设计并填写药品零售企业经营各环节质量风险管理评价与控制表。

温故知新 13

学习评价

职业核心能力与道德素质测评表

(在□中打√,A 良好,B 一般,C 较差)

职业核心能力与道德素质	评估标准	评价结果
自我学习	1. 有学习计划 2. 会管理时间 3. 关注相关课程知识的关联 4. 有适合自己的学习方式和方法	□A □B □C □A □B □C □A □B □C □A □B □C
信息处理	1. 有多种获取信息的途径和方法 2. 会进行信息的梳理、筛选、分析 3. 能使用多媒体手段展示信息	□A □B □C □A □B □C □A □B □C
与人交流	1. 会选择交流的时机、方式 2. 能把握交流的主题 3. 能准确理解对方的意思,会表达自己的观点	□A □B □C □A □B □C □A □B □C
与人合作	1. 善于寻找和把握合作的契机 2. 明白各自在合作中的作用和优势 3. 会换位思考,能接受不同的意见和观点 4. 能控制自己的情绪	□A □B □C □A □B □C □A □B □C □A □B □C
解决问题	1. 能纵观全局,抓住问题的关键 2. 能做出解决问题的方案,并组织实施 3. 分析问题解决的效果,及时改进不足之处	□A □B □C □A □B □C □A □B □C
革新创新	1. 关注风险管理的新趋势及新模式 2. 能提出创新的想法和见解 3. 改进方案实施效果好	□A □B □C □A □B □C □A □B □C
职业道德素质	1. 熟悉药事法规、医药行业职业道德标准等 2. 具有风险管控意识,做好充分应急预案 3. 风险防御能力强	□A □B □C □A □B □C □A □B □C

专业能力测评表

(在□中打√,A 具备,B 基本具备,C 未具备)

专业能力	评价标准	评价结果
采购环节质量风险评价与控制	1. 熟悉采购环节风险因素 2. 进行风险分析 3. 进行风险控制	□A □B □C □A □B □C □A □B □C
验收环节质量风险评价与控制	1. 熟悉验收环节风险因素 2. 进行风险分析 3. 进行风险控制	□A □B □C □A □B □C □A □B □C
储存养护环节质量风险评价与控制	1. 熟悉储存养护环节风险因素 2. 进行风险分析 3. 进行风险控制	□A □B □C □A □B □C □A □B □C
销售环节质量风险评价与控制	1. 熟悉销售环节风险因素 2. 进行风险分析 3. 进行风险控制	□A □B □C □A □B □C □A □B □C
运输环节质量风险评价与控制	1. 熟悉运输环节风险因素 2. 进行风险分析 3. 进行风险控制	□A □B □C □A □B □C □A □B □C

稳扎稳打参考答案

项目一

二、单项选择
1. D 2. D 3. A 4. D 5. C

三、多项选择
1. ABCDE 2. BCDE 3. ABCD 4. ABCE 5. ABCDE

项目二

一、单项选择
1. C 2. D 3. A 4. D 5. C 6. D 7. D 8. D

二、多项选择
1. ABCE 2. ABCDE 3. ABCD 4. ABCE 5. ABCD 6. ABCDE 7. ACDE
8. ABCDE

项目三

一、单项选择
1. A 2. B 3. D 4. D 5. D 6. D 7. B 8. B

二、多项选择
1. ACDE 2. ABDE 3. ABCDE 4. ABCDE 5. ABCD 6. ABCDE 7. ABCDE
8. ABCDE

项目四

一、单项选择
1. B 2. C 3. D 4. D 5. D 6. C 7. B 8. B

二、多项选择
1. ABE 2. BCDE 3. ABCDE 4. ACDE 5. ABCD 6. AC 7. ACDE 8. ABDE

项目五

一、单项选择
1. A 2. A 3. D 4. A 5. D 6. D 7. D 8. D

二、多项选择
1. ABCDE 2. ABCD 3. ABCDE 4. ABCDE 5. ABDE 6. ACDE 7. ABCDE
8. ABCDE

项目六

一、单项选择
1. D 2. C 3. D 4. B 5. A 6. A 7. B 8. D

二、多项选择
1. ABC 2. ABCDE 3. ABCDE 4. ACDE 5. ABCDE 6. ABCDE 7. ABCD
8. ABCE

项目七

一、单项选择
1. D 2. C 3. D 4. D 5. D 6. D 7. C 8. C
二、多项选择
1. ABDE 2. BCD 3. ABCDE 4. ABCD 5. ACDE 6. ABCE 7. BCDE 8. ABDE

项目八

一、单项选择
1. A 2. A 3. A 4. A 5. B 6. D 7. A 8. B
二、多项选择
1. ACDE 2. ABCDE 3. ADE 4. ABCDE 5. ABCDE 6. ABCD 7. ABCDE
8. ABCDE

项目九

一、单项选择
1. A 2. D 3. A 4. C 5. B 6. C 7. D 8. A
二、多项选择
1. BCDE 2. ABCDE 3. ABCDE 4. ABCD 5. ABD 6. ABCE 7. BDE 8. ACDE

项目十

一、单项选择
1. D 2. D 3. C 4. C 5. D 6. C 7. B 8. B
二、多项选择
1. ABC 2. BCD 3. ABCDE 4. ABCDE 5. ABCE 6. ABCDE 7. ACD 8. ABCDE

项目十一

一、单项选择
1. A 2. C 3. B 4. D 5. C 6. D 7. C 8. D
二、多项选择
1. ABCDE 2. ABCD 3. ABCDE 4. ABCDE 5. ABCDE 6. ABCDE 7. ABCDE
8. ABCDE

项目十二

一、单项选择
1. B 2. B 3. D 4. A 5. A 6. D 7. D 8. B
二、多项选择
1. ABCDE 2. ABCDE 3. ABCDE 4. ABC 5. ABCDE 6. ABCDE 7. ACDE
8. ABCDE

项目十三

一、单项选择

1. B 2. D 3. C 4. A 5. C

二、多项选择

1. ABCDE 2. ABCDE 3. ABCDE 4. ABDE 5. BCDE 6. ABCDE 7. ABCD
8. ABCD

附录一　药品经营质量管理规范
（国家食品药品监督管理总局令第 28 号）

《国家食品药品监督管理总局关于修改〈药品经营质量管理规范〉的决定》
（国家食品药品监督管理总局令第 28 号）

2016 年 07 月 20 日发布

国家食品药品监督管理总局令

第 28 号

《国家食品药品监督管理总局关于修改〈药品经营质量管理规范〉的决定》已于 2016 年 6 月 30 日经国家食品药品监督管理总局局务会议审议通过，现予公布，自公布之日起施行。

局长：毕井泉

2016 年 7 月 13 日

药品经营质量管理规范

（2000 年 4 月 30 日原国家药品监督管理局局令第 20 号公布 2012 年 11 月 6 日原卫生部部务会议第一次修订 2015 年 5 月 18 日国家食品药品监督管理总局局务会议第二次修订 根据 2016 年 6 月 30 日国家食品药品监督管理总局局务会议《关于修改〈药品经营质量管理规范〉的决定》修正）

第一章　总　则

第一条　为加强药品经营质量管理，规范药品经营行为，保障人体用药安全、有效，根据《中华人民共和国药品管理法》、《中华人民共和国药品管理法实施条例》，制定本规范。

第二条　本规范是药品经营管理和质量控制的基本准则。

企业应当在药品采购、储存、销售、运输等环节采取有效的质量控制措施，确保药品质量，并按照国家有关要求建立药品追溯系统，实现药品可追溯。

第三条　药品经营企业应当严格执行本规范。

药品生产企业销售药品、药品流通过程中其他涉及储存与运输药品的，也应当符合本规范相关要求。

第四条　药品经营企业应当坚持诚实守信，依法经营。禁止任何虚假、欺骗行为。

第二章　药品批发的质量管理

第一节　质量管理体系

第五条　企业应当依据有关法律法规及本规范的要求建立质量管理体系，确定质量方针，制定质量管理体系文件，开展质量策划、质量控制、质量保证、质量改进和质量风险管理等活动。

第六条　企业制定的质量方针文件应当明确企业总的质量目标和要求，并贯彻到药品经营活动的全过程。

第七条　企业质量管理体系应当与其经营范围和规模相适应，包括组织机构、人员、设施设备、质量管理体系文件及相应的计算机系统等。

第八条　企业应当定期以及在质量管理体系关键要素发生重大变化时，组织开展内审。

第九条　企业应当对内审的情况进行分析，依据分析结论制定相应的质量管理体系改进措施，不断提高质量控制水平，保证质量管理体系持续有效运行。

第十条　企业应当采用前瞻或者回顾的方式，对药品流通过程中的质量风险进行评估、控制、沟通和审核。

第十一条 企业应当对药品供货单位、购货单位的质量管理体系进行评价，确认其质量保证能力和质量信誉，必要时进行实地考察。

第十二条 企业应当全员参与质量管理。各部门、岗位人员应当正确理解并履行职责，承担相应质量责任。

第二节 组织机构与质量管理职责

第十三条 企业应当设立与其经营活动和质量管理相适应的组织机构或者岗位，明确规定其职责、权限及相互关系。

第十四条 企业负责人是药品质量的主要责任人，全面负责企业日常管理，负责提供必要的条件，保证质量管理部门和质量管理人员有效履行职责，确保企业实现质量目标并按照本规范要求经营药品。

第十五条 企业质量负责人应当由高层管理人员担任，全面负责药品质量管理工作，独立履行职责，在企业内部对药品质量管理具有裁决权。

第十六条 企业应当设立质量管理部门，有效开展质量管理工作。质量管理部门的职责不得由其他部门及人员履行。

第十七条 质量管理部门应当履行以下职责：

（一）督促相关部门和岗位人员执行药品管理的法律法规及本规范；

（二）组织制定质量管理体系文件，并指导、监督文件的执行；

（三）负责对供货单位和购货单位的合法性、购进药品的合法性以及供货单位销售人员、购货单位采购人员的合法资格进行审核，并根据审核内容的变化进行动态管理；

（四）负责质量信息的收集和管理，并建立药品质量档案；

（五）负责药品的验收，指导并监督药品采购、储存、养护、销售、退货、运输等环节的质量管理工作；

（六）负责不合格药品的确认，对不合格药品的处理过程实施监督；

（七）负责药品质量投诉和质量事故的调查、处理及报告；

（八）负责假劣药品的报告；

（九）负责药品质量查询；

（十）负责指导设定计算机系统质量控制功能；

（十一）负责计算机系统操作权限的审核和质量管理基础数据的建立及更新；

（十二）组织验证、校准相关设施设备；

（十三）负责药品召回的管理；

（十四）负责药品不良反应的报告；

（十五）组织质量管理体系的内审和风险评估；

（十六）组织对药品供货单位及购货单位质量管理体系和服务质量的考察和评价；

（十七）组织对被委托运输的承运方运输条件和质量保障能力的审查；

（十八）协助开展质量管理教育和培训；

（十九）其他应当由质量管理部门履行的职责。

第三节 人员与培训

第十八条 企业从事药品经营和质量管理工作的人员，应当符合有关法律法规及本规范规定的资格要求，不得有相关法律法规禁止从业的情形。

第十九条 企业负责人应当具有大学专科以上学历或者中级以上专业技术职称，经过基本的药学专业知识培训，熟悉有关药品管理的法律法规及本规范。

第二十条 企业质量负责人应当具有大学本科以上学历、执业药师资格和3年以上药品经营质量管理工作经历，在质量管理工作中具备正确判断和保障实施的能力。

第二十一条 企业质量管理部门负责人应当具有执业药师资格和3年以上药品经营质量管理工作经

历,能独立解决经营过程中的质量问题。

第二十二条 企业应当配备符合以下资格要求的质量管理、验收及养护等岗位人员:

(一)从事质量管理工作的,应当具有药学中专或者医学、生物、化学等相关专业大学专科以上学历或者具有药学初级以上专业技术职称;

(二)从事验收、养护工作的,应当具有药学或者医学、生物、化学等相关专业中专以上学历或者具有药学初级以上专业技术职称;

(三)从事中药材、中药饮片验收工作的,应当具有中药学专业中专以上学历或者具有中药学中级以上专业技术职称;从事中药材、中药饮片养护工作的,应当具有中药学专业中专以上学历或者具有中药学初级以上专业技术职称;直接收购地产中药材的,验收人员应当具有中药学中级以上专业技术职称。

从事疫苗配送的,还应当配备2名以上专业技术人员专门负责疫苗质量管理和验收工作。专业技术人员应当具有预防医学、药学、微生物学或者医学等专业本科以上学历及中级以上专业技术职称,并有3年以上从事疫苗管理或者技术工作经历。

第二十三条 从事质量管理、验收工作的人员应当在职在岗,不得兼职其他业务工作。

第二十四条 从事采购工作的人员应当具有药学或者医学、生物、化学等相关专业中专以上学历,从事销售、储存等工作的人员应当具有高中以上文化程度。

第二十五条 企业应当对各岗位人员进行与其职责和工作内容相关的岗前培训和继续培训,以符合本规范要求。

第二十六条 培训内容应当包括相关法律法规、药品专业知识及技能、质量管理制度、职责及岗位操作规程等。

第二十七条 企业应当按照培训管理制度制订年度培训计划并开展培训,使相关人员能正确理解并履行职责。培训工作应当做好记录并建立档案。

第二十八条 从事特殊管理的药品和冷藏冷冻药品的储存、运输等工作的人员,应当接受相关法律法规和专业知识培训并经考核合格后方可上岗。

第二十九条 企业应当制定员工个人卫生管理制度,储存、运输等岗位人员的着装应当符合劳动保护和产品防护的要求。

第三十条 质量管理、验收、养护、储存等直接接触药品岗位的人员应当进行岗前及年度健康检查,并建立健康档案。患有传染病或者其他可能污染药品的疾病的,不得从事直接接触药品的工作。身体条件不符合相应岗位特定要求的,不得从事相关工作。

第四节 质量管理体系文件

第三十一条 企业制定质量管理体系文件应当符合企业实际。文件包括质量管理制度、部门及岗位职责、操作规程、档案、报告、记录和凭证等。

第三十二条 文件的起草、修订、审核、批准、分发、保管,以及修改、撤销、替换、销毁等应当按照文件管理操作规程进行,并保存相关记录。

第三十三条 文件应当标明题目、种类、目的以及文件编号和版本号。文字应当准确、清晰、易懂。文件应当分类存放,便于查阅。

第三十四条 企业应当定期审核、修订文件,使用的文件应当为现行有效的文本,已废止或者失效的文件除留档备查外,不得在工作现场出现。

第三十五条 企业应当保证各岗位获得与其工作内容相对应的必要文件,并严格按照规定开展工作。

第三十六条 质量管理制度应当包括以下内容:

(一)质量管理体系内审的规定;

(二)质量否决权的规定;

(三)质量管理文件的管理;

（四）质量信息的管理；
（五）供货单位、购货单位、供货单位销售人员及购货单位采购人员等资格审核的规定；
（六）药品采购、收货、验收、储存、养护、销售、出库、运输的管理；
（七）特殊管理的药品的规定；
（八）药品有效期的管理；
（九）不合格药品、药品销毁的管理；
（十）药品退货的管理；
（十一）药品召回的管理；
（十二）质量查询的管理；
（十三）质量事故、质量投诉的管理；
（十四）药品不良反应报告的规定；
（十五）环境卫生、人员健康的规定；
（十六）质量方面的教育、培训及考核的规定；
（十七）设施设备保管和维护的管理；
（十八）设施设备验证和校准的管理；
（十九）记录和凭证的管理；
（二十）计算机系统的管理；
（二十一）药品追溯的规定；
（二十二）其他应当规定的内容。

第三十七条 部门及岗位职责应当包括：
（一）质量管理、采购、储存、销售、运输、财务和信息管理等部门职责；
（二）企业负责人、质量负责人及质量管理、采购、储存、销售、运输、财务和信息管理等部门负责人的岗位职责；
（三）质量管理、采购、收货、验收、储存、养护、销售、出库复核、运输、财务、信息管理等岗位职责；
（四）与药品经营相关的其他岗位职责。

第三十八条 企业应当制定药品采购、收货、验收、储存、养护、销售、出库复核、运输等环节及计算机系统的操作规程。

第三十九条 企业应当建立药品采购、验收、养护、销售、出库复核、销后退回和购进退出、运输、储运温湿度监测、不合格药品处理等相关记录，做到真实、完整、准确、有效和可追溯。

第四十条 通过计算机系统记录数据时，有关人员应当按照操作规程，通过授权及密码登录后方可进行数据的录入或者复核；数据的更改应当经质量管理部门审核并在其监督下进行，更改过程应当留有记录。

第四十一条 书面记录及凭证应当及时填写，并做到字迹清晰，不得随意涂改，不得撕毁。更改记录的，应当注明理由、日期并签名，保持原有信息清晰可辨。

第四十二条 记录及凭证应当至少保存 5 年。疫苗、特殊管理的药品的记录及凭证按相关规定保存。

第五节 设施与设备

第四十三条 企业应当具有与其药品经营范围、经营规模相适应的经营场所和库房。

第四十四条 库房的选址、设计、布局、建造、改造和维护应当符合药品储存的要求，防止药品的污染、交叉污染、混淆和差错。

第四十五条 药品储存作业区、辅助作业区应当与办公区和生活区分开一定距离或者有隔离措施。

第四十六条 库房的规模及条件应当满足药品的合理、安全储存，并达到以下要求，便于开展储存作业：

（一）库房内外环境整洁，无污染源，库区地面硬化或者绿化；

（二）库房内墙、顶光洁，地面平整，门窗结构严密；

（三）库房有可靠的安全防护措施，能够对无关人员进入实行可控管理，防止药品被盗、替换或者混入假药；

（四）有防止室外装卸、搬运、接收、发运等作业受异常天气影响的措施。

第四十七条　库房应当配备以下设施设备：

（一）药品与地面之间有效隔离的设备；

（二）避光、通风、防潮、防虫、防鼠等设备；

（三）有效调控温湿度及室内外空气交换的设备；

（四）自动监测、记录库房温湿度的设备；

（五）符合储存作业要求的照明设备；

（六）用于零货拣选、拼箱发货操作及复核的作业区域和设备；

（七）包装物料的存放场所；

（八）验收、发货、退货的专用场所；

（九）不合格药品专用存放场所；

（十）经营特殊管理的药品有符合国家规定的储存设施。

第四十八条　经营中药材、中药饮片的，应当有专用的库房和养护工作场所，直接收购地产中药材的应当设置中药样品室（柜）。

第四十九条　储存、运输冷藏、冷冻药品的，应当配备以下设施设备：

（一）与其经营规模和品种相适应的冷库，储存疫苗的应当配备两个以上独立冷库；

（二）用于冷库温度自动监测、显示、记录、调控、报警的设备；

（三）冷库制冷设备的备用发电机组或者双回路供电系统；

（四）对有特殊低温要求的药品，应当配备符合其储存要求的设施设备；

（五）冷藏车及车载冷藏箱或者保温箱等设备。

第五十条　运输药品应当使用封闭式货物运输工具。

第五十一条　运输冷藏、冷冻药品的冷藏车及车载冷藏箱、保温箱应当符合药品运输过程中对温度控制的要求。冷藏车具有自动调控温度、显示温度、存储和读取温度监测数据的功能；冷藏箱及保温箱具有外部显示和采集箱体内温度数据的功能。

第五十二条　储存、运输设施设备的定期检查、清洁和维护应当由专人负责，并建立记录和档案。

第六节　校准与验证

第五十三条　企业应当按照国家有关规定，对计量器具、温湿度监测设备等定期进行校准或者检定。

企业应当对冷库、储运温湿度监测系统以及冷藏运输等设施设备进行使用前验证、定期验证及停用时间超过规定时限的验证。

第五十四条　企业应当根据相关验证管理制度，形成验证控制文件，包括验证方案、报告、评价、偏差处理和预防措施等。

第五十五条　验证应当按照预先确定和批准的方案实施，验证报告应当经过审核和批准，验证文件应当存档。

第五十六条　企业应当根据验证确定的参数及条件，正确、合理使用相关设施设备。

第七节　计算机系统

第五十七条　企业应当建立能够符合经营全过程管理及质量控制要求的计算机系统，实现药品可追溯。

第五十八条　企业计算机系统应当符合以下要求：

（一）有支持系统正常运行的服务器和终端机；

（二）有安全、稳定的网络环境，有固定接入互联网的方式和安全可靠的信息平台；

（三）有实现部门之间、岗位之间信息传输和数据共享的局域网；

（四）有药品经营业务票据生成、打印和管理功能；

（五）有符合本规范要求及企业管理实际需要的应用软件和相关数据库。

第五十九条　各类数据的录入、修改、保存等操作应当符合授权范围、操作规程和管理制度的要求，保证数据原始、真实、准确、安全和可追溯。

第六十条　计算机系统运行中涉及企业经营和管理的数据应当采用安全、可靠的方式储存并按日备份，备份数据应当存放在安全场所，记录类数据的保存时限应当符合本规范第四十二条的要求。

第八节　采购

第六十一条　企业的采购活动应当符合以下要求：

（一）确定供货单位的合法资格；

（二）确定所购入药品的合法性；

（三）核实供货单位销售人员的合法资格；

（四）与供货单位签订质量保证协议。

采购中涉及的首营企业、首营品种，采购部门应当填写相关申请表格，经过质量管理部门和企业质量负责人的审核批准。必要时应当组织实地考察，对供货单位质量管理体系进行评价。

第六十二条　对首营企业的审核，应当查验加盖其公章原印章的以下资料，确认真实、有效：

（一）《药品生产许可证》或者《药品经营许可证》复印件；

（二）营业执照、税务登记、组织机构代码的证件复印件，及上一年度企业年度报告公示情况；

（三）《药品生产质量管理规范》认证证书或者《药品经营质量管理规范》认证证书复印件；

（四）相关印章、随货同行单（票）样式；

（五）开户户名、开户银行及账号。

第六十三条　采购首营品种应当审核药品的合法性，索取加盖供货单位公章原印章的药品生产或者进口批准证明文件复印件并予以审核，审核无误的方可采购。

以上资料应当归入药品质量档案。

第六十四条　企业应当核实、留存供货单位销售人员以下资料：

（一）加盖供货单位公章原印章的销售人员身份证复印件；

（二）加盖供货单位公章原印章和法定代表人印章或者签名的授权书，授权书应当载明被授权人姓名、身份证号码，以及授权销售的品种、地域、期限；

（三）供货单位及供货品种相关资料。

第六十五条　企业与供货单位签订的质量保证协议至少包括以下内容：

（一）明确双方质量责任；

（二）供货单位应当提供符合规定的资料且对其真实性、有效性负责；

（三）供货单位应当按照国家规定开具发票；

（四）药品质量符合药品标准等有关要求；

（五）药品包装、标签、说明书符合有关规定；

（六）药品运输的质量保证及责任；

（七）质量保证协议的有效期限。

第六十六条　采购药品时，企业应当向供货单位索取发票。发票应当列明药品的通用名称、规格、单位、数量、单价、金额等；不能全部列明的，应当附《销售货物或者提供应税劳务清单》，并加盖供货单位发票专用章原印章、注明税票号码。

第六十七条 发票上的购、销单位名称及金额、品名应当与付款流向及金额、品名一致，并与财务账目内容相对应。发票按有关规定保存。

第六十八条 采购药品应当建立采购记录。采购记录应当有药品的通用名称、剂型、规格、生产厂商、供货单位、数量、价格、购货日期等内容，采购中药材、中药饮片的还应当标明产地。

第六十九条 发生灾情、疫情、突发事件或者临床紧急救治等特殊情况，以及其他符合国家有关规定的情形，企业可采用直调方式购销药品，将已采购的药品不入本企业仓库，直接从供货单位发送到购货单位，并建立专门的采购记录，保证有效的质量跟踪和追溯。

第七十条 采购特殊管理的药品，应当严格按照国家有关规定进行。

第七十一条 企业应当定期对药品采购的整体情况进行综合质量评审，建立药品质量评审和供货单位质量档案，并进行动态跟踪管理。

第九节 收货与验收

第七十二条 企业应当按照规定的程序和要求对到货药品逐批进行收货、验收，防止不合格药品入库。

第七十三条 药品到货时，收货人员应当核实运输方式是否符合要求，并对照随货同行单（票）和采购记录核对药品，做到票、账、货相符。

随货同行单（票）应当包括供货单位、生产厂商、药品的通用名称、剂型、规格、批号、数量、收货单位、收货地址、发货日期等内容，并加盖供货单位药品出库专用章原印章。

第七十四条 冷藏、冷冻药品到货时，应当对其运输方式及运输过程的温度记录、运输时间等质量控制状况进行重点检查并记录。不符合温度要求的应当拒收。

第七十五条 收货人员对符合收货要求的药品，应当按品种特性要求放于相应待验区域，或者设置状态标志，通知验收。冷藏、冷冻药品应当在冷库内待验。

第七十六条 验收药品应当按照药品批号查验同批号的检验报告书。供货单位为批发企业的，检验报告书应当加盖其质量管理专用章原印章。检验报告书的传递和保存可以采用电子数据形式，但应当保证其合法性和有效性。

第七十七条 企业应当按照验收规定，对每次到货药品进行逐批抽样验收，抽取的样品应当具有代表性：

（一）同一批号的药品应当至少检查一个最小包装，但生产企业有特殊质量控制要求或者打开最小包装可能影响药品质量的，可不打开最小包装；

（二）破损、污染、渗液、封条损坏等包装异常以及零货、拼箱的，应当开箱检查至最小包装；

（三）外包装及封签完整的原料药、实施批签发管理的生物制品，可不开箱检查。

第七十八条 验收人员应当对抽样药品的外观、包装、标签、说明书以及相关的证明文件等逐一进行检查、核对；验收结束后，应当将抽取的完好样品放回原包装箱，加封并标示。

第七十九条 特殊管理的药品应当按照相关规定在专库或者专区内验收。

第八十条 验收药品应当做好验收记录，包括药品的通用名称、剂型、规格、批准文号、批号、生产日期、有效期、生产厂商、供货单位、到货数量、到货日期、验收合格数量、验收结果等内容。验收人员应当在验收记录上签署姓名和验收日期。

中药材验收记录应当包括品名、产地、供货单位、到货数量、验收合格数量等内容。中药饮片验收记录应当包括品名、规格、批号、产地、生产日期、生产厂商、供货单位、到货数量、验收合格数量等内容，实施批准文号管理的中药饮片还应当记录批准文号。

验收不合格的还应当注明不合格事项及处置措施。

第八十一条 企业应当建立库存记录，验收合格的药品应当及时入库登记；验收不合格的，不得入库，并由质量管理部门处理。

第八十二条 企业按本规范第六十九条规定进行药品直调的，可委托购货单位进行药品验收。购货单位应当严格按照本规范的要求验收药品,并建立专门的直调药品验收记录。验收当日应当将验收记录相关信息传递给直调企业。

第十节 储存与养护

第八十三条 企业应当根据药品的质量特性对药品进行合理储存,并符合以下要求:

(一)按包装标示的温度要求储存药品,包装上没有标示具体温度的,按照《中华人民共和国药典》规定的贮藏要求进行储存;

(二)储存药品相对湿度为35%～75%;

(三)在人工作业的库房储存药品,按质量状态实行色标管理,合格药品为绿色,不合格药品为红色,待确定药品为黄色;

(四)储存药品应当按照要求采取避光、遮光、通风、防潮、防虫、防鼠等措施;

(五)搬运和堆码药品应当严格按照外包装标示要求规范操作,堆码高度符合包装图示要求,避免损坏药品包装;

(六)药品按批号堆码,不同批号的药品不得混垛,垛间距不小于5厘米,与库房内墙、顶、温度调控设备及管道等设施间距不小于30厘米,与地面间距不小于10厘米;

(七)药品与非药品、外用药与其他药品分开存放,中药材和中药饮片分库存放;

(八)特殊管理的药品应当按照国家有关规定储存;

(九)拆除外包装的零货药品应当集中存放;

(十)储存药品的货架、托盘等设施设备应当保持清洁,无破损和杂物堆放;

(十一)未经批准的人员不得进入储存作业区,储存作业区内的人员不得有影响药品质量和安全的行为;

(十二)药品储存作业区内不得存放与储存管理无关的物品。

第八十四条 养护人员应当根据库房条件、外部环境、药品质量特性等对药品进行养护,主要内容是:

(一)指导和督促储存人员对药品进行合理储存与作业。

(二)检查并改善储存条件、防护措施、卫生环境。

(三)对库房温湿度进行有效监测、调控。

(四)按照养护计划对库存药品的外观、包装等质量状况进行检查,并建立养护记录;对储存条件有特殊要求的或者有效期较短的品种应当进行重点养护。

(五)发现有问题的药品应当及时在计算机系统中锁定和记录,并通知质量管理部门处理。

(六)对中药材和中药饮片应当按其特性采取有效方法进行养护并记录,所采取的养护方法不得对药品造成污染。

(七)定期汇总、分析养护信息。

第八十五条 企业应当采用计算机系统对库存药品的有效期进行自动跟踪和控制,采取近效期预警及超过有效期自动锁定等措施,防止过期药品销售。

第八十六条 药品因破损而导致液体、气体、粉末泄漏时,应当迅速采取安全处理措施,防止对储存环境和其他药品造成污染。

第八十七条 对质量可疑的药品应当立即采取停售措施,并在计算机系统中锁定,同时报告质量管理部门确认。对存在质量问题的药品应当采取以下措施:

(一)存放于标志明显的专用场所,并有效隔离,不得销售;

(二)怀疑为假药的,及时报告食品药品监督管理部门;

(三)属于特殊管理的药品,按照国家有关规定处理;

(四)不合格药品的处理过程应当有完整的手续和记录;

(五)对不合格药品应当查明并分析原因,及时采取预防措施。

第八十八条 企业应当对库存药品定期盘点,做到账、货相符。

第十一节 销售

第八十九条 企业应当将药品销售给合法的购货单位,并对购货单位的证明文件、采购人员及提货人员的身份证明进行核实,保证药品销售流向真实、合法。

第九十条 企业应当严格审核购货单位的生产范围、经营范围或者诊疗范围,并按照相应的范围销售药品。

第九十一条 企业销售药品,应当如实开具发票,做到票、账、货、款一致。

第九十二条 企业应当做好药品销售记录。销售记录应当包括药品的通用名称、规格、剂型、批号、有效期、生产厂商、购货单位、销售数量、单价、金额、销售日期等内容。按照本规范第六十九条规定进行药品直调的,应当建立专门的销售记录。

中药材销售记录应当包括品名、规格、产地、购货单位、销售数量、单价、金额、销售日期等内容;中药饮片销售记录应当包括品名、规格、批号、产地、生产厂商、购货单位、销售数量、单价、金额、销售日期等内容。

第九十三条 销售特殊管理的药品以及国家有专门管理要求的药品,应当严格按照国家有关规定执行。

第十二节 出库

第九十四条 出库时应当对照销售记录进行复核。发现以下情况不得出库,并报告质量管理部门处理:

(一)药品包装出现破损、污染、封口不牢、衬垫不实、封条损坏等问题;

(二)包装内有异常响动或者液体渗漏;

(三)标签脱落、字迹模糊不清或者标识内容与实物不符;

(四)药品已超过有效期;

(五)其他异常情况的药品。

第九十五条 药品出库复核应当建立记录,包括购货单位、药品的通用名称、剂型、规格、数量、批号、有效期、生产厂商、出库日期、质量状况和复核人员等内容。

第九十六条 特殊管理的药品出库应当按照有关规定进行复核。

第九十七条 药品拼箱发货的代用包装箱应当有醒目的拼箱标志。

第九十八条 药品出库时,应当附加盖企业药品出库专用章原印章的随货同行单(票)。

企业按照本规范第六十九条规定直调药品的,直调药品出库时,由供货单位开具两份随货同行单(票),分别发往直调企业和购货单位。随货同行单(票)的内容应当符合本规范第七十三条第二款的要求,还应当标明直调企业名称。

第九十九条 冷藏、冷冻药品的装箱、装车等项作业,应当由专人负责并符合以下要求:

(一)车载冷藏箱或者保温箱在使用前应当达到相应的温度要求;

(二)应当在冷藏环境下完成冷藏、冷冻药品的装箱、封箱工作;

(三)装车前应当检查冷藏车辆的启动、运行状态,达到规定温度后方可装车;

(四)启运时应当做好运输记录,内容包括运输工具和启运时间等。

第十三节 运输与配送

第一百条 企业应当按照质量管理制度的要求,严格执行运输操作规程,并采取有效措施保证运输过程中的药品质量与安全。

第一百零一条 运输药品,应当根据药品的包装、质量特性并针对车况、道路、天气等因素,选用适宜的运输工具,采取相应措施防止出现破损、污染等问题。

第一百零二条 发运药品时,应当检查运输工具,发现运输条件不符合规定的,不得发运。运输药品过程中,运载工具应当保持密闭。

第一百零三条 企业应当严格按照外包装标示的要求搬运、装卸药品。

第一百零四条 企业应当根据药品的温度控制要求,在运输过程中采取必要的保温或者冷藏、冷冻措施。

运输过程中,药品不得直接接触冰袋、冰排等蓄冷剂,防止对药品质量造成影响。

第一百零五条　在冷藏、冷冻药品运输途中,应当实时监测并记录冷藏车、冷藏箱或者保温箱内的温度数据。

第一百零六条　企业应当制定冷藏、冷冻药品运输应急预案,对运输途中可能发生的设备故障、异常天气影响、交通拥堵等突发事件,能够采取相应的应对措施。

第一百零七条　企业委托其他单位运输药品的,应当对承运方运输药品的质量保障能力进行审计,索取运输车辆的相关资料,符合本规范运输设施设备条件和要求的方可委托。

第一百零八条　企业委托运输药品应当与承运方签订运输协议,明确药品质量责任、遵守运输操作规程和在途时限等内容。

第一百零九条　企业委托运输药品应当有记录,实现运输过程的质量追溯。记录至少包括发货时间、发货地址、收货单位、收货地址、货单号、药品件数、运输方式、委托经办人、承运单位,采用车辆运输的还应当载明车牌号,并留存驾驶人员的驾驶证复印件。记录应当至少保存5年。

第一百一十条　已装车的药品应当及时发运并尽快送达。委托运输的,企业应当要求并监督承运方严格履行委托运输协议,防止因在途时间过长影响药品质量。

第一百一十一条　企业应当采取运输安全管理措施,防止在运输过程中发生药品盗抢、遗失、调换等事故。

第一百一十二条　特殊管理的药品的运输应当符合国家有关规定。

第十四节　售后管理

第一百一十三条　企业应当加强对退货的管理,保证退货环节药品的质量和安全,防止混入假冒药品。

第一百一十四条　企业应当按照质量管理制度的要求,制定投诉管理操作规程,内容包括投诉渠道及方式、档案记录、调查与评估、处理措施、反馈和事后跟踪等。

第一百一十五条　企业应当配备专职或者兼职人员负责售后投诉管理,对投诉的质量问题查明原因,采取有效措施及时处理和反馈,并做好记录,必要时应当通知供货单位及药品生产企业。

第一百一十六条　企业应当及时将投诉及处理结果等信息记入档案,以便查询和跟踪。

第一百一十七条　企业发现已售出药品有严重质量问题,应当立即通知购货单位停售、追回并做好记录,同时向食品药品监督管理部门报告。

第一百一十八条　企业应当协助药品生产企业履行召回义务,按照召回计划的要求及时传达、反馈药品召回信息,控制和收回存在安全隐患的药品,并建立药品召回记录。

第一百一十九条　企业质量管理部门应当配备专职或者兼职人员,按照国家有关规定承担药品不良反应监测和报告工作。

第三章　药品零售的质量管理

第一节　质量管理与职责

第一百二十条　企业应当按照有关法律法规及本规范的要求制定质量管理文件,开展质量管理活动,确保药品质量。

第一百二十一条　企业应当具有与其经营范围和规模相适应的经营条件,包括组织机构、人员、设施设备、质量管理文件,并按照规定设置计算机系统。

第一百二十二条　企业负责人是药品质量的主要责任人,负责企业日常管理,负责提供必要的条件,保证质量管理部门和质量管理人员有效履行职责,确保企业按照本规范要求经营药品。

第一百二十三条　企业应当设置质量管理部门或者配备质量管理人员,履行以下职责:

(一)督促相关部门和岗位人员执行药品管理的法律法规及本规范;

（二）组织制定质量管理文件，并指导、监督文件的执行；

（三）负责对供货单位及其销售人员资格证明的审核；

（四）负责对所采购药品合法性的审核；

（五）负责药品的验收，指导并监督药品采购、储存、陈列、销售等环节的质量管理工作；

（六）负责药品质量查询及质量信息管理；

（七）负责药品质量投诉和质量事故的调查、处理及报告；

（八）负责对不合格药品的确认及处理；

（九）负责假劣药品的报告；

（十）负责药品不良反应的报告；

（十一）开展药品质量管理教育和培训；

（十二）负责计算机系统操作权限的审核、控制及质量管理基础数据的维护；

（十三）负责组织计量器具的校准及检定工作；

（十四）指导并监督药学服务工作；

（十五）其他应当由质量管理部门或者质量管理人员履行的职责。

第二节 人员管理

第一百二十四条 企业从事药品经营和质量管理工作的人员，应当符合有关法律法规及本规范规定的资格要求，不得有相关法律法规禁止从业的情形。

第一百二十五条 企业法定代表人或者企业负责人应当具备执业药师资格。

企业应当按照国家有关规定配备执业药师，负责处方审核，指导合理用药。

第一百二十六条 质量管理、验收、采购人员应当具有药学或者医学、生物、化学等相关专业学历或者具有药学专业技术职称。从事中药饮片质量管理、验收、采购人员应当具有中药学中专以上学历或者具有中药学专业初级以上专业技术职称。

营业员应当具有高中以上文化程度或者符合省级食品药品监督管理部门规定的条件。中药饮片调剂人员应当具有中药学中专以上学历或者具备中药调剂员资格。

第一百二十七条 企业各岗位人员应当接受相关法律法规及药品专业知识与技能的岗前培训和继续培训，以符合本规范要求。

第一百二十八条 企业应当按照培训管理制度制订年度培训计划并开展培训，使相关人员能正确理解并履行职责。培训工作应当做好记录并建立档案。

第一百二十九条 企业应当为销售特殊管理的药品、国家有专门管理要求的药品、冷藏药品的人员接受相应培训提供条件，使其掌握相关法律法规和专业知识。

第一百三十条 在营业场所内，企业工作人员应当穿着整洁、卫生的工作服。

第一百三十一条 企业应当对直接接触药品岗位的人员进行岗前及年度健康检查，并建立健康档案。患有传染病或者其他可能污染药品的疾病的，不得从事直接接触药品的工作。

第一百三十二条 在药品储存、陈列等区域不得存放与经营活动无关的物品及私人用品，在工作区域内不得有影响药品质量和安全的行为。

第三节 文件

第一百三十三条 企业应当按照有关法律法规及本规范规定，制定符合企业实际的质量管理文件。文件包括质量管理制度、岗位职责、操作规程、档案、记录和凭证等，并对质量管理文件定期审核、及时修订。

第一百三十四条 企业应当采取措施确保各岗位人员正确理解质量管理文件的内容，保证质量管理文件有效执行。

第一百三十五条 药品零售质量管理制度应当包括以下内容：

（一）药品采购、验收、陈列、销售等环节的管理，设置库房的还应当包括储存、养护的管理；

（二）供货单位和采购品种的审核；

（三）处方药销售的管理；

（四）药品拆零的管理；

（五）特殊管理的药品和国家有专门管理要求的药品的管理；

（六）记录和凭证的管理；

（七）收集和查询质量信息的管理；

（八）质量事故、质量投诉的管理；

（九）中药饮片处方审核、调配、核对的管理；

（十）药品有效期的管理；

（十一）不合格药品、药品销毁的管理；

（十二）环境卫生、人员健康的规定；

（十三）提供用药咨询、指导合理用药等药学服务的管理；

（十四）人员培训及考核的规定；

（十五）药品不良反应报告的规定；

（十六）计算机系统的管理；

（十七）药品追溯的规定；

（十八）其他应当规定的内容。

第一百三十六条　企业应当明确企业负责人、质量管理、采购、验收、营业员以及处方审核、调配等岗位的职责，设置库房的还应当包括储存、养护等岗位职责。

第一百三十七条　质量管理岗位、处方审核岗位的职责不得由其他岗位人员代为履行。

第一百三十八条　药品零售操作规程应当包括：

（一）药品采购、验收、销售；

（二）处方审核、调配、核对；

（三）中药饮片处方审核、调配、核对；

（四）药品拆零销售；

（五）特殊管理的药品和国家有专门管理要求的药品的销售；

（六）营业场所药品陈列及检查；

（七）营业场所冷藏药品的存放；

（八）计算机系统的操作和管理；

（九）设置库房的还应当包括储存和养护的操作规程。

第一百三十九条　企业应当建立药品采购、验收、销售、陈列检查、温湿度监测、不合格药品处理等相关记录，做到真实、完整、准确、有效和可追溯。

第一百四十条　记录及相关凭证应当至少保存 5 年。特殊管理的药品的记录及凭证按相关规定保存。

第一百四十一条　通过计算机系统记录数据时，相关岗位人员应当按照操作规程，通过授权及密码登录计算机系统，进行数据的录入，保证数据原始、真实、准确、安全和可追溯。

第一百四十二条　电子记录数据应当以安全、可靠方式定期备份。

第四节　设施与设备

第一百四十三条　企业的营业场所应当与其药品经营范围、经营规模相适应，并与药品储存、办公、生活辅助及其他区域分开。

第一百四十四条　营业场所应当具有相应设施或者采取其他有效措施，避免药品受室外环境的影响，并做到宽敞、明亮、整洁、卫生。

第一百四十五条 营业场所应当有以下营业设备：

（一）货架和柜台；

（二）监测、调控温度的设备；

（三）经营中药饮片的，有存放饮片和处方调配的设备；

（四）经营冷藏药品的，有专用冷藏设备；

（五）经营第二类精神药品、毒性中药品种和罂粟壳的，有符合安全规定的专用存放设备；

（六）药品拆零销售所需的调配工具、包装用品。

第一百四十六条 企业应当建立能够符合经营和质量管理要求的计算机系统，并满足药品追溯的要求。

第一百四十七条 企业设置库房的，应当做到库房内墙、顶光洁，地面平整，门窗结构严密；有可靠的安全防护、防盗等措施。

第一百四十八条 仓库应当有以下设施设备：

（一）药品与地面之间有效隔离的设备；

（二）避光、通风、防潮、防虫、防鼠等设备；

（三）有效监测和调控温湿度的设备；

（四）符合储存作业要求的照明设备；

（五）验收专用场所；

（六）不合格药品专用存放场所；

（七）经营冷藏药品的，有与其经营品种及经营规模相适应的专用设备。

第一百四十九条 经营特殊管理的药品应当有符合国家规定的储存设施。

第一百五十条 储存中药饮片应当设立专用库房。

第一百五十一条 企业应当按照国家有关规定，对计量器具、温湿度监测设备等定期进行校准或者检定。

第五节 采购与验收

第一百五十二条 企业采购药品，应当符合本规范第二章第八节的相关规定。

第一百五十三条 药品到货时，收货人员应当按采购记录，对照供货单位的随货同行单（票）核实药品实物，做到票、账、货相符。

第一百五十四条 企业应当按规定的程序和要求对到货药品逐批进行验收，并按照本规范第八十条规定做好验收记录。

验收抽取的样品应当具有代表性。

第一百五十五条 冷藏药品到货时，应当按照本规范第七十四条规定进行检查。

第一百五十六条 验收药品应当按照本规范第七十六条规定查验药品检验报告书。

第一百五十七条 特殊管理的药品应当按照相关规定进行验收。

第一百五十八条 验收合格的药品应当及时入库或者上架，验收不合格的，不得入库或者上架，并报告质量管理人员处理。

第六节 陈列与储存

第一百五十九条 企业应当对营业场所温度进行监测和调控，以使营业场所的温度符合常温要求。

第一百六十条 企业应当定期进行卫生检查，保持环境整洁。存放、陈列药品的设备应当保持清洁卫生，不得放置与销售活动无关的物品，并采取防虫、防鼠等措施，防止污染药品。

第一百六十一条 药品的陈列应当符合以下要求：

（一）按剂型、用途以及储存要求分类陈列，并设置醒目标志，类别标签字迹清晰、放置准确。

（二）药品放置于货架（柜），摆放整齐有序，避免阳光直射。

（三）处方药、非处方药分区陈列，并有处方药、非处方药专用标识。

（四）处方药不得采用开架自选的方式陈列和销售。

（五）外用药与其他药品分开摆放。

（六）拆零销售的药品集中存放于拆零专柜或者专区。

（七）第二类精神药品、毒性中药品种和罂粟壳不得陈列。

（八）冷藏药品放置在冷藏设备中，按规定对温度进行监测和记录，并保证存放温度符合要求。

（九）中药饮片柜斗谱的书写应当正名正字；装斗前应当复核，防止错斗、串斗；应当定期清斗，防止饮片生虫、发霉、变质；不同批号的饮片装斗前应当清斗并记录。

（十）经营非药品应当设置专区，与药品区域明显隔离，并有醒目标志。

第一百六十二条　企业应当定期对陈列、存放的药品进行检查，重点检查拆零药品和易变质、近效期、摆放时间较长的药品以及中药饮片。发现有质量疑问的药品应当及时撤柜，停止销售，由质量管理人员确认和处理，并保留相关记录。

第一百六十三条　企业应当对药品的有效期进行跟踪管理，防止近效期药品售出后可能发生的过期使用。

第一百六十四条　企业设置库房的，库房的药品储存与养护管理应当符合本规范第二章第十节的相关规定。

第七节　销售管理

第一百六十五条　企业应当在营业场所的显著位置悬挂《药品经营许可证》、营业执照、执业药师注册证等。

第一百六十六条　营业人员应当佩戴有照片、姓名、岗位等内容的工作牌，是执业药师和药学技术人员的，工作牌还应当标明执业资格或者药学专业技术职称。在岗执业的执业药师应当挂牌明示。

第一百六十七条　销售药品应当符合以下要求：

（一）处方经执业药师审核后方可调配；对处方所列药品不得擅自更改或者代用，对有配伍禁忌或者超剂量的处方，应当拒绝调配，但经处方医师更正或者重新签字确认的，可以调配；调配处方后经过核对方可销售。

（二）处方审核、调配、核对人员应当在处方上签字或者盖章，并按照有关规定保存处方或者其复印件。

（三）销售近效期药品应当向顾客告知有效期。

（四）销售中药饮片做到计量准确，并告知煎服方法及注意事项；提供中药饮片代煎服务，应当符合国家有关规定。

第一百六十八条　企业销售药品应当开具销售凭证，内容包括药品名称、生产厂商、数量、价格、批号、规格等，并做好销售记录。

第一百六十九条　药品拆零销售应当符合以下要求：

（一）负责拆零销售的人员经过专门培训；

（二）拆零的工作台及工具保持清洁、卫生，防止交叉污染；

（三）做好拆零销售记录，内容包括拆零起始日期、药品的通用名称、规格、批号、生产厂商、有效期、销售数量、销售日期、分拆及复核人员等；

（四）拆零销售应当使用洁净、卫生的包装，包装上注明药品名称、规格、数量、用法、用量、批号、有效期以及药店名称等内容；

（五）提供药品说明书原件或者复印件；

（六）拆零销售期间，保留原包装和说明书。

第一百七十条　销售特殊管理的药品和国家有专门管理要求的药品，应当严格执行国家有关规定。

第一百七十一条　药品广告宣传应当严格执行国家有关广告管理的规定。

第一百七十二条　非本企业在职人员不得在营业场所内从事药品销售相关活动。

第八节　售后管理

第一百七十三条　除药品质量原因外，药品一经售出，不得退换。

第一百七十四条　企业应当在营业场所公布食品药品监督管理部门的监督电话，设置顾客意见簿，及时处理顾客对药品质量的投诉。

第一百七十五条　企业应当按照国家有关药品不良反应报告制度的规定，收集、报告药品不良反应信息。

第一百七十六条　企业发现已售出药品有严重质量问题，应当及时采取措施追回药品并做好记录，同时向食品药品监督管理部门报告。

第一百七十七条　企业应当协助药品生产企业履行召回义务，控制和收回存在安全隐患的药品，并建立药品召回记录。

第四章　附　则

第一百七十八条　本规范下列术语的含义是：

（一）在职：与企业确定劳动关系的在册人员。

（二）在岗：相关岗位人员在工作时间内在规定的岗位履行职责。

（三）首营企业：采购药品时，与本企业首次发生供需关系的药品生产或者经营企业。

（四）首营品种：本企业首次采购的药品。

（五）原印章：企业在购销活动中，为证明企业身份在相关文件或者凭证上加盖的企业公章、发票专用章、质量管理专用章、药品出库专用章的原始印记，不能是印刷、影印、复印等复制后的印记。

（六）待验：对到货、销后退回的药品采用有效的方式进行隔离或者区分，在入库前等待质量验收的状态。

（七）零货：拆除了用于运输、储藏包装的药品。

（八）拼箱发货：将零货药品集中拼装至同一包装箱内发货的方式。

（九）拆零销售：将最小包装拆分销售的方式。

（十）国家有专门管理要求的药品：国家对蛋白同化制剂、肽类激素、含特殊药品复方制剂等品种实施特殊监管措施的药品。

第一百七十九条　药品零售连锁企业总部的管理应当符合本规范药品批发企业相关规定，门店的管理应当符合本规范药品零售企业相关规定。

第一百八十条　本规范为药品经营质量管理的基本要求。对企业信息化管理、药品储运温湿度自动监测、药品验收管理、药品冷链物流管理、零售连锁管理等具体要求，由国家食品药品监督管理总局以附录方式另行制定。

第一百八十一条　麻醉药品、精神药品、药品类易制毒化学品的追溯应当符合国家有关规定。

第一百八十二条　医疗机构药房和计划生育技术服务机构的药品采购、储存、养护等质量管理规范由国家食品药品监督管理总局商相关主管部门另行制定。

互联网销售药品的质量管理规定由国家食品药品监督管理总局另行制定。

第一百八十三条　药品经营企业违反本规范的，由食品药品监督管理部门按照《中华人民共和国药品管理法》第七十八条的规定给予处罚。

第一百八十四条　本规范自发布之日起施行，卫生部2013年6月1日施行的《药品经营质量管理规范》（中华人民共和国卫生部令第90号）同时废止。

附录二　国家食品药品监督管理总局公告

2013 年　第 38 号

关于发布《药品经营质量管理规范》冷藏、冷冻药品的储存与运输管理等 5 个附录的公告

根据《药品经营质量管理规范》第一百八十三条规定，现发布冷藏、冷冻药品的储存与运输管理，药品经营企业计算机系统，温湿度自动监测，药品收货与验收和验证管理等 5 个附录，作为《药品经营质量管理规范》配套文件。

特此公告。

国家食品药品监督管理总局
2013 年 10 月 23 日

附录 1　冷藏、冷冻药品的储存与运输管理

第一条　企业经营冷藏、冷冻药品的，应当按照《药品经营质量管理规范》（以下简称《规范》）的要求，在收货、验收、储存、养护、出库、运输等环节，根据药品包装标示的贮藏要求，采用经过验证确认的设施设备、技术方法和操作规程，对冷藏、冷冻药品储存过程中的温湿度状况、运输过程中的温度状况，进行实时自动监测和控制，保证药品的储运环境温湿度控制在规定范围内。

第二条　企业应当按照《规范》的要求，配备相应的冷藏、冷冻储运设施设备及温湿度自动监测系统，并对设施设备进行维护管理。

（一）冷库设计符合国家相关标准要求；冷库具有自动调控温湿度的功能，有备用发电机组或双回路供电系统。

（二）按照企业经营需要，合理划分冷库收货验收、储存、包装材料预冷、装箱发货、待处理药品存放等区域，并有明显标示。验收、储存、拆零、冷藏包装、发货等作业活动，必须在冷库内完成。

（三）冷藏车具有自动调控温度的功能，其配置符合国家相关标准要求；冷藏车厢具有防水、密闭、耐腐蚀等性能，车厢内部留有保证气流充分循环的空间。

（四）冷藏箱、保温箱具有良好的保温性能；冷藏箱具有自动调控温度的功能，保温箱配备蓄冷剂以及与药品隔离的装置。

（五）冷藏、冷冻药品的储存、运输设施设备配置温湿度自动监测系统，可实时采集、显示、记录、传送储存过程中的温湿度数据和运输过程中的温度数据，并具有远程及就地实时报警功能，可通过计算机读取和存储所记录的监测数据。

（六）定期对冷库、冷藏车以及冷藏箱、保温箱进行检查、维护并记录。

第三条　企业应当按照《规范》和相关附录的要求，对冷库、冷藏车、冷藏箱、保温箱以及温湿度自动监测系统进行验证，并依据验证确定的参数和条件，制定设施设备的操作、使用规程。

第四条　企业应当按照《规范》的要求，对冷藏、冷冻药品进行收货检查。

（一）检查运输药品的冷藏车或冷藏箱、保温箱是否符合规定，对未按规定运输的，应当拒收。

（二）查看冷藏车或冷藏箱、保温箱到货时温度数据，导出、保存并查验运输过程的温度记录，确认运输全过程温度状况是否符合规定。

（三）符合规定的，将药品放置在符合温度要求的待验区域待验；不符合规定的应当拒收，将药品隔离存放于符合温度要求的环境中，并报质量管理部门处理。

（四）收货须做好记录，内容包括：药品名称、数量、生产企业、发货单位、运输单位、发运地点、启运时间、运输工具、到货时间、到货温度、收货人员等。

（五）对销后退回的药品，同时检查退货方提供的温度控制说明文件和售出期间温度控制的相关数

据。对于不能提供文件、数据，或温度控制不符合规定的，应当拒收，做好记录并报质量管理部门处理。

第五条 储存、运输过程中，冷藏、冷冻药品的码放应当符合以下要求：

（一）冷库内药品的堆垛间距，药品与地面、墙壁、库顶部的间距符合《规范》的要求；冷库内制冷机组出风口 100 厘米范围内，以及高于冷风机出风口的位置，不得码放药品。

（二）冷藏车厢内，药品与厢内前板距离不小于 10 厘米，与后板、侧板、底板间距不小于 5 厘米，药品码放高度不得超过制冷机组出风口下沿，确保气流正常循环和温度均匀分布。

第六条 企业应当由专人负责对在库储存的冷藏、冷冻药品进行重点养护检查。

药品储存环境温湿度超出规定范围时，应当及时采取有效措施进行调控，防止温湿度超标对药品质量造成影响。

第七条 企业运输冷藏、冷冻药品，应当根据药品数量、运输距离、运输时间、温度要求、外部环境温度等情况，选择适宜的运输工具和温控方式，确保运输过程中温度控制符合要求。

冷藏、冷冻药品运输过程中，应当实时采集、记录、传送冷藏车、冷藏箱或保温箱内的温度数据。运输过程中温度超出规定范围时，温湿度自动监测系统应当实时发出报警指令，由相关人员查明原因，及时采取有效措施进行调控。

第八条 使用冷藏箱、保温箱运送冷藏药品的，应当按照经过验证的标准操作规程，进行药品包装和装箱的操作。

（一）装箱前将冷藏箱、保温箱预热或预冷至符合药品包装标示的温度范围内。

（二）按照验证确定的条件，在保温箱内合理配备与温度控制及运输时限相适应的蓄冷剂。

（三）保温箱内使用隔热装置将药品与低温蓄冷剂进行隔离。

（四）药品装箱后，冷藏箱启动动力电源和温度监测设备，保温箱启动温度监测设备，检查设备运行正常后，将箱体密闭。

第九条 使用冷藏车运送冷藏、冷冻药品的，启运前应当按照经过验证的标准操作规程进行操作。

（一）提前打开温度调控和监测设备，将车厢内预热或预冷至规定的温度。

（二）开始装车时关闭温度调控设备，并尽快完成药品装车。

（三）药品装车完毕，及时关闭车厢厢门，检查厢门密闭情况，并上锁。

（四）启动温度调控设备，检查温度调控和监测设备运行状况，运行正常方可启运。

第十条 企业应当制定冷藏、冷冻药品运输过程中温度控制的应急预案，对运输过程中出现的异常气候、设备故障、交通事故等意外或紧急情况，能够及时采取有效的应对措施，防止因异常情况造成的温度失控。

第十一条 企业制定的应急预案应当包括应急组织机构、人员职责、设施设备、外部协作资源、应急措施等内容，并不断加以完善和优化。

第十二条 从事冷藏、冷冻药品收货、验收、储存、养护、出库、运输等岗位工作的人员，应当接受相关法律法规、专业知识、相关制度和标准操作规程的培训，经考核合格后，方可上岗。

第十三条 企业委托其他单位运输冷藏、冷冻药品时，应当保证委托运输过程符合《规范》及本附录相关规定。

（一）索取承运单位的运输资质文件、运输设施设备和监测系统证明及验证文件、承运人员资质证明、运输过程温度控制及监测等相关资料。

（二）对承运方的运输设施设备、人员资质、质量保障能力、安全运输能力、风险控制能力等进行委托前和定期审计，审计报告存档备查。

（三）承运单位冷藏、冷冻运输设施设备及自动监测系统不符合规定或未经验证的，不得委托运输。

（四）与承运方签订委托运输协议，内容包括承运方制定并执行符合要求的运输标准操作规程，对运输过程中温度控制和实时监测的要求，明确在途时限以及运输过程中的质量安全责任。

（五）根据承运方的资质和条件，必要时对承运方的相关人员进行培训和考核。

附录 2　药品经营企业计算机系统

第一条　药品经营企业应当建立与经营范围和经营规模相适应的计算机系统（以下简称系统），能够实时控制并记录药品经营各环节和质量管理全过程，并符合电子监管的实施条件。

第二条　药品经营企业应当按照《药品经营质量管理规范》（以下简称《规范》）相关规定，在系统中设置各经营流程的质量控制功能，与采购、销售以及收货、验收、储存、养护、出库复核、运输等系统功能形成内嵌式结构，对各项经营活动进行判断，对不符合药品监督管理法律法规以及《规范》的行为进行识别及控制，确保各项质量控制功能的实时和有效。

第三条　药品批发企业系统的硬件设施和网络环境应当符合以下要求：

（一）有支持系统正常运行的服务器；

（二）质量管理、采购、收货、验收、储存、养护、出库复核、销售等岗位配备专用的终端设备；

（三）有稳定、安全的网络环境，有固定接入互联网的方式和可靠的信息安全平台；

（四）有实现相关部门之间、岗位之间信息传输和数据共享的局域网；

（五）有符合《规范》及企业管理实际需要的应用软件和相关数据库。

第四条　药品批发企业负责信息管理的部门应当履行以下职责：

（一）负责系统硬件和软件的安装、测试及网络维护；

（二）负责系统数据库管理和数据备份；

（三）负责培训、指导相关岗位人员使用系统；

（四）负责系统程序的运行及维护管理；

（五）负责系统网络以及数据的安全管理；

（六）保证系统日志的完整性；

（七）负责建立系统硬件和软件管理档案。

第五条　药品批发企业质量管理部门应当履行以下职责：

（一）负责指导设定系统质量控制功能；

（二）负责系统操作权限的审核，并定期跟踪检查；

（三）监督各岗位人员严格按规定流程及要求操作系统；

（四）负责质量管理基础数据的审核、确认生效及锁定；

（五）负责经营业务数据修改申请的审核，符合规定要求的方可按程序修改；

（六）负责处理系统中涉及药品质量的有关问题。

第六条　药品批发企业应当严格按照管理制度和操作规程进行系统数据的录入、修改和保存，以保证各类记录的原始、真实、准确、安全和可追溯。

（一）各操作岗位通过输入用户名、密码等身份确认方式登录系统，并在权限范围内录入或查询数据，未经批准不得修改数据信息。

（二）修改各类业务经营数据时，操作人员在职责范围内提出申请，经质量管理人员审核批准后方可修改，修改的原因和过程在系统中予以记录。

（三）系统对各岗位操作人员姓名的记录，根据专有用户名及密码自动生成，不得采用手工编辑或菜单选择等方式录入。

（四）系统操作、数据记录的日期和时间由系统自动生成，不得采用手工编辑、菜单选择等方式录入。

第七条　药品批发企业应当根据计算机管理制度对系统各类记录和数据进行安全管理。

（一）采用安全、可靠的方式存储、备份。

（二）按日备份数据。

（三）备份记录和数据的介质存放于安全场所，防止与服务器同时遭遇灾害造成损坏或丢失。

（四）记录和数据的保存时限符合《规范》第四十二条的要求。

第八条　药品批发企业应当将审核合格的供货单位、购货单位及经营品种等信息录入系统，建立质量管理基础数据库并有效运用。

（一）质量管理基础数据包括供货单位、购货单位、经营品种、供货单位销售人员资质、购货单位采购人员资质及提货人员资质等相关内容。

（二）质量管理基础数据与对应的供货单位、购货单位以及购销药品的合法性、有效性相关联，与供货单位或购货单位的经营范围相对应，由系统进行自动跟踪、识别与控制。

（三）系统对接近失效的质量管理基础数据进行提示、预警，提醒相关部门及岗位人员及时索取、更新相关资料；任何质量管理基础数据失效时，系统都自动锁定与该数据相关的业务功能，直至数据更新和生效后，相关功能方可恢复。

（四）质量管理基础数据是企业合法经营的基本保障，须由专门的质量管理人员对相关资料审核合格后，据实确认和更新，更新时间由系统自动生成。

（五）其他岗位人员只能按规定的权限，查询、使用质量管理基础数据，不能修改数据的任何内容。

第九条　药品采购订单中的质量管理基础数据应当依据数据库生成。系统对各供货单位的合法资质，能够自动识别、审核，防止超出经营方式或经营范围的采购行为发生。

采购订单确认后，系统自动生成采购记录。

第十条　药品到货时，系统应当支持收货人员查询采购记录，对照随货同行单（票）及实物确认相关信息后，方可收货。

第十一条　验收人员按规定进行药品质量验收，对照药品实物在系统采购记录的基础上录入药品的批号、生产日期、有效期、到货数量、验收合格数量、验收结果等内容，确认后系统自动生成验收记录。

第十二条　药品批发企业系统应当按照药品的管理类别及储存特性，自动提示相应的储存库区。

第十三条　药品批发企业系统应当依据质量管理基础数据和养护制度，对库存药品按期自动生成养护工作计划，提示养护人员对库存药品进行有序、合理的养护。

第十四条　药品批发企业系统应当对库存药品的有效期进行自动跟踪和控制，具备近效期预警提示、超有效期自动锁定及停销等功能。

第十五条　药品批发企业销售药品时，系统应当依据质量管理基础数据及库存记录生成销售订单，系统拒绝无质量管理基础数据或无有效库存数据支持的任何销售订单的生成。系统对各购货单位的法定资质能够自动识别并审核，防止超出经营方式或经营范围的销售行为的发生。

销售订单确认后，系统自动生成销售记录。

第十六条　药品批发企业系统应当将确认后的销售数据传输至仓储部门提示出库及复核。复核人员完成出库复核操作后，系统自动生成出库复核记录。

第十七条　药品批发企业系统对销后退回药品应当具备以下功能：

（一）处理销后退回药品时，能够调出原对应的销售、出库复核记录；

（二）对应的销售、出库复核记录与销后退回药品实物信息一致的方可收货、验收，并依据原销售、出库复核记录数据以及验收情况，生成销后退回验收记录；

（三）退回药品实物与原记录信息不符，或退回药品数量超出原销售数量时，系统拒绝药品退回操作；

（四）系统不支持对原始销售数据的任何更改。

第十八条　药品批发企业系统应当对经营过程中发现的质量有疑问药品进行控制。

（一）各岗位人员发现质量有疑问药品，按照本岗位操作权限实施锁定，并通知质量管理人员。

（二）被锁定药品由质量管理人员确认，不属于质量问题的，解除锁定，属于不合格药品的，由系统生成不合格记录。

(三)系统对质量不合格药品的处理过程、处理结果进行记录,并跟踪处理结果。

第十九条 药品批发企业系统应当对药品运输的在途时间进行跟踪管理,对有运输时限要求的,应当提示或警示相关部门及岗位人员。系统应当按照《规范》要求,生成药品运输记录。

第二十条 药品零售企业系统的硬件、软件、网络环境及管理人员的配备,应当满足企业经营规模和质量管理的实际需要。

第二十一条 药品零售企业系统的销售管理应当符合以下要求:

(一)建立包括供货单位、经营品种等相关内容的质量管理基础数据;

(二)依据质量管理基础数据,自动识别处方药、特殊管理的药品以及其他国家有专门管理要求的药品;

(三)拒绝国家有专门管理要求的药品超数量销售;

(四)与结算系统、开票系统对接,对每笔销售自动打印销售票据,并自动生成销售记录;

(五)依据质量管理基础数据,对拆零药品单独建立销售记录,对拆零药品实施安全、合理的销售控制;

(六)依据质量管理基础数据,定期自动生成陈列药品检查计划;

(七)依据质量管理基础数据,对药品有效期进行跟踪,对近效期的给予预警提示,超有效期的自动锁定及停销;

(八)各类数据的录入与保存符合本附录第六条、第七条的相关要求。

第二十二条 药品经营企业应当根据有关法律法规、《规范》以及质量管理体系内审的要求,及时对系统进行升级,完善系统功能。

附录3 温湿度自动监测

第一条 企业应当按照《药品经营质量管理规范》(以下简称《规范》)的要求,在储存药品的仓库中和运输冷藏、冷冻药品的设备中配备温湿度自动监测系统(以下简称系统)。系统应当对药品储存过程的温湿度状况和冷藏、冷冻药品运输过程的温度状况进行实时自动监测和记录,有效防范储存运输过程中可能发生的影响药品质量安全的风险,确保药品质量安全。

第二条 系统由测点终端、管理主机、不间断电源以及相关软件等组成。各测点终端能够对周边环境温湿度进行数据的实时采集、传送和报警;管理主机能够对各测点终端监测的数据进行收集、处理和记录,并具备发生异常情况时的报警管理功能。

第三条 系统温湿度数据的测定值应当按照《规范》第八十五条的有关规定设定。

系统应当自动生成温湿度监测记录,内容包括温度值、湿度值、日期、时间、测点位置、库区或运输工具类别等。

第四条 系统温湿度测量设备的最大允许误差应当符合以下要求:

(一)测量范围在 0~40℃之间,温度的最大允许误差为 ±0.5℃;

(二)测量范围在 −25~0℃之间,温度的最大允许误差为 ±1.0℃;

(三)相对湿度的最大允许误差为 ±5%RH。

第五条 系统应当自动对药品储存运输过程中的温湿度环境进行不间断监测和记录。

系统应当至少每隔 1 分钟更新一次测点温湿度数据,在药品储存过程中至少每隔 30 分钟自动记录一次实时温湿度数据,在运输过程中至少每隔 5 分钟自动记录一次实时温度数据。当监测的温湿度值超出规定范围时,系统应当至少每隔 2 分钟记录一次实时温湿度数据。

第六条 当监测的温湿度值达到设定的临界值或者超出规定范围,系统应当能够实现就地和在指定地点进行声光报警,同时采用短信通讯的方式,向至少 3 名指定人员发出报警信息。

当发生供电中断的情况时,系统应当采用短信通讯的方式,向至少 3 名指定人员发出报警信息。

第七条 系统各测点终端采集的监测数据应当真实、完整、准确、有效。

（一）测点终端采集的数据通过网络自动传送到管理主机，进行处理和记录，并采用可靠的方式进行数据保存，确保不丢失和不被改动。

（二）系统具有对记录数据不可更改、删除的功能，不得有反向导入数据的功能。

（三）系统不得对用户开放温湿度传感器监测值修正、调整功能，防止用户随意调整，造成监测数据失真。

第八条　企业应当对监测数据采用安全、可靠的方式按日备份，备份数据应当存放在安全场所，数据保存时限符合《规范》第四十二条的要求。

第九条　系统应当与企业计算机终端进行数据对接，自动在计算机终端中存储数据，可以通过计算机终端进行实时数据查询和历史数据查询。

第十条　系统应当独立地不间断运行，防止因供电中断、计算机关闭或故障等因素，影响系统正常运行或造成数据丢失。

第十一条　系统保持独立、安全运行，不得与温湿度调控设施设备联动，防止温湿度调控设施设备异常导致系统故障的风险。

第十二条　企业应当对储存及运输设施设备的测点终端布点方案进行测试和确认，保证药品仓库、运输设备中安装的测点终端数量及位置，能够准确反映环境温湿度的实际状况。

第十三条　药品库房或仓间安装的测点终端数量及位置应当符合以下要求：

（一）每一独立的药品库房或仓间至少安装 2 个测点终端，并均匀分布。

（二）平面仓库面积在 300 平方米以下的，至少安装 2 个测点终端；300 平方米以上的，每增加 300 平方米至少增加 1 个测点终端，不足 300 平方米的按 300 平方米计算。

平面仓库测点终端安装的位置，不得低于药品货架或药品堆码垛高度的 2/3 位置。

（三）高架仓库或全自动立体仓库的货架层高在 4.5 米至 8 米之间的，每 300 平方米面积至少安装 4 个测点终端，每增加 300 平方米至少增加 2 个测点终端，并均匀分布在货架上、下位置；货架层高在 8 米以上的，每 300 平方米面积至少安装 6 个测点终端，每增加 300 平方米至少增加 3 个测点终端，并均匀分布在货架的上、中、下位置；不足 300 平方米的按 300 平方米计算。

高架仓库或全自动立体仓库上层测点终端安装的位置，不得低于最上层货架存放药品的最高位置。

（四）储存冷藏、冷冻药品仓库测点终端的安装数量，须符合本条上述的各项要求，其安装数量按每 100 平方米面积计算。

第十四条　每台独立的冷藏、冷冻药品运输车辆或车厢，安装的测点终端数量不得少于 2 个。车厢容积超过 20 立方米的，每增加 20 立方米至少增加 1 个测点终端，不足 20 立方米的按 20 立方米计算。

每台冷藏箱或保温箱应当至少配置一个测点终端。

第十五条　测点终端应当牢固安装在经过确认的合理位置，避免储运作业及人员活动对监测设备造成影响或损坏，其安装位置不得随意变动。

第十六条　企业应当对测点终端每年至少进行一次校准，对系统设备应当进行定期检查、维修、保养，并建立档案。

第十七条　系统应当满足相关部门实施在线远程监管的条件。

附录 4　药品收货与验收

第一条　企业应当按照国家有关法律法规及《药品经营质量管理规范》（以下简称《规范》），制定药品收货与验收标准。对药品收货与验收过程中出现的不符合质量标准或疑似假、劣药的情况，应当交由质量管理部门按照有关规定进行处理，必要时上报药品监督管理部门。

第二条　药品到货时，收货人员应当对运输工具和运输状况进行检查。

（一）检查运输工具是否密闭，如发现运输工具内有雨淋、腐蚀、污染等可能影响药品质量的现象，及时通知采购部门并报质量管理部门处理。

（二）根据运输单据所载明的启运日期，检查是否符合协议约定的在途时限，对不符合约定时限的，报质量管理部门处理。

（三）供货方委托运输药品的，企业采购部门要提前向供货单位索要委托的承运方式、承运单位、启运时间等信息，并将上述情况提前通知收货人员；收货人员在药品到货后，要逐一核对上述内容，内容不一致的，通知采购部门并报质量管理部门处理。

（四）冷藏、冷冻药品到货时，查验冷藏车、车载冷藏箱或保温箱的温度状况，核查并留存运输过程和到货时的温度记录；对未采用规定的冷藏设备运输或温度不符合要求的，应当拒收，同时对药品进行控制管理，做好记录并报质量管理部门处理。

第三条 药品到货时，收货人员应当查验随货同行单（票）以及相关的药品采购记录。无随货同行单（票）或无采购记录的应当拒收；随货同行单（票）记载的供货单位、生产厂商、药品的通用名称、剂型、规格、批号、数量、收货单位、收货地址、发货日期等内容，与采购记录以及本企业实际情况不符的，应当拒收，并通知采购部门处理。

第四条 应当依据随货同行单（票）核对药品实物。随货同行单（票）中记载的药品的通用名称、剂型、规格、批号、数量、生产厂商等内容，与药品实物不符的，应当拒收，并通知采购部门进行处理。

第五条 收货过程中，对于随货同行单（票）或到货药品与采购记录的有关内容不相符的，由采购部门负责与供货单位核实和处理。

（一）对于随货同行单（票）内容中，除数量以外的其他内容与采购记录、药品实物不符的，经供货单位确认并提供正确的随货同行单（票）后，方可收货。

（二）对于随货同行单（票）与采购记录、药品实物数量不符的，经供货单位确认后，应当由采购部门确定并调整采购数量后，方可收货。

（三）供货单位对随货同行单（票）与采购记录、药品实物不相符的内容，不予确认的，应当拒收，存在异常情况的，报质量管理部门处理。

第六条 收货人员应当拆除药品的运输防护包装，检查药品外包装是否完好，对出现破损、污染、标识不清等情况的药品，应当拒收。

收货人员应当将核对无误的药品放置于相应的待验区域内，并在随货同行单（票）上签字后，移交验收人员。

第七条 药品待验区域及验收药品的设施设备，应当符合以下要求：

（一）待验区域有明显标识，并与其他区域有效隔离；

（二）待验区域符合待验药品的储存温度要求；

（三）设置特殊管理的药品专用待验区域，并符合安全控制要求；

（四）保持验收设施设备清洁，不得污染药品；

（五）按规定配备药品电子监管码的扫码与数据上传设备。

第八条 企业应当根据不同类别和特性的药品，明确待验药品的验收时限，待验药品要在规定时限内验收，验收合格的药品，应当及时入库，验收中发现的问题应当尽快处理，防止对药品质量造成影响。

第九条 验收药品应当按照批号逐批查验药品的合格证明文件，对于相关证明文件不全或内容与到货药品不符的，不得入库，并交质量管理部门处理。

（一）按照药品批号查验同批号的检验报告书，药品检验报告书需加盖供货单位药品检验专用章或质量管理专用章原印章；从批发企业采购药品的，检验报告书的传递和保存，可以采用电子数据的形式，但要保证其合法性和有效性。

（二）验收实施批签发管理的生物制品时，有加盖供货单位药品检验专用章或质量管理专用章原印章的《生物制品批签发合格证》复印件。

（三）验收进口药品时，有加盖供货单位质量管理专用章原印章的相关证明文件：

1.《进口药品注册证》或《医药产品注册证》；

2.进口麻醉药品、精神药品以及蛋白同化制剂、肽类激素需有《进口准许证》；

3.进口药材需有《进口药材批件》；

4.《进口药品检验报告书》或注明"已抽样"字样的《进口药品通关单》；

5.进口国家规定的实行批签发管理的生物制品，有批签发证明文件和《进口药品检验报告书》。

（四）验收特殊管理的药品须符合国家相关规定。

第十条 应当对每次到货的药品进行逐批抽样验收，抽取的样品应当具有代表性，对于不符合验收标准的，不得入库，并报质量管理部门处理。

（一）对到货的同一批号的整件药品按照堆码情况随机抽样检查。整件数量在2件及以下的，要全部抽样检查；整件数量在2件以上至50件以下的，至少抽样检查3件；整件数量在50件以上的，每增加50件，至少增加抽样检查1件，不足50件的，按50件计。

（二）对抽取的整件药品需开箱抽样检查，从每整件的上、中、下不同位置随机抽取3个最小包装进行检查，对存在封口不牢、标签污损、有明显重量差异或外观异常等情况的，至少再增加一倍抽样数量，进行再检查。

（三）对整件药品存在破损、污染、渗液、封条损坏等包装异常的，要开箱检查至最小包装。

（四）到货的非整件药品要逐箱检查，对同一批号的药品，至少随机抽取一个最小包装进行检查。

第十一条 验收人员应当对抽样药品的外观、包装、标签、说明书等逐一进行检查、核对，出现问题的，报质量管理部门处理。

（一）检查运输储存包装的封条有无损坏，包装上是否清晰注明药品通用名称、规格、生产厂商、生产批号、生产日期、有效期、批准文号、贮藏、包装规格及储运图示标志，以及特殊管理的药品、外用药品、非处方药的标识等标记。

（二）检查最小包装的封口是否严密、牢固，有无破损、污染或渗液，包装及标签印字是否清晰，标签粘贴是否牢固。

（三）检查每一最小包装的标签、说明书是否符合以下规定：

1.标签有药品通用名称、成分、性状、适应症或者功能主治、规格、用法用量、不良反应、禁忌、注意事项、贮藏、生产日期、产品批号、有效期、批准文号、生产企业等内容；对注射剂瓶、滴眼剂瓶等因标签尺寸限制无法全部注明上述内容的，至少标明药品通用名称、规格、产品批号、有效期等内容；中药蜜丸蜡壳至少注明药品通用名称。

2.化学药品与生物制品说明书列有以下内容：药品名称（通用名称、商品名称、英文名称、汉语拼音）、成分［活性成分的化学名称、分子式、分子量、化学结构式（复方制剂可列出其组分名称）］、性状、适应症、规格、用法用量、不良反应、禁忌、注意事项、孕妇及哺乳期妇女用药、儿童用药、老年用药、药物相互作用、药物过量、临床试验、药理毒理、药代动力学、贮藏、包装、有效期、执行标准、批准文号、生产企业（企业名称、生产地址、邮政编码、电话和传真）。

3.中药说明书列有以下内容：药品名称（通用名称、汉语拼音）、成分、性状、功能主治、规格、用法用量、不良反应、禁忌、注意事项、药物相互作用、贮藏、包装、有效期、执行标准、批准文号、说明书修订日期、生产企业（企业名称、生产地址、邮政编码、电话和传真）。

4.特殊管理的药品、外用药品的包装、标签及说明书上均有规定的标识和警示说明；处方药和非处方药的标签和说明书上有相应的警示语或忠告语，非处方药的包装有国家规定的专有标识；蛋白同化制剂和肽类激素及含兴奋剂类成分的药品有"运动员慎用"警示标识。

5.进口药品的包装、标签以中文注明药品通用名称、主要成分以及注册证号，并有中文说明书。

6.中药饮片的包装或容器与药品性质相适应及符合药品质量要求。中药饮片的标签需注明品名、包装规格、产地、生产企业、产品批号、生产日期；整件包装上有品名、产地、生产日期、生产企业等，并附有质量合格的标志。实施批准文号管理的中药饮片，还需注明批准文号。

7. 中药材有包装，并标明品名、规格、产地、供货单位、收购日期、发货日期等；实施批准文号管理的中药材，还需注明批准文号。

第十二条 在保证质量的前提下，如果生产企业有特殊质量控制要求或打开最小包装可能影响药品质量的，可不打开最小包装；外包装及封签完整的原料药、实施批签发管理的生物制品，可不开箱检查。

第十三条 验收地产中药材时，如果对到货中药材存在质量疑问，应当将实物与企业中药样品室（柜）中收集的相应样品进行比对，确认后方可收货。

验收人员应当负责对中药材样品的更新和养护，防止样品出现质量变异。收集的样品放入中药样品室（柜）前，应当由质量管理人员进行确认。

第十四条 企业应当加强对退货药品的收货、验收管理，保证退货环节药品的质量和安全，防止混入假冒药品。

（一）收货人员要依据销售部门确认的退货凭证或通知对销后退回药品进行核对，确认为本企业销售的药品后，方可收货并放置于符合药品储存条件的专用待验场所。

（二）对销后退回的冷藏、冷冻药品，根据退货方提供的温度控制说明文件和售出期间温度控制的相关数据，确认符合规定条件的，方可收货；对于不能提供文件、数据，或温度控制不符合规定的，给予拒收，做好记录并报质量管理部门处理。

（三）验收人员对销后退回的药品进行逐批检查验收，并开箱抽样检查。整件包装完好的，按照本附录第十条规定的抽样原则加倍抽样检查；无完好外包装的，每件须抽样检查至最小包装，必要时送药品检验机构检验。

（四）销后退回药品经验收合格后，方可入库销售，不合格药品按《规范》有关规定处理。

第十五条 检查验收结束后，应当将检查后的完好样品放回原包装，并在抽样的整件包装上标明抽验标志，对已经检查验收的药品，应当及时调整药品质量状态标识或移入相应区域。

第十六条 对验收合格的药品，应当由验收人员与仓储部门办理入库手续，由仓储部门建立库存记录。

第十七条 验收药品应当做好验收记录。

（一）验收记录包括药品的通用名称、剂型、规格、批准文号、批号、生产日期、有效期、生产厂商、供货单位、到货数量、到货日期、验收合格数量、验收结果、验收人员姓名和验收日期等内容。

（二）中药材验收记录包括品名、产地、供货单位、到货数量、验收合格数量等内容，实施批准文号管理的中药材，还要记录批准文号。中药饮片验收记录包括品名、规格、批号、产地、生产日期、生产厂商、供货单位、到货数量、验收合格数量等内容，实施批准文号管理的中药饮片还要记录批准文号。

（三）建立专门的销后退回药品验收记录，记录包括退货单位、退货日期、通用名称、规格、批准文号、批号、生产厂商（或产地）、有效期、数量、验收日期、退货原因、验收结果和验收人员等内容。

（四）验收不合格的药品，需注明不合格事项及处置措施。

第十八条 对实施电子监管的药品，企业应当按规定进行药品电子监管码扫码，并及时将数据上传至中国药品电子监管网系统平台。

（一）企业对未按规定加印或加贴中国药品电子监管码，或因监管码印刷不符合规定要求，造成扫描设备无法识别的，应当拒收。

（二）监管码信息与药品包装信息不符的，要及时向供货单位进行查询、确认，未得到确认之前不得入库，必要时向当地药品监督管理部门报告。

第十九条 企业按照《规范》的相关规定，进行药品直调的，可委托购货单位进行药品验收。购货单位应当严格按照《规范》的要求验收药品，并进行药品电子监管码的扫码与数据上传，建立专门的直调药品验收记录。验收当日应当将验收记录、电子监管数据相关信息传递给直调企业。

附录5 验证管理

第一条 本附录适用于《药品经营质量管理规范》（以下简称《规范》）中涉及的验证范围与内容，包括对冷库、冷藏车、冷藏箱、保温箱以及温湿度自动监测系统（以下简称监测系统）等进行验证，确认相关设施、设备及监测系统能够符合规定的设计标准和要求，并能安全、有效地正常运行和使用，确保冷藏、冷冻药品在储存、运输过程中的质量安全。

第二条 企业质量负责人负责验证工作的监督、指导、协调与审批，质量管理部门负责组织仓储、运输等部门共同实施验证工作。

第三条 企业应当按照质量管理体系文件的规定，按年度制定验证计划，根据计划确定的范围、日程、项目，实施验证工作。

第四条 企业应当在验证实施过程中，建立并形成验证控制文件，文件内容包括验证方案、标准、报告、评价、偏差处理和预防措施等，验证控制文件应当归入药品质量管理档案，并按规定保存。

（一）验证方案根据每一项验证工作的具体内容及要求分别制定，包括验证的实施人员、对象、目标、测试项目、验证设备及监测系统描述、测点布置、时间控制、数据采集要求，以及实施验证的相关基础条件，验证方案需经企业质量负责人审核并批准后，方可实施。

（二）企业需制定实施验证的标准和验证操作规程。

（三）验证完成后，需出具验证报告，包括验证实施人员、验证过程中采集的数据汇总、各测试项目数据分析图表、验证现场实景照片、各测试项目结果分析、验证结果总体评价等，验证报告由质量负责人审核和批准。

（四）在验证过程中，根据验证数据分析，对设施设备运行或使用中可能存在的不符合要求的状况、监测系统参数设定的不合理情况等偏差，进行调整和纠正处理，使相关设施设备及监测系统能够符合规定的要求。

（五）根据验证结果对可能存在的影响药品质量安全的风险，制定有效的预防措施。

第五条 企业应当根据验证方案实施验证。

（一）相关设施设备及监测系统在新投入使用前或改造后需进行使用前验证，对设计或预定的关键参数、条件及性能进行确认，确定实际的关键参数及性能符合设计或规定的使用条件。

（二）当相关设施设备及监测系统超出设定的条件或用途，或是设备出现严重运行异常或故障时，要查找原因、评估风险，采取适当的纠正措施，并跟踪效果。

（三）对相关设施设备及监测系统进行定期验证，以确认其符合要求，定期验证间隔时间不超过1年。

（四）根据相关设施设备和监测系统的设计参数以及通过验证确认的使用条件，分别确定最大的停用时间限度；超过最大停用时限的，在重新启用前，要评估风险并重新进行验证。

第六条 企业应当根据验证的内容及目的，确定相应的验证项目。

（一）冷库验证的项目至少包括：

1. 温度分布特性的测试与分析，确定适宜药品存放的安全位置及区域；

2. 温控设备运行参数及使用状况测试；

3. 监测系统配置的测点终端参数及安装位置确认；

4. 开门作业对库房温度分布及药品储存的影响；

5. 确定设备故障或外部供电中断的状况下，库房保温性能及变化趋势分析；

6. 对本地区的高温或低温等极端外部环境条件，分别进行保温效果评估；

7. 在新建库房初次使用前或改造后重新使用前，进行空载及满载验证；

8. 年度定期验证时，进行满载验证。

（二）冷藏车验证的项目至少包括：

1. 车厢内温度分布特性的测试与分析，确定适宜药品存放的安全位置及区域；

2. 温控设施运行参数及使用状况测试；

3. 监测系统配置的测点终端参数及安装位置确认；

4. 开门作业对车厢温度分布及变化的影响；

5. 确定设备故障或外部供电中断的状况下，车厢保温性能及变化趋势分析；

6. 对本地区高温或低温等极端外部环境条件，分别进行保温效果评估；

7. 在冷藏车初次使用前或改造后重新使用前，进行空载及满载验证；

8. 年度定期验证时，进行满载验证。

（三）冷藏箱或保温箱验证的项目至少包括：

1. 箱内温度分布特性的测试与分析，分析箱体内温度变化及趋势；

2. 蓄冷剂配备使用的条件测试；

3. 温度自动监测设备放置位置确认；

4. 开箱作业对箱内温度分布及变化的影响；

5. 高温或低温等极端外部环境条件下的保温效果评估；

6. 运输最长时限验证。

（四）监测系统验证的项目至少包括：

1. 采集、传送、记录数据以及报警功能的确认；

2. 监测设备的测量范围和准确度确认；

3. 测点终端安装数量及位置确认；

4. 监测系统与温度调控设施无联动状态的独立安全运行性能确认；

5. 系统在断电、计算机关机状态下的应急性能确认；

6. 防止用户修改、删除、反向导入数据等功能确认。

第七条　应当根据验证对象及项目，合理设置验证测点。

（一）在被验证设施设备内一次性同步布点，确保各测点采集数据的同步、有效。

（二）在被验证设施设备内，进行均匀性布点、特殊项目及特殊位置专门布点。

（三）每个库房中均匀性布点数量不得少于 9 个，仓间各角及中心位置均需布置测点，每两个测点的水平间距不得大于 5 米，垂直间距不得超过 2 米。

（四）库房每个作业出入口及风机出风口至少布置 5 个测点，库房中每组货架或建筑结构的风向死角位置至少布置 3 个测点。

（五）每个冷藏车厢体内测点数量不得少于 9 个，每增加 20 立方米增加 9 个测点，不足 20 立方米的按 20 立方米计算。

（六）每个冷藏箱或保温箱的测点数量不得少于 5 个。

第八条　应当确定适宜的持续验证时间，以保证验证数据的充分、有效及连续。

（一）在库房各项参数及使用条件符合规定的要求并达到运行稳定后，数据有效持续采集时间不得少于 48 小时。

（二）在冷藏车达到规定的温度并运行稳定后，数据有效持续采集时间不得少于 5 小时。

（三）冷藏箱或保温箱经过预热或预冷至规定温度并满载装箱后，按照最长的配送时间连续采集数据。

（四）验证数据采集的间隔时间不得大于 5 分钟。

第九条　应当确保所有验证数据的真实、完整、有效、可追溯，并按规定保存。

第十条　验证使用的温度传感器应当经法定计量机构校准，校准证书复印件应当作为验证报告的必要附件。验证使用的温度传感器应当适用被验证设备的测量范围，其温度测量的最大允许误差为 ±0.5℃。

第十一条 企业应当根据验证确定的参数及条件，正确、合理使用相关设施设备及监测系统，未经验证的设施、设备及监测系统，不得用于药品冷藏、冷冻储运管理。

验证的结果，应当作为企业制定或修订质量管理体系文件相关内容的依据。

第十二条 企业可与具备相应能力的第三方机构共同实施验证工作，企业应当确保验证实施的全过程符合《规范》及本附录的相关要求。

参考文献

[1] 国家食品药品监督管理总局．药品经营质量管理规范．2016．

[2] 国家药品监督管理局．药品检查管理办法（试行）．2021．

[3] 国家市场监督管理总局．药品、医疗器械、保健食品、特殊医学用途配方食品广告审查管理暂行办法．2019．

[4] 国家市场监督管理总局．药品注册管理办法．2020．

[5] 国家药品监督管理局．医药代表备案管理办法（试行）．2020．

[6] 国家市场监督管理总局．药品生产监督管理办法．2020．

[7] 国家市场监督管理总局．生物制品批签发管理办法．2020．

[8] 国家市场监督管理总局．网络交易监督管理办法．2021．

[9] 孙晓燕．市场营销．北京：高等教育出版社．2016．

[10] 李佑珍．运输管理实务．北京：高等教育出版社．2016．

[11] 国家卫生计生委．食品药品监督管理总局．疫苗储存和运输管理规范．2017．